Couvertures supérieure et inférieure en couleur

COUVERTURES SUPERIEURE ET INFERIEURE D'IMPRIMEUR

Fenimore Cooper

Le Porte-Chaine

LE PORTE-CHAINE

1re SÉRIE GRAND IN-8

Andries Coeymans, le Porte-Chaîne

FENIMORE COOPER

LE PORTE-CHAINE

TRADUCTION DE LA BÉDOLLIÈRE

NOUVELLE ÉDITION REVUE

Cinq gravures

LIMOGES
EUGÈNE ARDANT ET C⁰
ÉDITEURS

LE PORTE-CHAINE

CHAPITRE PREMIER

Mon père s'appelait Cornélius Littlepage, de Satanstoë ; ma mère, Annekee Mordaunt, était issue de Lilacsbush (le Bosquet des Lilas), domaine situé dans l'île de Manhattan.

Je parlerai peu de mes ancêtres. Ils étaient d'origine moitié anglaise, moitié hollandaise, comme sont presque toutes les familles de New-York. Il m'est resté des impressions assez lucides de mes deux grands-pères et de l'une de mes grand'mères. La mère de ma mère était morte longtemps avant le mariage de mes parents. Mon grand-père maternel, connu à New-York sous le nom d'Herman Mordaunt, mourut lorsque j'étais fort jeune. Ce fut en Angleterre qu'il paya son tribut à la nature, dans une visite qu'il rendit à un parent.

Mon père disait souvent qu'il était heureux, sous un rapport, que son beau-père fût mort en Angleterre, car il eût sans doute pris parti pour la couronne dans le conflit qui s'éleva à l'époque, et ses propriétés, eussent été confisquées, comme celles des

Lanceys, des Philippe, des van Cortlands, des Floyds, des Jones, et de diverses autres grandes familles qui demeurèrent fidèles, comme on l'entendait. Mon grand-père paternel était un whig de la haute volée. Créé général de brigade en 1776 dans la milice, il fit l'année suivante, en qualité de lieutenant-colonel dans la ligne, la campagne où Burgoyne fut fait prisonnier en même temps que lui. Il y avait dans le même régiment que mon père un de ses amis intimes, le major Dirk van Volkenburgh, ou Follock, comme on l'appelait plus communément. Ce major, vieux garçon, vivait autant dans la maison de mon père que dans la sienne, située sur l'autre rive, à Rockland. Ma mère aussi avait une amie, miss Marie Wallace, demoiselle de trente ans au commencement de la révolution, fort à son aise, mais n'ayant non plus d'autre logis que Lilacsbush, ou notre maison de ville.

Nous étions fiers du brigadier, comme on l'appelait à cause de son grade et des services qu'il avait rendus. Pendant la révolution, il commandait une expédition contre les Indiens, guerre pour laquelle il avait acquis un certain renom dans plusieurs circonstances mémorables antérieurement au grand conflit pour l'indépendance. Il s'était distingué sous les ordres du colonel Brom Follock, père du major, aussi grand ami de mon grand-père que ce dernier l'était de l'auteur de mes jours. Ce colonel Brom était adonné à la boisson, et l'on m'a raconté qu'étant en expédition sur le Mohawk il avait fait durer une orgie huit jours, et dans des circonstances fâcheuses pour la discipline militaire.

Une bande d'Indiens du Canada, profitant de sa négligence, tomba sur son détachement à l'improviste, et le vieux colonel, qui était ivre comme un lord, mais courageux comme un lion, fut tué d'un coup de fusil et scalpé un matin qu'il sortait de la taverne pour regagner ses quartiers. Mon grand-père vengea noblement sa mort en dispersant l'ennemi, et recueillit ses restes mutilés sans pouvoir retrouver la partie du cuir chevelu enlevée par les Indiens.

Le général Littlepage ne survécut pas à la guerre; mais il n'eut pas le bonheur de mourir sur le champ de bataille et de léguer son nom à la postérité de l'histoire de son pays. Le plus grand nombre de nos soldats, comme il arrive dans toutes les guerres, moururent obscurément dans les hôpitaux, sans partager la gloire de ceux qui tombèrent sur le champ de bataille. On se demande pourtant s'il n'y a pas plus de courage à affronter la mort qui se présente sous la forme invisible de la fièvre ou d'une épidémie, qu'à courir au-devant d'elle, les armes à la main, au milieu du bruit et de l'enivrement du combat. On loua beaucoup, il est vrai, le courage de mon grand-père, qui voulut demeurer au camp pendant que la petite vérole y faisait ses ravages, et qui succomba sous le fatal fléau ; mais on l'eût bien autrement encensé s'il fût mort sur le champ de bataille.

J'étais trop jeune lorsque la révolution éclata pour y prendre une part bien active ; toutefois le hasard me rendit témoin, à l'âge de quinze ans, de ses résultats les plus marquants. L'intelligence des Américains était et continue d'être singulièrement précoce. Dès l'âge de douze ans l'on m'envoya au collége de Nassau-Princeton, pour y faire mes premières études. Les événements de la guerre retardèrent mes progrès, et je ne reçus mon diplôme de bachelier ès-sciences qu'à dix-neuf ans. Dans cet intervalle, je fis une partie de la campagne presque enfant, et l'autre à mon adolescence. On comprend qu'un jeune homme ne pouvait pas très-bien à la fois courir les camps et étudier Euclide dans les bosquets académiques ; et puis j'étais si jeune, qu'une année de plus ou de moins ne signifiait pas grand'chose.

Mon service effectif à l'armée pendant la révolution remonte à 1777, dans la campagne où Burgoyne fut fait prisonnier. Nos forces étaient composées de troupes régulières et de milices ; mon grand-père conduisait ce que l'on appelait une brigade de ces dernières, c'est-à-dire six cents hommes au plus. Mon père commandait un bataillon régulier de cent soixante hommes des détachements de troupes de ligne de New-York. Combien il en ramena des retranchements allemands et de cette sanglante journée, il ne l'a jamais dit.

Lilacsbush étant situé dans l'île de Manhattan, comme notre famille était whig, nous fûmes contraints d'abandonner nos maisons et la ville aussitôt que sir William Howe eut pris possession de New-York. Ma mère s'était d'abord contentée de se réfugier à Satanstoë, à une petite distance des lignes ennemies ; mais le caractère politique de la famille des Littlepage était trop bien connu pour lui permettre de demeurer longtemps en sûreté dans cette résidence. En conséquence, ma grand'mère et ma mère, toujours accompagnées par miss Wallace, allèrent s'établir, pour toute la durée de la guerre, au village de Fishkill, dans une ferme appartenant à miss Wallae. C'est vers cette époque que j'accompagnais mon père dans toutes les marches et contre-marches de son régiment, tandis que Washington et Howe manœuvraient à Winchester. Je fus témoin d'un sérieux engagement à la bataille des Plaines-Blanches, mon père se trouvant placé au centre avec son bataillon. Je ne quittai l'armée pour reprendre le cours de mes études qu'après les brillants faits d'armes de Trenton et de Princeton, auxquels notre régiment assistait.

Pour un garçon de quatorze ans, c'était assez bien débuter dans la vie active et politique de mon pays. Mais dans cette guerre, nombre de garçons de mon âge portèrent comme moi le mousquet, car la colonie couvrait une grande étendue de pays, et ne comptait relativement qu'un petit nombre d'habitants. La guerre d'Amérique ne saurait se comparer aux batailles de l'ancien monde. Tous les désavantages étaient de notre côté. En présence d'un ennemi supérieur en nombre, en force et en discipline, les Américains se voyaient contraints de quitter les travaux des champs pour affronter sans argent, sans munitions, sans officiers expérimentés, les plus habiles guerriers de l'Europe. Néanmoins les Américains, sans aucun secours étranger, obtinrent au moins autant de victoires qu'ils éprouvèrent de revers. Les batailles de Bunker Hill, Bennington, Saratoga, Bhemis' Heigths, Trenton, Princeton, Monmouth, furent purement américaines; et quelques-unes même n'ont pas de parallèles dans l'histoire du monde, comme par exemple celle de Bunker Hill.

Je fus donc, tout jeune, témoin oculaire et quelquefois acteur dans quelques-uns des principaux événements de cette mémorable guerre. Assez grand pour mon âge, je passais pour un volontaire, et je fus bientôt le favori du régiment. J'eus l'honneur, dans le dernier combat, de servir d'aide de camp à mon grand-père pour porter quelques messages à travers le feu et la mitraille. C'est ainsi que je me fis un peu connaître et pardonner mon véritable rang de collégien.

Les Littlepage, déjà bien notés dans la colonie, acquéraient une certaine importance par le rôle qu'ils assumaient dans la révolution. Le général n'était peut-être pas considéré tout à fait comme l'un des piliers du temple de la liberté que l'armée cherchait à édifier; mais on respectait en lui un brave officier de la milice, et il était estimé comme l'un des meilleurs lieutenants-colonels de toute l'armée.

L'un des hommes qui me frappa le plus dans le régiment de mon père pour sa singularité fut un capitaine d'origine hollandaise, nommé Andries Coejemans, mais plus connu sous le sobriquet du Porte-Chaîne. D'une respectable famille hollandaise, qui avait donné son singulier nom à une petite ville sur l'Hudson, son éducation, comme il arrivait souvent aux cadets dans les bons vieux temps de la colonisation, avait été tant soit peu négligée. Il était bon chasseur, excellent forestier, la pratique suppléait chez lui aux études théoriques que l'on acquiert par l'éducation. Par la suite, il prit une patente de voyer, employant des têtes plus capabables que la sienne pour les calculs, et se contentant de tenir la chaîne.

Au commencement de la révolution, Andries, comme la plupart de ceux qui sympathisaient avec les colons, prit les armes. Lorsque le régiment dont mon père était le lieutenant-colonel fut levé, on accordait un grade proportionné à tout homme qui conduisait sous les drapeaux un certain nombre d'auxiliaires. Andries s'était présenté des premiers avec un escadron considérable de porte-mire, chasseurs, trappeurs, coureurs, guides, etc., formant un total environ de vingt-cinq vigoureux et courageux tireurs. Leur chef fut nommé lieutenant; et peu de temps après, comme le plus ancien du corps, il fut promu au grade de capitaine, qu'il occupait lorsque je fis sa connaissance, et au-dessus duquel il ne s'est jamais élevé depuis.

Il est à remarquer que, dans nos annales militaires, il n'y a pas un seul exemple d'un jeune soldat élevé au commandement en chef par la force de ses capacités et de sa science. C'est qu'en effet, dans les circonstances de cette époque et dans l'opinion populaire, la prudence, la circonspection et l'expérience de l'âge mûr étaient préférées aux qualités entreprenantes de la jeunesse. Andries Coejemans, lorsqu'il entra dans l'armée, était plutôt au-dessus du niveau de la position sociale des colons subalternes du Nord. Son éducation était loin d'égaler sa naissance; mais, en général, les Hollandais de New-York les plus aisés ne se targuaient pas d'être lettrés. Andries Coejemans savait lire et écrire; là se bornait son éducation. Je lui ai souvent entendu dire que si l'on pouvait se passer de figures géométriques pour mesurer la terre, il ne le céderait en capacité à aucun homme de sa profession en Amérique, à l'exception de Son Excellence, qui était non-seulement le meilleur, mais encore le plus honnête voyer du monde entier.

L'idée que Washington avait dans sa jeunesse exercé la profession de voyer était une source d'orgueil pour Andries Coejemans. C'était un honneur pour lui d'avoir embrassé une carrière dans laquelle un homme comme son héros avait débuté dans la vie.

Je me souviens que longtemps après notre arrivée à Saratoga le capitaine Coejemans, lorsque nous étions devant Yorktown, me montrant le commandant en chef qui traversait notre camp, il s'écria avec emphase :

— Là, Mordaunt, mon garçon, voyez-vous, Son Excellence? Ça serait le plus beau jour de ma vie si je pouvais tenir la chaîne pendant qu'il mesurerait le tracé d'une ferme dans le voisinage.

Pendant mon séjour à Saratoga, je fus frappé de l'air et de l'importance d'un personnage qui imposait à tous le respect, et qui, sans avoir le rang officiel, paraissait donner des conseils à tous les chefs du camp américain. Gates n'était en réalité qu'un personnage secondaire dans les événements de cette mémorable époque. Forcé par le préjugé populaire de rester en dehors du commandement, Schuyler n'en était pas moins l'esprit dominateur du parti. Notre histoire attribue ce préjugé aux désastres de Saint-Clair et aux revers des premiers mouvements de la campagne dont il faisait partie. Mon père, qui avait connu le général Schuyler dans la guerre de 1756, attribuait cette répulsion à la différence de mœurs et d'opinion qui existait entre Schuyler, gentilhomme de New-York, et les propriétaires de la nouvelle Angleterre, qui s'élevèrent en 1777. Peut-être ces préjugés sont-ils inséparables de la prépondérance du nombre, en ce qu'il n'est pas facile de persuader à des masses d'individus qu'ils ont tort, et qu'un seul individu peut avoir raison contre eux.

Je passai six ans à Princeton, et je reçus mon diplôme à l'âge de dix-neuf ans, l'année que Cornwallis mit bas les armes. Je suivis alors les opérations du siége comme le plus jeune enseigne du bataillon de mon père. J'eus aussi le bonheur de faire partie de la compagnie du capitaine Coejemans, circonstance qui cimenta l'amitié que j'avais vouée précédemment à cet étrange vieillard. Je dis vieillard car à cette époque Andries pouvait avoir soixante-dix ans, bien qu'il fût aussi actif, robuste et courageux qu'aucun officier du corps. Il reçut le titre de major au congrès de 1783, ne voulut jamais porter d'autre qualité que celle sous laquelle il avait servi. Il quitta l'armée avec son grade de capitaine, sans demi-solde pour aller retrouver, une nièce qu'il élevait, et pour reprendre son ancienne profession de porte-chaîne.

CHAPITRE II.

On a pu voir par ce qui précède combien mes progrès en éducation avaient été lents et entravés par les opérations de la guerre. Tant que nous restâmes sous la dépendance de la métropole, d'excellents instituteurs venus d'Europe remplissaient nos académies ; mais les troubles les éloignèrent sensiblement, et leur perte n'est pas encore complètement réparée aujourd'hui (1).

Mes rapports avec l'armée contribuèrent à me tenir éloigné de la maison paternelle, bien que peu de jeunes gens eussent plus de tentations que moi pour les retenir au foyer de la maison. Indépendamment de ma mère, de ma grand'mère et de ma tante Marie, j'avais encore deux sœurs, l'une plus âgée et l'autre plus jeune que moi. L'aînée, nommée Annekee, comme notre chère mère, avait six ans de plus que moi. On l'avait mariée de bonne heure à un brave propriétaire qui la rendait très-heureuse. Ils résidaient dans le comté de Nachesse, et ils eurent plusieurs enfants. J'aimais ma sœur Annekee avec le respect que nous inspire toujours une sœur plus âgée que nous ; mais la petite Catherine était ma véritable favorite. De quatre ans plus jeune que moi, elle avait dix-huit ans lorsque l'armée fut dissoute. Très-souvent Andries et moi, lorsque nous étions au camp, nous vantions les qualités respectives de nos enfants gâtés, lui de sa nièce et moi de ma plus jeune sœur. Pour ma part, je ne devais jamais me marier, Kate vivrait avec moi, soignerait ma maison, et resterait mon unique compagne. Le vieux porte-chaîne entrait de tout son cœur en participation dans mes projets enfantins. Sa nièce était orpheline, disait-il, l'unique enfant d'une sœur, qui n'avait d'autre appui au monde que son oncle. Néanmoins, grâce à la tendre sollicitude d'une amie de sa mère, qui ayant eu une école sous sa direction,

(1) Le lecteur n'oubliera pas que M. Mordaunt écrivait son histoire et celle de son pays vers la fin du siècle dernier et le commencement de celui-ci. Depuis cette époque, l'éducation a marché parmi nous, et des enfants apprennent aujourd'hui les sciences que n'abordaient autrefois que les adultes. L'enseignement a donc progressé, par ce principe américain, qu'il vaut mieux inculquer un peu au plus grand nombre que beaucoup à quelques-privilégiés.

(*Note de l'Auteur*.)

avait pris soin de l'éducation de la jeune fille, celle-ci était plus instruite que si son oncle eût possédé les richesses des Van-Rousselear ou des New-Cortlandt; car le vieil Andries n'étant pas fort en fait d'éducation, n'en pouvait apprécier aucun des avantages. A la mort de mistress Stratton, la protectrice de la jeune fille, Andries se vit dans l'obligation d'en assumer toutes les charges; ce qu'il fit de bon cœur et sans arrière-pensée. L'enfant témoigna le désir de travailler pour subvenir à ses propres besoins; mais l'orgueil et l'affection du porte-chaîne ne lui permirent jamais d'entendre raison sur ce point.

— Que pourrait-elle faire, la pauvre enfant? me disait-il un jour qu'il me racontait ces détails d'intérieur. Elle ne peut pas porter la chaîne, bien qu'elle ait une tête assez bien organisée pour dresser un plan. Cela vous ferait plaisir, Mordaunt, de lire les lettres que m'écrivait la pauvre vieille sur le savoir de ma nièce. Elle-même, la chère enfant, écrivait si pien, qu'il ne me fallait pas plus d'une semaine pour lire une de ses lettres, depuis — *pon ami respectaple* jusqu'à — *votre humple servante*, comme se disent ces sortes de choses, vous savez.

— C'est très-bien; mais je croyais, mon cher Andries, que plus l'écriture était belle, plus il devait être facile de la lire.

— Erreur! Lorsqu'un homme parpouille du papier pour son propre usage, il est naturel qu'il puisse le lire. Mais madame Stratton était fort instruite, et elle avait des tournures de phrases difficiles à téchiffrer pour un ignorant comme moi.

— Auriez-vous donc l'intention de faire de votre nièce un agent voyer? lui demandai-je d'un air narquois.

— Elle n'est bas assez forte pour voyager à travers les forêts, et l'état ne convient pas à son sexe; autrement je ne craindrais pas de la mettre en brésence du blus fort galgulateur de la province.

— Nous appelons aujourd'hui New-York un Etat, capitaine Andries, et non une province; je vous engage à vous en souvenir.

— C'est frai, et j'en temante parton à l'Etat. Enfin, aussitôt que la guerre sera terminée, nous allons afoir peaucoup de terres à bartager, et le métier de borte-chaîne ne sera pas mauvais. Savez-vous, Mordaunt, que l'on parle de distribuer parmi nous, officiers et soldats, une grande étendue de terres, et que je pourrai pien tevenir de nouveau brobriétaire, comme je l'étais autrefois. Vous hériterez d'une assez grande quantité d'acres pour mépriser quelques centiares de plus ou de moins. Moi, c'est différent, la bersbective me paraît assez agréable.

— Avez-vous donc l'intention de recommencer à nouveau comme un laboureur?

— Non bas! ce métier-là ne m'a jamais convenu; mais un homme peut distribuer son propre terrain sans préjudice pour de plus savants que lui. Si j'obtiens une part dans ce qui nous est promis, j'en disboserai à ma guise, et nous verrons qui gombrendra mieux les figures géométriques. Si les autres n'ont pas confiance en moi, ce n'est pas une raison pour que je fasse comme eux.

Je savais que l'abaissement qu'on lui avait fait subir dans son emploi était un point douloureux pour le vieil Andries. J'évitai donc de continuer la conversation sur ce sujet. Je le questionnai plus vivement que je ne l'avais encore fait sur le compte de sa nièce, et j'appris une foule de choses tout à fait nouvelles pour moi.

Elle s'appelait, ou plutôt il l'appelait Duss Malbone; car j'appris plus tard que Duss était dans la langue hollandaise un diminutif d'Ursule. Bien qu'elle fût la fille de la sœur d'Andries, Ursule Malbone n'avait rien de commun avec les Coejemans, sa mère s'étant mariée avec Bob Malbone, franc mauvais sujet, qui n'avait en vue en l'épousant que sa fortune, qu'il eut bientôt dissipée. Ursule perdit de bonne heure et presque en même temps son père et sa mère, et tomba à la charge de son oncle par alliance et de madame Stratton, dont nous avons déjà parlé. Il y avait bien un frère né d'un précédent mariage de Bob Malbone; mais il était soldat, et nourrissait sur sa paye une de ses proches parentes. Néanmoins, avec l'aide du porte-chaîne, les soins de madame Stratton et quelques cadeaux du frère, on avait trouvé moyen de nourrir, d'habiller et d'élever la jeune fille jusqu'à dix-huit ans, époque à laquelle la mort de madame Stratton la laissa entièrement à la charge de son oncle; car on ne pouvait guère compter sur le secours du frère, dont la paye de capitaine suffisait à peine à ses propres besoins.

Je ne fus pas longtemps à m'apercevoir qu'Andries aimait Ursule au-dessus de toute autre affection. Lorsqu'il était un peu en train, sans jamais dépasser les bornes d'une honnête licence, il m'entretenait longuement d'elle, et je voyais souvent briller des larmes dans ses yeux. Un jour enfin il me proposa de l'épouser.

— Vous nous gonflendrez parfaitement, me dit-il en insistant. Vous ne tenez pas à l'argent, et, du reste, vous en possédez au moins bour une demi-touzaine. Je vous chure, capitaine Littlepage (car ce dialogue avait lieu lorsque l'armée fut dissoute), je vous chure que l'enfant sera la plus joyeuse gompagne qu'un vieux militaire puisse désirer; elle rit et chante du matin au soir. Essayez-en, mon garçon, vous verrez si je ne vous ai bas tit la vérité sur son compte.

— Voilà qui serait très-bien pour un vieux militaire, mon brave Andries; mais vous oubliez que je ne suis encore qu'un très-jeune homme.

— Bour les années, c'est bossible, mais un vieux soldat, Mordaunt, vieux comme Wite-Plains en 1776; je l'affirme, car je vous ai vu au feu.

— Je le veux bien; mais c'est l'homme et non le soldat qu'il s'agit de marier, et je suis encore trop jeune.

— Vous bourriez faire bire, je vous le certifie, Mordaunt, mon gère garçon; car Duss est la gaieté même, et je lui ai si souvent parlé de vous, qu'il vous sera aussi facile de réussir que de borter une chaîne dans les plaines de Jarmen.

J'assurai mon ami Andries que je ne pensais pas encore à prendre une femme, et que par goût je préférais une jeune fille sentimentale à un caractère turbulent et gai. Le vieux porte-chaîne prit mon refus en bonne part; ce qui ne l'empêcha pas de revenir à la charge une douzaine de fois avant notre séparation de l'armée. Je le quittai néanmoins avec l'intention de lui trouver de l'occupation auprès de moi dans le cas où il viendrait à en manquer de son côté.

J'avais en effet les moyens d'obliger un ami à l'occasion. Mon grand-père, Herman Mordaunt, m'avait légué, pour entrer en jouissance à ma majorité, une propriété considérable dans le comté de Washington, au nord-est de l'Albany. Ce domaine, de plusieurs milliers d'acres, avait été affermé par portions avant ma naissance, et la plupart des baux étant arrivés à expiration, les fermiers attendaient en permanence le retour de la paix pour en obtenir le renouvellement. Jusque-là Ravensnest (nid de corbeau, c'est ainsi qu'on nommait le domaine) n'avait donné à la famille qu'embarras et dépenses; mais le sol était bon, les aménagements considérables il était donc temps de chercher à rentrer dans nos déboursés. Ce domaine m'appartenait en toute propriété depuis ma majorité. Mon père et son ami le major possédaient en commun une propriété voisine de la mienne, appelée Mooseridge, vastes landes incultes que l'on n'avait pas encore songé à défricher et à diviser en fermages. Les propriétaires n'en tiraient par conséquent d'autre bénéfice que le privilége d'en payer l'impôt à l'Etat.

Pour ne plus revenir sur la question de terres et de fermages, j'ajouterai que mon grand-père paternel n'était pas aussi riche que mon père, bien qu'il lui fût supérieur en grade. Néanmoins sa propriété, appelée le *col de Satanstoë*, était d'un bon rapport, plus par la qualité et l'exposition du sol que par son étendue. Il possédait en outre quelques inscriptions de rentes sur l'Etat, quelques fonds dans les banques et dans les entreprises industrielles. Sa fortune suffisait, au reste, amplement à ses besoins, et ce fut un jour heureux pour lui lorsque sir Guy Carleton, congédiant ses troupes du West-Chester, lui permit de rentrer en possession de ses domaines. Les Morris ne retournèrent chez eux qu'après l'évacuation des troupes, le 25 novembre 1783, et mon père ne fut de retour à Lilacsbush qu'après l'accomplissement de cette importante conclusion. Dans l'année de son retour à Satanstoë, mon grand-père mourut de la petite vérole, qu'il avait attrapée au milieu de ses soldats.

A dire vrai, la paix nous laissait tous pauvres, à l'exception de quelques fournisseurs des vivres pour nos alliés les Français. L'armée avait été dissoute sans autre récompense que des promesses, ou des à-compte donnés en papier qui subit aussitôt une dépréciation rapide, et que tous s'empressèrent de dépenser dans la crainte qu'il ne devînt une non-valeur entre leurs mains.

Notre famille eût été riche comparativement, sans des dilapidations produites par la guerre, nos maisons en ville ayant été constamment occupées par l'ennemi et abandonnées ensuite dépourvues de locataires. En un mot, il est assez difficile de donner à ceux qui connaissent la situation présente du pays une idée de la condition déplorable dans laquelle il se trouvait à cette époque.

Après que Cornwallis eut été fait prisonnier, la guerre ne nous avait offert que peu de variété et d'aventures ; je me trouvai donc heureux de recevoir mon brevet de major, et de me retrouver libre et indépendant. Nous restâmes pendant l'automne à Satanstoë, et la saison suivante après la signature du traité de paix, nous retournâmes à Lilacsbush. Grâce aux soins et à l'économie admirable de ma mère, la propriété fut complètement restaurée, et en état de pourvoir abondamment aux nécessités de la vie. En vérité, la présence de ma mère se faisait sentir dans les plus petits détails de l'économie domestique. Je me rappelle qu'un jour le colonel Dirck Follock me disait en contemplant l'office et la cuisine :

— On ne saurait voir la cuisine de madame Littlepage sans faire la remarque qu'elle est sous la surveillance d'une excellente ménagère.

Toute la maison se ressentait de l'œil vigilant de la maîtresse. Nous avions de très-belles porcelaines, et passablement d'argenterie avant la révolution ; car ma mère avait hérité de tout cela en quantité, et plus qu'il n'était nécessaire pour nos besoins journaliers ; mais ce luxe n'était pas comparable au superflu qui s'introduit de nos jours dans presque toutes les maisons

CHAPITRE III.

Heureux Lilacsbush! heureux bosquet de lilas! jamais je n'oublierai avec quelles délices j'errais dans ses grottes et au milieu de ses collines; combien je me réjouissais de penser que j'étais le possesseur de toutes ces scènes de ma première enfance. Ce fut dans l'été de 1784 que j'allai me jeter dans les bras de ma mère, après une séparation de près de deux années.

Le lendemain je fis seller mon cheval pour me rendre au village de Satanstoë, et visiter ma grand'mère, que rien n'avait pu déterminer à abandonner les soins de sa maison pour venir habiter Lilacsbush.

Vers les neuf heures d'une belle matinée du mois de mai, je m'élançai, en compagnie de Catherine Littlepage, tous deux à cheval, sur la vieille route de Kingsbridge (du Pont du Roi). Cette dénomination, ainsi que celles des rois, reines et duchesses, subsiste toujours, comme des jalons pour servir à l'intelligence de notre histoire. C'est ainsi que toutes choses de ce monde sont, par leur nature même, temporaires et périssables, ce que ne devraient jamais oublier ceux qui ont plus de hasards à courir dans les révolutions du globe.

Nous nous arrêtâmes à la porte de l'auberge de Kingsbridge pour souhaiter le bonjour à l'hôtesse, madame Light, qui en était pro priétaire depuis un demi-siècle, et qui avait vu grandir deux générations de notre famille. Cette loquace ménagère avait ses qualités et ses défauts, mais l'âge lui avait donné une sorte de droit à notre sollicitude, et je ne pouvais passer sa porte sans m'y arrêter, ne fût-ce qu'un instant. Elle accourut en personne sur le seuil pour nous saluer.

— Je l'avais rêvé, monsieur Mordaunt! s'écria-t-elle dès qu'elle m'aperçut. J'ai rêvé de votre retour il n'y a pas plus d'une semaine! Il y aurait folie à le nier... les rêves disent quelquefois vrai!

— Qu'avez-vous donc rêvé cette fois, madame Light? lui demandai-je, sachant bien qu'il fallait laisser courir sa langue pour être plus tôt débarrassé d'elle.

— A la dernière chute des feuilles je rêvai que le général était de retour, et il revint en effet. Pourtant, vous le savez; monsieur Mordaunt, ou major Littlepage, comme ils disent que je dois vous appeler, les on-dit se réduisent souvent à néant. Pourtant j'ai rêvé la semaine dernière que vous reviendriez certainement sous huit jours, et vous voilà de retour en chair et en os.

— Pour cette fois, le rêve ne vous a pas donné le démenti, ma bonne hôtesse.

— C'est égal; il ne m'arrive pas souvent de croire aux rêves. Mais Jaap s'est arrêté ce matin ici pour faire rafraîchir son cheval, et j'ai prévu que mon rêve allait se réaliser; et cela sans échanger un seul mot avec le nègre.

— Cela m'étonne, madame Light, car vous aimez assez échanger quelques paroles avec vos hôtes.

— Jamais avec les noirs, major; c'est leur donner une licence dont ils sont toujours disposés à abuser. Que de choses nous avons vues se passer, major, depuis votre départ pour la guerre, et combien de changements!

— Cela est vrai; mais actuellement nous prions pour le congrès.

— Je souhaite que tout cela tourne à bien! Mais je vous dirai, major, que les officiers de Sa Majesté dépensaient plus largement et payaient en monnaie de meilleur aloi que les colons. Ils ont tous passé par chez moi; j'en ai vu des régiments, et je dois leur rendre cette justice en toute conscience.

— Je vous ferai observer qu'ils étaient plus riches que nos hommes des colonies, et qu'il leur était plus facile de paraître généreux.

— Je sais cela, et vous en savez aussi quelque chose. Les Littlepage sont riches, et ils ont été et seront toujours grands et généreux. Dieu bénisse vos jolies figures à tous deux! J'ai connu votre famille bien longtemps avant que vous la connussiez vous-même, mes enfants. J'ai connu le vieux capitaine Hugh Roger, votre aïeul, et le vieux général votre grand-père, et le jeune général, aujourd'hui votre père, et vous-même! Et j'en verrai encore, je l'espère, dans une nouvelle génération; car il y aura des cœurs contents chez les Bayard, j'en réponds, maintenant que les guerres sont terminées et que le jeune major Littlepage est de retour.

Je commençais à me lasser du bavardage de la vieille aubergiste, et pour y couper court je la saluai d'un signe de tête, et je continuai ma route avec Catherine.

Mais les dernières paroles qu'elle avait prononcées, et l'intention qu'elle parut leur avoir donnée avaient laissé dans mon cerveau une impression de curiosité. Le nom de Bayard appartenait à une famille composée de plusieurs branches réparties dans les États du centre jusqu'au fleuve Delaware; mais je ne connaissais de vue aucun de ses membres. Quel plaisir ou quelle peine mon retour pouvait-il donc causer à l'un ou à l'autre de ces Bayard? Après quelques minutes de réflexion silencieuse, je m'adressai tout naturellement à ma compagne.

— Que voulait donc dire la vieille femme, demandai-je brusquement à Catherine, par ces paroles, qu'il y aurait chez les Bayard des cœurs contents et heureux de mon retour?

— La pauvre madame Light est assez bavarde, Mordaunt, et les trois quarts du temps elle ne comprend pas ce qu'elle dit. Nous ne connaissons des Bayard que la famille qui demeure aux Hickories, et avec laquelle ma mère est intimement liée depuis longtemps.

— J'ignorais tout cela, ma chère sœur; je sais seulement qu'à quelques milles en amont de la rivière il existe un lieu appelé Hickories, et qu'il appartient depuis longues années aux Bayard; mais je n'ai jamais entendu parler d'intimité. Au contraire, je crois me rappeler qu'autrefois mon grand-père Mordaunt eut un procès avec l'un des Bayard, et je pensais que depuis nous étions restés héréditairement étrangers les uns aux autres.

— Tout cela est oublié. Ma mère dit que ce fut le résultat d'une erreur. Nous sommes bons amis maintenant.

— J'en suis fort aise, je vous assure; car, puisque nous sommes en paix, mieux vaut l'avoir avec tout le monde, bien que de vieux ennemis se transforment rarement en amis sincères.

— Mais nous n'avions jamais été ennemis... Mon grand-père n'était l'ennemi de personne; et tout était parfaitement arrangé avant son départ pour l'Europe et avant son infortunée visite à sir Harry Bulstrede. Non, non, ma mère vous dira, Mordaunt, que les Littlepage et les Bayard se considèrent actuellement comme des amis très-sincères.

Catherine parlait avec tant de chaleur, que je levai forcément les yeux sur elle. Son visage était très-animé, et elle semblait avoir la conscience du feu qu'elle avait ainsi provoqué dans sa physionomie, car elle détourna la tête, affectant de regarder dans une autre direction pour m'empêcher d'en deviner davantage.

— Il est bon que je sois au courant de tout ceci, répliquai-je un peu sèchement. En ma qualité de Littlepage, j'aurais pu me trouver tant soit peu embarrassé si je me fusse trouvé en présence de ces Bayard sans connaître cette intimité. La paix comprend-elle tous les Bayard de nom, ou simplement ceux qui résident aux Hickories?

Ma question fit sourire Catherine, qui me répondit que je devais me considérer comme l'ami de tous ceux qui portaient ce nom... et particulièrement de ceux qui résidaient aux Hickories.

— Combien peut-il exister environ de cette espèce toute spécialement paisible? six, une douzaine ou une vingtaine?

— Quatre seulement. Par conséquent vous n'aurez pas à faire de trop grands efforts d'affection. Votre cœur, je suppose, trouvera bien encore de la place pour y loger quatre amis de plus.

— Pour mille encore, ma chère, si je les rencontrais. Je puis y introduire, pour vous faire plaisir, autant d'amis que vous m'en recommanderez; mais des amis seulement. Les autres recoins sont occupés.

— Occupés? j'espère qu'il n'en est pas ainsi, Mordaunt, et qu'il vous reste une place tout à fait vacante!

— C'est vrai; j'avais oublié d'en mettre une en réserve pour le beau-frère que vous me donnerez un jour. Eh bien! nommez-le-moi quand vous voudrez, ma chère sœur; je serai tout disposé pour l'aimer.

— Peut-être ne ferai-je jamais un aussi sérieux appel à votre affection Annekee vous a donné déjà un excellent beau-frère, c'en est assez pour contenter un homme raisonnable.

— Plus tôt vous m'aurez nommé le jeune homme qui doit devenir mon beau-frère, plus tôt je commencerai à l'aimer... Est-ce l'un de ces Bayard? *un chevalier sans peur* et *sans reproche.*

Catherine était intrépide, et bien qu'il ne fût pas difficile de lui faire changer de couleur, il n'était pas aussi facile de lui faire perdre contenance.

— Je pense que votre beau-frère, si un second parent de ce degré doit surgir un jour, sera un homme d'honneur, s'il n'était pas tout à fait sans reproche, me répondit-elle. — Mais s'il existe un Thomas Bayard, nous lui connaissons une sœur du nom de Priscilla Bayard.

— Tiens! tiens! voilà du tout nouveau pour moi, en vérité. Je ne vous questionnerai pas davantage sur le compte de M. Thomas Bayard; car mon intérêt pour lui est fixé d'avance comme une chose toute naturelle : mais vous excuserez, je l'espère, ma curiosité si je désire connaître cette miss Priscilla Bayard, dont je n'avais pas encore entendu parler.

Je ne perdais pas de vue le visage de Catherine, qui bien qu'un peu confuse, paraissait se réjouir de ma curiosité.

— Posez-moi telles questions qu'il vous plaira, mon frère, Priscilla Bayard peut affronter l'examen le plus scrupuleux.

— D'abord, cette vieille bavarde d'hôtesse faisait-elle allusion à miss Priscilla en disant qu'il y aurait des cœurs heureux et contents parmi les Bayard?

— Je ne puis répondre des suppositions de la pauvre madame Light. Posez vos questions d'une manière plus précise.

— Existe-t-il donc une grande intimité entre la famille du Bosquet et celle des Hickories?

— Une très-grande. *Nous* les aimons excessivement, et je crois qu'ils *nous* aiment aussi.

— Cette intimité s'étend-elle aux jeunes gens, ou bien est-elle seulement circonscrite entre les grands parents?

— Cette question est tant soit peu personnelle, dit Kate en riant, attendu que je suis la seule jeune personne de la famille du Bosquet pour entretenir l'intimité dont vous parlez. Néanmoins, comme il n'existe rien dont on puisse avoir honte, mais au contraire, beaucoup dont on a le droit d'être fier, je vous répondrai que cette intimité comprend les deux sexes de tout âge; tout le monde, en un mot, excepté vous.

— Ainsi, vos aimez le vieux M. Bayard?

— Énormément.

— Et la respectable madame Bayard?

— Elle est fort aimable, excellente épouse et mère.

— Et vous aimez Priscilla Bayard?

— Comme la prunelle de mes yeux, répondit Kate avec emphase.

— Et Tom Bayard, son frère?

— Autant qu'il est convenable à une jeune fille d'aimer le frère de sa meilleure amie.

— Enfin, quel rapport tout ceci peut-il avoir avec la joie que paraissent éprouver de mon retour les habitants des Hickories? Etes-vous déjà fiancée à Tom Bayard, et n'attendait-on que moi pour lui donner votre main?

— Je ne suis pas la fiancée de Tom Bayard, et je ne vous attendais pas pour lui accorder ma main, répondit sérieusement Catherine. Vous n'espérez pas que je vous explique les paroles de madame Light. Elle prend ses nouvelles parmi les domestiques et autres inférieurs de cette sorte, et vous savez ce que valent les propos de tous ces gens. Mais vous ignorez, mon frère, combien je vous aime, si vous croyez que je n'attendais votre retour que pour vous annoncer un événement de cette nature.

L'ardeur que mit ma sœur à me faire cette réponse, jointe aux paroles de la vieille hôtesse de Kingsbridge, me firent soupçonner qu'il y avait encore derrière le rideau quelque projet bon à découvrir. En conséquence, je résolus de soutenir la conversation jusqu'au bout, afin d'en apprendre davantage s'il était possible.

— Quel âge a donc miss Bayard? demandai-je.

— Deux ans de plus que moi. N'est-ce pas un âge bien convenable?

— J'en conviens. Elle est donc accomplie?

— Pas tout à fait; vous n'ignorez pas que nous autres jeunes filles, élevées pendant la révolution, notre éducation a été un peu négligée; mais celle de Priscilla a été plus soignée.

— Est-elle aimable?

— Autant que notre sœur Annekee.

C'était beaucoup dire, car notre sœur était un modèle de vertu et le douceur de caractère.

— Est-elle sensible?

— Assez pour me rendre quelquefois honteuse de moi-même. Elle a une excellente mère, Mordaunt. Je vous ai souvent entendu dire que la mère aurait une grande influence sur vous dans le choix que vous feriez d'une femme.

— Mais pourquoi parler d'une femme pour moi! A-t-il été convenu et arrêté entre les grands parents que je dusse demander la main de miss Priscilla, et seriez-vous du complot, par hasard?

Cette question fit rire de bon cœur ma sœur Catherine; mais je me figurai que j'avais touché juste.

— Vous ne me répondez pas, mademoiselle; vous oubliez que nous nous sommes juré mutuellement de nous parler avec franchise en toute occasion. Dans celle-ci, je désire très-particulièrement vous voir remplir les conditions de votre serment. Existe-t-il entre vous un projet de cette nature?

— Non pas un projet conçu, discuté, préparé à l'avance, non, bien certainement non. Mais je suis convaincue que vous feriez le bonheur de notre mère, de notre tante Marie et de moi si vous épousiez miss Priscilla, car nous l'aimons tous déjà de tout notre cœur. Vous ne vous plaindrez pas de ma franchise, je crois, car on m'a souvent répété que les vœux d'amis et de parents exprimés d'une manière indiscrète produisent souvent l'effet contraire à celui qu'ils attendaient, et inspirent, au contraire, de la répulsion aux jeunes gens pour la personne qu'ils devraient aimer.

— Ceci peut être vrai en principe, mais ne saurait produire sur moi ni bon ni mauvais effet. Mais quels sont en définitive les sentiments des Bayard à ce sujet?

— Comment pourrais-je les connaître? Aucune allusion n'a été faite entre nous, puisque vous n'étiez pas connu d'eux; quelques paroles vagues ont peut-être été échangées entre moi et...

— Et votre amie Priscilla.

— Jamais! il n'a jamais été question entre nous d'un sujet aussi délicat.

— Les deux mamans en ont parlé peut-être?

— Je ne pense pas. Madame Bayard est très-réservée, et maman possède un sens trop exquis des convenances pour hasarder la moindre allusion sur la question d'un mariage.

— Le général n'a pas songé, j'imagine, à me marier pendant que j'étais absent d'ici.

— Oh non! Papa ne s'occupe guère de ces sortes de choses. Il nous a dit que depuis son retour il n'avait eu d'autre occupation que celle de rendre heureuse notre chère maman.

— Notre tante Marie n'aurait pas su trouver d'expression pour parler mariage; ce n'est donc pas elle.

— Elle, en vérité! Pauvre chère âme! elle ne se mêle que de ses propres affaires. Ma mère m'a raconté il n'y a pas longtemps les infortunes de notre pauvre tante et la raison qui lui fit refuser tant d'offres brillantes et d'excellents partis. Je crois que si vous la lui demandiez, elle vous dirait son histoire.

— Je la connais, le général me l'a déjà racontée. Mais si cette question n'a pas été agitée par l'un des Bayard et que personne de notre famille ni des grands parents de la famille Bayard n'en soit complice, je ne vois plus que vous et Thomas Bayard qui puissiez en assumer la responsabilité. Expliquez-moi donc ce point délicat avec votre franchise habituelle.

Le visage de Catherine devint écarlate. Elle était prise à ne plus pouvoir s'échapper. Sa franchise et son amitié pour moi l'emportèrent sur la fausse honte d'un aveu, et son regard compléta pour moi la confidence que ses lèvres n'avaient pas encore laissée échapper.

— Tout cela signifie, ma chère, que vous êtes promise à Thomas Bayard?

— Pas encore tout à fait, Mordaunt. M. Bayard a fait la demande de ma main, mais j'ai ajourné ma réponse jusqu'à ce que vous l'ayez vu. Je n'eusse pas voulu m'engager, mon cher frère, avant que vous approuvassiez mon choix.

— Je suis sensible au compliment, Kate, et je vous en tiendrai compte lorsqu'il en sera temps. Ainsi donc, c'est bien avec M. Thomas Bayard que vous avez parlé de moi?

— Sans doute, je lui parlais un jour de vous, et je lui témoignais l'espoir que, lorsque vous auriez vu Priscilla, vous l'aimeriez comme nous l'aimons déjà de tout notre cœur; voilà tout.

— Quand donc verrai-je ce modèle des jeunes gens et ce modèle des jeunes personnes dont vous venez de me dépeindre les perfections, Catherine, puisque je dois les connaître tous les deux?

— Ils ne sont pas ce que vous paraissez croire. Tom Bayard est un bon enfant, mais nullement un homme modèle.

— Néanmoins, c'est un garçon de bonne mine, j'en suis presque sûr.

— Pas aussi bien que vous, si cet aveu peut contenter votre vanité.

— Elle est satisfaite, le compliment venant de vous, ma chère sœur. Mais vous n'avez pas encore répondu à ma question?

— A vous dire vrai, Mordaunt, je crois que Tom Bayard et Priscilla doivent dîner avec nous chez grand'maman. Elle m'a écrit il y a quelques jours qu'elle les avait invités, et qu'ils acceptaient son invitation.

— Il paraît que la bonne-maman est du complot, et qu'elle veut me marier bon gré mal gré! Et moi qui croyais avoir seul projeté cette visite?

Kate sourit, m'avoua que ma détermination avait singulièrement favorisé leurs projets à tous. La conversation changea bientôt d'objet, et nous continuâmes notre route sans autre allusion à la famille des Bayard ni au mariage de l'un ou de l'autre.

A un demi-mille de la barrière de Satanstoë, nous rencontrâmes Jaap qui retournait à Lilacsbush.

— Eh bien! Jaap, comment avez-vous trouvé le col de Satanstoë après une aussi longue absence? dis-je m'arrêtant en face du vieux serviteur.

— Pas en si bon état, massa, que ma respectable maîtresse, qui se porte parfaitement pour un aussi grand âge. Mais si vous saviez ce que j'ai appris à la taverne!

— Et vous vous êtes arrêté à la taverne pour boire un verre de cidre, je gage mon vieux Jaap. Qu'y avez-vous appris?

— Pendant que le vieux Dick buvait, la nouvelle hôtesse, qui vient du Connecticut, me dit :

— Où allez-vous, vieux gentilhomme de couleur? C'était poli, croyez-vous?

— Et vous lui répondîtes?

— Moi lui répondre j'allais à Satanstoë, d'où je sortais il y avait longtemps, longtemps.

— Là-dessus, elle vous adressa quelques observations, et vous avez fait attendre miss Littlepage?

— Dieu bénisse miss Catherine! c'est miss Catherine qui doit me faire attendre. Vous dites de drôles de choses, maître?

— Enfin, n'importe, Jaap, que vous a dit la dame du Connecticut lorsqu'elle a su que vous alliez à Satanstoë?

— Ce qu'elle m'a dit, massa? des sottises qui m'ont rendu presque fou. Quel est l'endroit que vous appelez ainsi? dit-elle avec une figure effarée comme si elle eût vu un serpent. Vous voulez parler sans doute de Dibbleton, l'endroit que tous les gens comme il faut appellent le Col. Avez-vous jamais entendu une pareille chose, massa?

— Oui, peu de temps après ma naissance, il fut question de changer le nom de notre résidence. Quelques-uns l'appelèrent la Grille de l'Enfer et d'autres noms semblables. Un Yankee, mon bon Jaap, n'est jamais satisfait que lorsqu'il peut effectuer quelques changements. Qu'ils appellent notre séjour comme ils voudront, nous n'en continuerons pas moins, vous et moi, à l'appeler Satanstoë ou l'Orteil du diable.

— Ça bien sûr, maître; il faut donner au diable ce qu'il mérite, dit un vieux proverbe. Tousceux qui ont des yeux peuvent voir l'endroit où il a laissé son orteil.

Et Jaap reprenant le chemin de Lilacsbush, nous poursuivîmes notre route vers le col de Satanstoë.

— N'est-il pas singulier, mon frère, dit Kate, que des étrangers persistent à vouloir changer le nom de la propriété de grand'maman? Ça n'est pas un beau nom sans doute, mais depuis plus d'un siècle qu'on l'appelle ainsi, à quoi bon le changer?

— Ma chère sœur, la rage de modifier et de perfectionner, qui s'est emparée de notre génération, détruira des choses bien plus importantes que le nom de notre manoir. Sous le masque respectable de la liberté, une race envieuse et rapace substitue à la noble simplicité de la nature et aux bonnes manières, une élégance raffinée, pleine d'affectation et de mauvais goût.

CHAPITRE IV.

En haut du perron du manoir de Satanstoë, nous trouvâmes ma grand'mère et le célèbre Tom Bayard qui nous attendaient. Au premier coup d'œil, je fus satisfait de la tournure du jeune homme, et je ne tardai pas à m'apercevoir qu'il n'avait d'yeux que pour Catherine, et que par conséquent il appréciait ses qualités comme elles méritaient de l'être.

Ma chère vieille grand'mère, qui n'était pas si âgée qu'on le disait, puisqu'elle n'avait pas encore soixante-dix ans, nous fit l'accueil le plus affectueux. Thomas Bayard reçut mes salutations comme il convenait à un gentilhomme, bien qu'avec une certaine émotion. Il n'y eut pas entre nous de serrement de main ni de ces élans d'intimité à première vue que l'on prodigue sans se connaître; mais il me salua gracieusement, et son sourire m'invitait à faire plus ample connaissance. Cette habitude de se donner à la première rencontre des poignées de main nous a été importée des États voisins, car elle n'existait à New-York qu'entre amis très-intimes. C'est, à mon avis, un mauvais usage, qui confond et détruit les degrés qu'il importe de maintenir dans nos affections, et très-disgracieux pour une introduction.

Miss Priscilla Bayard nous attendait dans le petit salon d'été. C'était vraiment une charmante personne : une tournure svelte et délicate, un ensemble parfait de grâces et de distinction. Les deux amies s'embrassèrent avec toutes les démonstrations d'une sincère affection. On rencontre rarement en Amérique des jeunes filles maniérées comme chez les Européens. Tout est naturel chez les nôtres, tandis qu'une fille en Europe met de l'affectation dans les actes les plus simples de la vie.

Après le dîner, on proposa une promenade au col de Satanstoë à la fraîcheur de la soirée. Nous partîmes tous quatre, et nous atteignîmes bientôt le bord du golfe, à un endroit où la mer en se retirant avait mis à découvert un banc de sable. Miss Bayard, que j'avais un peu intimidée, semblait se rapprocher de son amie; je renonçai pour le moment au plaisir de marcher à ses côtés, et j'entamai la conversation avec son frère, dont j'étais bien aise de sonder le caractère et les opinions. Je savais qu'une partie de sa famille s'était déclarée pour la couronne et avait perdu ses propriétés par l'acte de confiscation. Mais l'autre partie avait préféré conserver sa fortune, et l'on disait riche la branche à laquelle Tom appartenait. Je ne fus pas longtemps sans reconnaître que mon nouvel ami était un tory modéré, et qu'il eût préféré que les droits que nous cherchions à conquérir nous eussent été conférés sans la division et la séparation des deux pays. La candeur avec laquelle Tom Bayard m'avoua ses opinions me fit d'autant plus de plaisir qu'il n'ignorait pas que depuis trois générations les Littlepage étaient en guerre contre la couronne.

— La distance qui sépare les deux pays, lui dis-je dans le cours de notre conversation, ne vous a-t-elle pas frappé comme l'une des causes principales qui tôt ou tard devaient amener la séparation? Deux contrées séparées par un vaste océan ne sauraient être gouvernées par les mêmes hommes. Quoique prématurée, notre séparation fût tôt ou tard devenue nécessaire.

— Ce qu'il faut le plus déplorer, major Littlepage, ce sont les dissensions et les séparations entre les familles. Je pense néanmoins que nous eussions pu vider nos différends sans nous détacher complètement de notre fidélité au roi.

— C'est là, en effet, la pierre de touche de tous les dévouements. Mais à quoi bon l'obéissance au roi si le parlement emploie sa puissance à faire plier les intérêts américains sous ceux de l'Angleterre?

Bayard s'inclina poliment sans répondre à mon observation, et changea le sujet de notre conversation. Il en avait dit assez pour me convaincre que quels que fussent les liens qui rapprochassent nos familles, il y aurait entre nous peu de sympathie politique. Avant que nous eussions abordé un autre sujet de conversation, les jeunes filles s'étaient rapprochées de nous, et je vis avec regret que Kate paraissait adopter en politique la manière de voir de son fiancé, plus qu'il ne convenait à un membre de la famille des Littlepage. Toutefois, je ne pouvais lui en vouloir, car j'eusse exigé moi-même avant tout que ma femme partageât entièrement mes opinions politiques. D'un autre côté, je fus surpris de trouver en miss Priscilla une patriote zélée et quelque peu aveugle, blâmant le parlement et le roi avec une chaleur égale à celle qu'elle mettrait à défendre les actes, les principes et la politique de tout ce qui était purement américain.

Je montrai moins de tolérance pour le patriotisme de miss Bayard que j'en avais ressenti pour la trahison de ma sœur. S'il me semblait assez naturel que Catherine commençât à adopter la manière de voir de l'homme qu'elle avait résolu d'épouser, je trouvais trop d'empressement dans une personne dont la famille était tory à embrasser les sentiments politiques d'un homme qu'elle voyait pour la première fois.

— Ne pensez-vous pas comme moi, major Littlepage? que l'Amérique s'est couverte d'une gloire immortelle dans cette dernière guerre, et que dans dix siècles son histoire fera l'admiration des générations qui la liront?

Comme il n'eût pas été convenable de nier le fait, je m'inclinai, et je m'éloignai un peu, sous le prétexte de chercher des coquillages. Ma sœur me rejoignit peu après, et le colloque suivant s'établit entre nous.

— Vous trouvez Priscilla Bayard une enragée whig, je présume, major Littlepage?

— Excessivement, ma sœur. Mais je croyais les Bayard tout à fait neutres, pour ne pas dire de l'opinion contraire.

— C'est vrai pour tous, excepté pour Priscilla, qui depuis quelque temps est devenue une whig renforcée.

— Devenue? elle était donc tory autrefois?

— Presque pas; mais depuis, ses opinions ont tout à fait changé. Elle est devenue de plus en plus whig. Je savais bien que vous en seriez enchanté, s'écria Catherine triomphante. Je vivrai pour voir s'accomplir mon vœu le plus cher.

— Je n'élève aucun doute sur ce point, mon enfant; mais cela ne proviendra point du mariage d'un M. Littlepage avec une demoiselle Bayard.

Catherine éclata de rire et rougit, mais sans avoir l'air convaincue. Elle secoua la tête d'un air mutin, et nous rejoignîmes nos compagnons, Kate reprenant sa place à côté de Tom, et moi marchant près de Priscilla Bayard, qui reprit la conversation que nous avions commencée sur la révolution.

— Vous avez été surpris sans doute, major Littlepage, de m'entendre parler avec enthousiasme de ce pays, bien que quelques membres de ma famille aient été maltraités par le nouveau gouvernement. Mon frère, comme vous avez pu en juger, est moins Américain que moi.

— Je présume qu'il est extrêmement neutre, et qu'il appartient un peu au parti vaincu.

— J'espère toutefois que sa conduite politique ne lui fera pas tout à fait tort dans votre opinion. Et comme je suis la seule whig avérée dans la famille, j'ai cru devoir vous parler en faveur d'un frère chéri dont je désire le bonheur.

Le piége n'est pas maladroit, pensai-je à part moi; mais je ne suis pas assez inexpérimenté pour être la dupe d'une trame aussi transparente. Ne lui laissons pas voir que je suis sur mes gardes...

— Je ne comprends pas comment mon opinion pourrait influer sur le bonheur de M. Bayard. Je n'ai pas le droit de juger trop sévèrement mes semblables parce qu'ils diffèrent d'opinion avec moi.

— Vous ne sauriez croire, monsieur Littlepage, combien je suis heureuse de vous entendre parler ainsi. Tom sera bien heureux, car il avait peur de vous sur ce point essentiel.

Je ne répondis pas tout de suite, épiant les traces du sourire qui avait erré sur ses lèvres, et dont je cherchais à comprendre la signification.

— De quelle manière mon opinion peut-elle exercer une influence sur votre frère? lui demandai-je, bien déterminé à provoquer une explication décisive.

— Vous n'ignorez pas bien certainement ce que je veux dire, répliqua Priscilla d'un air étonné. Voyez ce jeune couple qui marche devant nous, ne comprenez-vous pas quelle sorte d'influence votre opinion de jeune homme peut exercer, sur lui, du moins?

— On pourrait en dire autant de nous deux, miss Bayard; c'est un jeune couple en effet, et le cavalier paraît admirer sa compagne, je l'avoue.

— Les deux cas sont tout à fait différents, répondit-elle. *Nous sommes étrangers l'un pour l'autre, tandis que Tom Bayard et Catherine Littlepage sont déjà de vieilles connaissances. Nous ne nous aimons pas le moins du monde,* quoique enclins peut-être à avoir bonne opinion l'un de l'autre en faveur de ces deux êtres qui nous sont si chers. Mais *là* s'arrête notre intérêt, pour ne pas dépasser une amitié basée, je l'espère, sur une plus ample connaissance de nos intérêts respectifs. Les deux jeunes gens ne sont pas admirateurs l'un de l'autre comme vous l'entendez, mais ils s'aiment mutuellement. Et voilà pourquoi l'opinion que vous aurez de mon frère est de la plus haute importance pour lui. J'aime à croire que cette fois je me suis fait comprendre.

— Parfaitement, et je serai aussi explicite que vous. Je proteste solennellement d'abord contre ce que vous avez dit du second exemple à l'exception de l'intérêt que nous portons l'un et l'autre au frère et à la sœur. Ensuite je déclare que Kate Littlepage est entièrement maîtresse de faire un choix, et en dernier lieu, que je ne trouve rien dans le caractère ou dans la position de fortune de M. Thomas Bayard qui soit un obstacle à leur union. Cette explication est-elle aussi satisfaisante?

— Tout autant, et je vous en remercie du fond du cœur. J'ai eu, je vous l'avoue, quelques appréhensions au sujet des opinions politiques de Thomas ; mais elles sont complètement écartées, et rien ne saurait faire durer plus longtemps nos inquiétudes et les siennes.

— Comment a-t-on pu attacher tant d'importance à mon approbation, lorsque Catherine a son père et sa mère pour donner leur consentement au choix qu'elle aura fait?

— Ah! monsieur Littlepage, vous n'avez pas, je le vois, la conscience du rang qu'occupe votre opinion dans la famille. Je le connais mieux que vous ne paraissez le faire vous-même. Père, mère, grand'-mère et sœur, tous pensent et parlent de même sur M. Mordaunt. A entendre le général raconter la guerre, on croirait qu'il n'a fait que commander une compagnie dans le régiment sous les ordres du capitaine Littlepage. Madame Littlepage s'en rapporte pour toutes choses au goût, à l'opinion, au jugement de M. Mordaunt, même pour les choses du mariage. Kate ne fait que répéter : Mon frère a dit cela, mon frère écrit ceci, mon frère pense ainsi. Et quant à la brave dame, ici à l'Orteil, elle croit que ses pêches et ses cerises ne mûriraient jamais si Mordaunt Littlepage, le fils de son fils Corny Littlepage, n'était sur cette terre pour entretenir perpétuellement un rayon de soleil.

Quelle étrange fille c'était! Elle prononça ces paroles avec l'accent de la simplicité la plus touchante. Evidemment son esprit était fin et enjoué, et j'eus un moment confiance en sa bonne foi et sa sincérité ; mais de nouvelles observations virent bientôt réveiller mes doutes et mes soupçons.

— Vous avez tracé là, miss Bayard, dis-je, un tableau vivant de la faiblesse d'une famille; et je l'oublierai d'autant moins que Mordaunt ne mérite pas l'extrême partialité des parents que vous avez nommés.

— Je maintiens que votre opinion est de la dernière importance pour Tom, et que votre sœur ne l'épouserait pas si vous pensiez mal de lui. Mais je suis tranquille actuellement, surtout depuis que je sais que vous n'êtes pas en hostilité politique avec lui.

— Je n'élèverai aucune objection contre votre frère à cause de ses opinions politiques. Ma chère mère a été elle-même tory pendant toute la guerre, et Catherine, il me semble, a épousé son changement d'opinion.

Un pénible sourire se peignit sur les lèvres de Priscilla Bayard qui parut vouloir en rester là. En conséquence, je changeai le sujet de notre conversation.

Nous restâmes quelques jours à Satanstoë, et Tom Bayard vint tous les jours nous y rendre visite, la distance entre le Col et les Hickories étant très-rapprochée. Je revis la jeune personne deux fois pendant cet intervalle : la première, lorsque j'allai lui rendre ma visite de politesse, et une seconde fois, lorsqu'elle vint à cheval voir son amie Catherine. J'avoue que je n'avais jamais été plus embarrassé pour définir le caractère de cette jeune fille. Elle était ou profondément artificieuse, ou innocente et simple comme un enfant. Il était aisé de voir que son frère, ma sœur, ma grand'mère et les parents même de la jeune personne désiraient me mettre dans les meilleurs termes avec Priss, comme ils l'appelaient; mais je ne pouvais définir ses propres sentiments. C'eût été contre nature de ne pas admirer l'aménité de son caractère, et je lui rendais cet hommage dans le moment même où j'étais le plus enclin à douter de sa sincérité.

Il est néanmoins presque inutile d'ajouter que mon cœur resta neutre malgré les vœux évidents de tous mes amis et les qualités de la jeune miss. Lorsque les soupçons sont une fois éveillés, la preuve devient inutile; la condamnation suit de près la méfiance, bien que souvent cette dernière ne soit fondée que sur des probabilités éventuelles; tandis que, dans le cas contraire, lorsque la confiance existe, le témoignage le plus évident est souvent dédaigné. Nous avons tous les défauts du plus au moins, qu'il n'est pas aisé à l'œil superficiel de découvrir; mais le crime et la bassesse sont empreints de certains signes infaillibles, que l'on ne devrait jamais négliger d'approfondir, car ils dénotent l'absence de tout principe de morale, et se reflètent sur le caractère tout entier.

CHAPITRE V.

Le jour que nous quittâmes Satanstoë ma sœur et moi, j'eus avec ma grand'mère un entretien assez intéressant pour le rapporter ici. La bonne dame m'avait fait demander de grand matin, lorsque tout le monde reposait encore. J'allai la rejoindre sur une petite terrasse du jardin, où elle m'attendait, et je me doutai, à l'air grave de sa physionomie, qu'elle allait me faire quelque importante révélation. Je pris une chaise qu'elle avait fait placer face à face avec la sienne, et j'attendis avec anxiété qu'elle voulût bien entamer la conversation. Ma grand'mère me contemplait à travers ses lunettes, des larmes de sensibilité humectant ses yeux tandis qu'elle écartait les boucles de mon front, comme elle en avait l'habitude lorsque j'étais enfant. Je craignis un moment d'avoir dit ou fait quelque sottise qui eût blessé cette excellente parente.

— Grand'mère ! que me voulez-vous ? m'écriai-je. Aurais-je involontairement commis quelque sottise ?

— Non, mon enfant, non ! bien au contraire. Vous êtes et vous avez toujours été un fils bon et respectueux, non-seulement envers vos parents, mais envers moi. On aurait dû vous appeler Hugh, je le maintiendrai toute ma vie. Je l'ai dit à votre père lorsque vous vîntes au monde ; mais il était fou du nom de Mordaunt, comme il l'est encore aujourd'hui. Non pas que ce ne soit un joli nom, très-respectable, et de noble origine en Angleterre, mais c'est un nom de famille, et qui ne convient pas du tout pour un nom de baptême. Enfin il est trop tard pour revenir là-dessus. Vous a-t-on jamais dit, mon enfant, combien vous ressembliez à votre grand-père ?

— Ma mère m'a souvent dit que mon nom de famille aurait dû être Mordaunt, tant je ressemblais à son père.

— Son père ! En vérité, Annekee a quelquefois d'étranges idées. Il n'y a pas de meilleure femme au monde.. J'aime votre mère comme si elle était ma propre fille ; mais, je le répète, elle a quelquefois d'étranges idées. Vous, ressembler à Herman Mordaunt ! Vous êtes le portrait frappant de votre grand-père Littlepage, et vous ne ressemblez pas plus à Herman Mordaunt que vous ne ressemblez au roi.

Ma chère grand'mère, qui entrait alors dans sa soixante-neuvième année, était tellement convaincue de ma ressemblance avec feu son époux le général, qu'elle reprit la parole.

— Oh! ces yeux!..... murmura-t-elle; ce front..... la bouche, aussi le nez, pour ne rien dire du sourire, qui est exactement le même.

L'âge et l'affection aveuglaient ma grand'mère sur tous ces points.

— Eh bien! Mordaunt, reprit enfin la bonne dame, comment trouvez-vous le choix qu'a fait votre sœur Catherine? M. Bayard n'est-il pas un charmant jeune homme?

— C'est donc décidément un choix? Catherine a-t-elle définitivement arrêté cela dans son esprit?

— Bah! répliqua ma grand'mère souriant. Il y a longtemps déjà que c'est une chose arrêtée... Et papa, maman, Annekee et moi nous avons consenti, et nous sommes enchantés. On n'attendait plus que votre approbation. Catherine m'a dit seulement qu'elle ne voulait pas s'engager tant que vous seriez absent, et avant que vous eussiez fait connaissance avec le jeune homme. N'était-ce pas aimable de sa part, mon enfant?

— C'est vrai, grand'maman, et j'en garderai longtemps le souvenir. Mais supposons que je n'eusse pas approuvé son choix, que s'en serait-il suivi?

— Vous ne devriez jamais faire de questions désagréables, vilain enfant. La lettre que Jaap nous a apportée de Lilacsbush renfermait le consentement de vos chers parents De sorte que Catherine a écrit hier sa lettre d'acceptation.

— Je suis bien aise que tout ait réussi à vos souhaits, et personne ne désire plus ardemment que moi le bonheur du jeune couple. Kate est une excellente fille, que j'aime autant qu'un frère peut aimer sa sœur.

— Elle sera heureuse, je l'espère. Tous les mariages ont réussi dans notre famille; il serait étrange que celui-ci tournât différemment. Enfin, Mordaunt, quand Kate sera mariée, il ne restera plus que vous.

— C'est vrai, grand'mère, et vous devez être satisfaite que l'un de nous puisse venir vous rendre visite sans amener sur ses talons des nourrices et des enfants.

— Moi satisfaite d'une semblable chose! Non, Mordaunt; c'est le plus ardent vœu de mon cœur de vous voir convenablement marié et de bercer dans mes bras une nouvelle génération des Littlepage.

— Que dois-je comprendre de tout ceci, ma chère grand'mère?

— Que je désire vous voir marié, mon cher enfant, actuellement que la guerre est finie; que votre père, que tout le monde désire vous voir marié.

— Et que vous avez tous envie que j'épouse la même personne? n'est-ce pas cela?

Ma grand'mère sourit et s'agita sur sa chaise, car elle craignit d'avoir poussé les choses un peu trop loin. Mais il ne convenait pas à son caractère de reculer après s'être avancée.

— Je crois que c'est cela, Mordaunt, répondit-elle après une légère pause. Nous désirons que vous épousiez Priscilla Bayard aussitôt qu'elle aura accepté votre main.

— Si Catherine épouse le frère, ne me pardonnera-t-on pas si je ne m'arrête pas à songer à la sœur?

— Priscilla Bayard est de la colonie d'York, monsieur Mordaunt Littlepage.

— Nous appelons aujourd'hui cette contrée l'Etat d'York, ma très-chère bonne-maman. Je suis loin d'être d'un avis contraire au vôtre... Priscilla Bayard est très-bien.

— Que pouvez-vous donc désirer de plus?

— Je ne dis pas qu'un jour je ne serai pas heureux d'obtenir le consentement de cette jeune fille à devenir ma femme; mais ce temps n'est pas encore venu. Ensuite, je mets en doute le succès d'un expédient où les amis les plus intéressés au succès d'une alliance ne tarissent pas en éloges exagérés.

Ma pauvre grand'mère était atterrée comme quelqu'un qui vient de commettre une bévue sans le vouloir; elle restait là me regardant amicalement, avec l'expression repentante d'un enfant, peinte sur ses traits vénérables.

— J'ai pourtant grandement participé, Mordaunt, au succès de l'union entre vos chers parents, reprit-elle enfin, et je puis affirmer n'avoir jamais connu de mariage plus heureux.

Je l'avais souvent entendue faire des allusions de cette nature, et plusieurs fois j'avais surpris sur les lèvres de ma mère un léger sourire, qui paraissait contredire l'opinion erronée de ma grand'mère sur ce point. Je me rappelle même qu'étant enfant, je demandai à ma mère comment le fait s'était passé, et qu'elle me répondit :

— Mon enfant, j'épousai votre père par l'influence d'un garçon boucher.

Réponse qui se rapportait à certaine particularité de la jeunesse de mes parents. Mais je savais fort bien que Cornélius Littlepage et Anneke Mordaunt n'eussent pas été d'humeur à se marier contre leur gré. Et leur fils résolut d'exprimer sur-le-champ sa ferme volonté de conserver la même indépendance. J'allais répondre à ma grand'mère avec plus de fermeté que je n'en avais l'habitude, lorsque les deux jeunes filles parurent sur la terrasse, et mirent fin à notre conversation confidentielle.

— Mordaunt est sur le point de nous quitter pour toute la saison, miss Bayard, dit ma grand'mère afin de ne pas pas perdre la moindre chance d'agir, et je causais un peu avec lui avant son départ. Je verrai Kate souvent encore pendant la belle saison, mais c'est la dernière fois que je possède Mordaunt jusqu'à l'hiver.

— M. Littlepage part pour un voyage, sans doute?... demanda la jeune personne témoignant juste autant d'intérêt qu'une personne bien élevée pouvait faire, et rien de plus, car Lilacsbush n'est pas assez éloigné qu'il ne puisse une fois par semaine monter à cheval, et venir s'informer de votre santé.

— Il part pour un endroit très-éloigné, et qui m'effraye rien que d'y penser.

Miss Bayard, cette fois, ne put dissimuler son étonnement, et ses yeux m'interrogèrent avec anxiété, bien que sa bouche ne prononçât pas une parole.

— Il est temps, je le vois, que je m'explique, afin que miss Bayard ne me suppose pas prêt à partir pour la Chine, où tous les aventuriers semblent se diriger. Je ne quitterai pas la contrée.

— Vous allez peut-être voir le Niagara, major Littlepage?

— Vous auriez le courage de le suivre? demanda ma grand'mère saisissant au passage tout ce qui pouvait amener l'accomplissement de ses désirs.

Priscilla rougit avant de répondre

— Je ne crois pas, madame Littlepage, dit-elle, qu'il faille un grand courage pour faire cette excursion. On peut rencontrer, il est vrai, en route, des Indiens et un grand espace de déserts et de solitudes avant d'y arriver ; mais les dames, m'a-t-on dit, ont déjà fait ce voyage en toute sécurité. On raconte tant de merveilles des chutes du Niagara, que cela me donnerait le courage de braver quelques dangers pour les visiter.

Je suis étonnée quand je pense qu'il y a très-peu de temps encore nous considérions une excursion au Niagara comme plus hasardeuse encore qu'un voyage en Europe. Et les voyages ne sont plus ce qu'ils étaient autrefois.

— Rien me rendrait plus heureux, m'écriai-je au grand contentement de ma grand'mère, que d'être le protecteur de miss Bayard dans une semblable excursion.

— Vous songez donc sérieusement à entreprendre ce voyage, major Littlepage?

— Pas cette saison, bien que je mette cette espérance en réserve pour l'avenir. Ma destination présente est pour Ravensnest (nid de corbeau), lieu situé à un peu moins de cinquante milles d'Albany.

— Ravensnest! c'est un joli nom ; bien qu'on l'aimât davantage, n'est-ce pas Kate, si c'était nid de tourterelle, nid de roitelet ou de pinson? Qu'est-ce que c'est que Ravensnest, monsieur Littlepage?

— C'est une propriété d'une grande étendue, mais de peu de valeur quant à présent, qui m'a été léguée par mon grand-père Mordaunt, voisine d'une autre propriété appartenant à mon père et au colonel Dirck et appelée Mooseridge. Je vais les visiter toutes deux comme propriétaire de l'une et en qualité d'agent des propriétaires de l'autre.

— J'ai appris qu'un grand nombre de colons nous arrivent des Etats de la Nouvelle-Angleterre, continua Priscilla, qui paraissait prendre à tous ces détails un intérêt dont je ne me rendais pas compte, et que l'on fait de grands projets de défrichement dans les terres incultes du centre de l'Etat, que l'on a l'intention de peupler entièrement.

— Vous paraissez être initiée à ces questions, miss Bayard, mieux que les jeunes personnes de nos contrées. J'attribue cet intérêt de votre part à votre patriotisme.

Priscilla rougit et redevint silencieuse. Catherine continua de parler de mon voyage, afin de ne pas laisser tomber notre conversation.

— Quel est donc cet étrange vieillard dont je vous ai souvent entendu parler, Mordaunt, me demanda-t-elle, et avec lequel vous étiez en correspondance au sujet de ces terres?

— Vous voulez parler de mon ancien compagnon le Porte-Chaîne, du nom de Coejemans.

— Son véritable nom est Coejemans, n'avez-vous pas dit, major Littlepage? s'informa Priscilla, qui me parut affecter un air indifférent que démentait sa physionomie.

— Il s'appelle en effet Andries Coejemans, d'une famille respectable, sinon tout à fait de haute source; mais il est tellement homme des bois, qu'il n'a fallu rien moins que son patriotisme et ses idées whigs pour l'attirer en pleine campagne. Après avoir servi avec distinction pendant toute la guerre, il est parti reprendre ses chaînes; et il vous ferait rire si vous l'entendiez plaisanter sur la position dans laquelle il se trouve : plongé dans les chaînes, après avoir combattu si longtemps et si souvent pour la liberté!

Priscilla, après avoir hésité un moment et rougi légèrement, me posa cette question d'un air froid en apparence :

— Avez-vous jamais vu la nièce du Porte-Chaîne, Duss Malbone?

Cette question ne laissa pas que de me surprendre; car bien que je n'eusse jamais vu Ursule, l'oncle m'avait si souvent entretenu de sa pupille, qu'elle était presque une vieille connaissance à mes yeux.

— Au nom de tout ce qu'il y a de curieux au monde, où avez-vous jamais entendu parler d'une telle personne? m'écriai-je assez inconsidérément, car le monde était assez vaste pour qu'à mon insu les deux jeunes personnes se fussent rencontrées. Le vieil Andries m'a très-souvent parlé de sa nièce, mais j'étais loin de penser qu'elle pût faire connaissance avec une jeune personne de votre rang.

— Néanmoins nous avons été l'une pour l'autre un peu plus que camarades de pension, car nous étions de très-bonnes amies. J'aime Duss d'une sincère affection, bien qu'elle ait dans son genre une certaine originalité, comme je l'ai entendu dire également par son oncle.

— Voilà qui est étrange! Voulez-vous me permettre de vous adresser une question? elle vous paraîtra singulière après ce que vous venez de m'apprendre, mais la curiosité l'emporte sur les convenances. Duss Malbone est-elle donc une *demoiselle*, l'égale compagne d'une jeune personne du rang de miss Priscilla Bayard?

— Il est d'autant moins facile de répondre à cette question que Duss est très-supérieure à toutes les jeunes filles que je connaisse : sa famille était bonne des deux côtés; actuellement elle est pauvre, très-pauvre, je le crains. Pauvre Duss! ajouta-t-elle une larme brillant au bord de sa paupière, elle a eu beaucoup à supporter, même en pension, à cause de sa pauvreté; mais nulle d'entre nous n'eût osé lui offrir la moindre faveur : j'aurais craint de l'offenser en lui offrant un ruban, comme je n'hésiterais pas à le faire avec Catherine, ou toute autre de mes amies intimes. Je n'ai jamais connu un esprit plus noble, plus élevé que celui d'Ursule Malbone, quoique bien peu de personnes comprissent son caractère.

— C'est le même caractère qu'Andries. Dieu sait combien il était pauvre! et j'ai été témoin des sacrifices qu'il s'imposait, n'ayant que sa paye de capitaine pour le soutien de sa nièce; mais nul d'entre nous, pas même mon père, n'aurait pu le déterminer à emprunter un simple dollar. Sans doute que miss Malbone a hérité des Coejemans, comme son oncle, des originalités de la famille.

— Les Malbone n'ont pas le sang des Coejemans, répliqua vivement la jeune fille, bien que ces derniers n'aient rien que d'honorable dans leur descendance : la mère de Duss Malbone n'était qu'à moitié la sœur du capitaine Coejemans, ayant eu deux différents pères.

Miss Priscilla parut regretter presque aussitôt d'avoir montré une si parfaite connaissance de la généalogie des Malbone. Elle se retira en arrière et cueillit une rose, qu'elle respira en s'éloignant un peu de nous. La cloche du déjeuner vint, du reste, interrompre notre conversation, et il ne fut plus question du Porte-Chaîne ni de sa merveilleuse nièce. Après le déjeuner, nous prîmes congé de ma respectable parente, que j'embrassai affectueusement, n'ayant plus l'espoir de la revoir avant le retour de la belle saison. Je donnai une fraternelle poignée de main à Tom Bayard, jusqu'à la prochaine visite qu'il ne manquerait pas de rendre à Lilacsbush avant mon départ; puis, m'approchant de sa sœur, qui me tendit cordialement la main, je lui dis en la prenant dans la mienne :

— J'espère bien vous revoir encore, miss Bayard, avant mon départ pour les nouvelles contrées; vous devez, je crois, une visite à ma sœur, et je compte sur l'acquit de cette dette pour avoir une autre occasion de vous dire ce vilain mot : Adieu!

— Il n'y a que quinze milles de distance de la porte de notre père aux Hickories, voilà ce que vous devriez savoir, Monsieur, et qu'une invitation permanente vous permet d'en franchir le seuil quand il vous plaira, ajouta Catherine.

— Et cette invitation vous est faite à la fois par mon frère et par mon père, dit vivement Priscilla; ils seront toujours heureux de recevoir la visite du major Littlepage.

L'intérêt que je prenais à définir l'étrange caractère de cette femme serait peut-être devenu une affection pour elle si je fusse resté un mois de plus dans son voisinage; mais la Providence en avait ordonné autrement.

Pendant notre retour au bosquet, Catherine, avec toute la modestie convenable, me confia le secret de son adhésion à la proposition de mariage de Tom Bayard. Ils étaient convenus d'attendre mon retour, qui devait avoir lieu vers l'automne suivant.

— Ainsi, ma chère sœur, je ne vous aurai pas plus tôt retrouvée, que ce sera pour vous perdre tout à fait.

— Pourquoi cela, mon frère, puisque je dois entrer dans une famille où vous viendrez vous-même chercher une femme?

— Admettons que je hasarde la démarche, quelle raison avez-vous de croire qu'elle serait couronnée de succès?

— Je n'ai d'autre raison de croire à votre réussite que parce que vous êtes un homme jeune, de bonne mine, d'une excellente famille, demeurant dans le voisinage des Hickories, d'un âge, d'un caractère, de mœurs convenables. Ces raisons ne sont-elles pas suffisantes, mon brave major, pour vous engager à persévérer dans cette voie matrimoniale?

— La persévérance comporte un début quelconque, et je n'ai pas encore commencé. Je ne sais ce que je dois penser de votre amie, Catherine; c'est la nature et la perfection dans toute leur simplicité, ou la perfection dans la duplicité.

— Ah! Mordaunt, jamais vous n'avez été plus injuste envers une créature humaine; un enfant n'a pas plus de candeur, plus de sincérité que la sœur de Tom.

— Voilà justement ce que je pense; la sœur de Tom est et doit être parfaite par-devant notaire.

Catherine, un peu offensée de ma brusque sortie, garda quelque temps le silence ; mais bientôt le bon naturel l'emporta sur la rancune, et toute allusion cessa entre nous sur les membres de la famille Bayard.

En passant devant l'auberge de Kingsbridge, nous fûmes accueillis par la vieille hôtesse d'un déluge de paroles et de compliments sur le bonheur que l'on récoltait sous le toit de Satanstoë.

— Oui, oui, je le maintiens, dit-elle par forme de conclusion : depuis cent ans on n'a jamais vu sortir du toit hospitalier de Satanstoë que des visages joyeux et satisfaits.

C'était vrai ! Le visage de Catherine était radieux du bonheur qu'elle allait puiser dans sa prochaine union ; et j'étais heureux de son bonheur.

CHAPITRE VI.

Quelques jours après mon retour, Lilacsbush présentait ne de ces scènes de famille si communes dans le joyeux mois de juin, et sur les rives du vieil Hudson ; car ce fleuve est tout aussi vieux que le Tibre, bien qu'on n'en ait pas autant parlé dans nos temps reculés. Dans mille ans peut-être, ce fleuve sera connu par toute la terre ; les hommes en parleront, comme on parle de nos jours du Danube et du Rhin.

Au milieu d'une large pelouse, entre la maison et le rivage, s'élevait un noble tilleul planté par l'un de nos aïeux. Sous cet ombrage vénérable, nous allions, par les fortes chaleurs, prendre notre dessert. Là, depuis leur retour de l'armée, le général Littlepage et le colonel Dirck fumaient leur pipe en devisant de leurs campagnes.

Le jour dont il est ici question avait rassemblé toute la famille autour d'une petite table abondamment chargée de fruits et de flacons de vins. Les fruits se composaient de fraises, de cerises, d'oranges et de figues ; les vins étaient le madère et le bordeaux. L'abondance des tables américaines n'est rien de nouveau.

Sur la rive était amarré un large bateau, contenant mes bagages et ceux du nègre Jaap, qui était lui-même assis sur l'herbe entre l'arbre et la rive, entouré de petits négrillons qui jouaient et sautaient autour de lui ; son fils aîné, penché sur les bords du bateau, les avirons en mains, n'attendait que le signal du départ.

Tous ces préparatifs annonçaient effectivement mon prochain départ pour le Nord. Le vent soufflait sud, et des barques de diverses grandeurs surgissaient de tous les recoins du fleuve. Pour profiter de la brise, j'attendais moi-même l'apparition d'un petit brick appelé *l'Aigle*, capitaine Bogert, qui devait me prendre à son bord pour me transporter à Ravensnest. J'avais choisi ce navire de préférence à tout autre, parce qu'il possédait une arrière-cabine abritée par un large rideau vert : avantage que n'offrait aucune autre embarcation du même genre.

Nous devisions du but de mon voyage en attendant l'apparition de *l'Aigle*, que Jaap, qui devait m'accompagner, épiait de son côté.

— J'aimerais bien, Mordaunt, me dit ma mère, rendre une visite à madame Vander-Heyden, à Kinderkook ; c'est une de nos parentes, que j'estime beaucoup, et que j'aime, en souvenir de cette horrible nuit que nous passâmes un jour sur la rivière et dont vous m'avez entendu parler.

En prononçant ces mots, ma mère tourna un regard de tendresse vers le général, qui le lui rendit avec la même affection.

— Il serait à souhaiter, Annekee, dit mon père, que le major pût aller visiter la tombe du pauvre Guert, et voir si la pierre est encore debout, et si tout est en bon état : je n'ai pas passé par là depuis 1768, elle commençait déjà à réclamer la sollicitude d'une main amie.

Ceci fut dit à voix basse, pour empêcher ma tante, qui était un peu sourde, d'entendre ce qu'il disait. Le colonel Dirk, au contraire, tira sa pipe de sa bouche et prêta une oreille attentive.

— Il y a là aussi la tombe de milord Howe, Corny, fit observer le major, dans quel état se trouve-t-elle?

— Oh ! celle-là, la colonie en prend soin. On l'a enterré sous l'arche principale de l'église Saint-Pierre, je crois, et il n'a rien à redouter des ravages du temps. Mais quant à l'autre, je crois qu'il serait bon d'y aller voir.

— Il y a eu de grands changements à Albany depuis notre départ, dit ma mère d'un air pensif; les Cuylers ont été dispersés par la révolution, tandis que la fortune des Schuylers n'a fait que s'accroître. Pauvre tante Schuyler ! elle n'est plus là pour souhaiter la bienvenue à l'un de nos enfants.

— Le temps amène ces inévitables changements, nous devons

nous considérer très-heureux de nous retrouver à peu près tous en nombre après une guerre aussi longue et désastreuse.

Les lèvres de ma mère s'agitèrent pour murmurer une prière d'action de grâces au Tout-Puissant, qui lui avait conservé son époux et son fils.

— Vous nous écrirez autant de fois que vous en trouverez l'occasion, Mordaunt, reprit-elle après un moment de silence ; actuellement que nous sommes en paix, je pourrai recevoir assez régulièrement de vos nouvelles.

— On m'a dit, cousine Annekee, interrompit le colonel, qui avait coutume d'appeler ainsi ma mère, qu'il y aura bientôt une malle-poste, trois fois bar semaine, entre Alpany et York ; on ne sait bas encore, mon chénéral, tout ce que notre glorieuse révolution fera de pien.

— Si elle m'apporte seulement trois fois par semaine des lettres de ceux que j'aime, dit ma mère, mon patriotisme en sera considérablement augmenté. Comment les lettres seront-elles transmises de Ravensnest aux plus anciennes parties de la colonie, je devrais dire de l'Etat, Mordaunt?

— Il faut s'en fier aux colons pour cela. Des centaines de Yankees, m'a-t-on dit, parcourront le pays cet été en quête de fermages ; j'en emploierai quelques-uns pour mes messagers.

— Ne vous fiez pas trop à eux, murmura le colonel, qui avait conservé une vieillle rancune contre nos frères du Nord, voyez comme ils se sont conduits envers Schuyler?

— Ils auraient pu, je l'avoue, dit mon père, témoigner plus de justice et moins de préjugés envers Philippe ; mais le monde entier est rempli de préjugés : Washington lui-même n'a pas échappé à la critique.

— Voilà un grand homme ! s'écria le colonel Dirck avec emphase ; un pien grand homme !

— Personne ne vous contredira sur ce point, colonel ; mais n'avez-vous rien à faire dire à notre vieux camarade Andries Coejemans? Il doit être à Mooseridge, avec une partie de ses agents voyers, depuis près d'un an, et je vous garantis qu'il aura exploré nos terres dans toute leur étendue, afin de tout préparer pour l'arrivée de Mordaunt.

— Pourvu qu'il n'ait pas engagé de Yankee pour agent ! dit brusquement le colonel. Si l'un de ces animaux il se met sur la piste, il est gabable d'emporter une partie de la terre dans son compas! Vieil Andries, je l'espère, ne sera bas malatroit.

— Soyez tranquille, il nous conservera toute la terre. Il est bien malheureux que le capitaine n'ait pas de tête pour les figures de géométrie, car il eût fait fortune à cause de sa probité. Mais j'ai été témoin de ses efforts : il est resté huit jours à faire le compte de quelques devis qui lui étaient adressés par les ingénieurs, et il n'a jamais pu s'approcher du chiffre qu'à vingt-cinq pour cent de différence.

— J'aimerais mieux confier l'arpentage de mes propriétés, afec ou sans figures, à Andries Coejemans qu'à aucun inchénieur d'Anglederre.

— C'est une manière de voir comme une autre, dit mon père ; je serai très-satisfait du voyer dont il aura fait choix, quand même ce serait un Yankee, car il n'a dû accepter qu'un homme convenable. Andries est fin et adroit, s'il n'est pas bon calculateur ; et pour le reste j'ai la plus grande confiance en lui.

— C'est parole d'Efanchille, Mortaunt aura l'œil avec cela, puisque c'est son intérêt. Il y a une chose, muchor, que fous ne devez pas oublier : c'est de disposer de cinq cents acres bour votre sœur Annekee et cinq cents bour ma cholie Catherine. Quand cela sera fait, moi et le chénéral nous en doterons les jeunes filles.

— Merci, Dirck, dit mon père avec émotion ; je ne refuserai pas aux jeunes filles une dot qui pourra leur servir plus tard.

— Aujourd'hui ce n'est bas grand'chose, mais un chour ce sera d'une ponne valeur. Si nous tonnions aussi une ferme à Andries, dans son marché?

— De tout mon cœur, répliqua vivement mon père. Quelques centaines d'acres le rendront peut-être heureux pour le reste de ses jours. Je vous remercie de m'y avoir fait penser, Dirck ; nous laisserons Mordaunt en choisir le lot, et il nous en enverra le plan pour dresser l'acte de donation.

— Vous oubliez, général, que le Porte-Chaîne aura sa part de terre comme capitaine, me hasardai-je à faire observer ; d'ailleurs la terre ne lui est pas d'une grande utilité, si ce n'est pour la mesurer. Je crois que le brave homme se passerait volontiers de dîner s'il lui fallait l'obtenir en cultivant un champ de pommes de terre.

— Andries avait avec lui, lorsque nous l'avons connu, trois esclaves, composés du mari, de la femme et d'une jeune fille, répliqua mon père. Il ne les eût vendus, disait-il, sous aucune considération; et je l'ai vu bien malheureux et dépourvu d'argent, parce qu'il était trop fier pour en accepter de ses amis et trop bienveillant pour se défaire de ses esclaves. Il a sans doute ces gens avec lui au domaine, où vous les trouverez campés près de quelque source, cultivant des fruits et des légumes sur un petit coin de terre; car nous lui avons donné la permission de tailler et de rogner à sa volonté.

— Ces renseignements me font plaisir, général, répondis-je, car ils me promettent là-bas une sorte de famille, si en réalité le Porte-Chaîne garde auprès de lui ces noirs esclaves. J'emporterai ma flûte avec moi, car miss Priscilla Bayard m'a dit que je rencontrerais une merveille dans la personne d'Ursule, la nièce d'Andries, dont il nous a lui-même si souvent entretenus, vous devez vous en souvenir?

Comme je tournais la tête du côté de ma mère, je vis ses yeux fixés sur moi avec une sorte de curiosité inquiète, produite, comme je le présumai, par mon observation sur la sœur de Tom.

— Que peut donc Priscilla savoir de curieux sur cette nièce du Porte-Chaîne? me demanda-t-elle pour expliquer son regard interrogateur.

— Beaucoup de choses, je crois, car elles sont amies intimes, presque aussi intimes, de son propre aveu, qu'avec ma sœur Catherine.

— Cela n'est guère probable, répliqua ma mère avec un sourire d'incrédulité; la raison principale manque à cette croyance : Ursule ne saurait être l'égale de Priscilla Bayard.

— Il est presque impossible d'expliquer ces sortes de choses, ma chère mère, à moins de pouvoir établir la comparaison. Mais miss Bayard avoue elle-même que Duss lui est supérieure en beaucoup de choses. Cela pourrait être comme, par exemple, son oncle m'est supérieur à certains égards, en qualité de porte-chaîne surtout.

— C'est possible, mais par sa position il ne l'est pas.

— C'était le plus ancien capitaine du régiment.

— Peut-être; mais en temps de révolution, où tout est confondu... Je veux dire que votre porte-chaîne est à peine gentilhomme.

— Sa famille est très-honorable; mais son éducation a été, j'en conviens, un peu négligée. Il y a deux ou trois siècles, je vous aurais répondu qu'Andries était un parfait gentilhomme, bien qu'il fût obligé de faire avec ses dents une croix dans la cire pour remplacer une meilleure signature.

— Et celui que vous appelez le Porte-Chaîne, Mordaunt? demanda ma sœur.

— Celui-là ne fait qu'une seule et même personne avec le capitaine Andries, du régiment de votre père, miss Littlepage; mais qu'importe? Andries et Duss sont ce qu'ils sont, et je me trouverai très-heureux d'en faire ma société pendant tout l'été. J'aperçois Jaap qui me fait un signal; c'est celui du départ. Allons, il faut nous séparer! J'étais si heureux auprès de vous tous réunis sous ce vieil ombrage, que le bonheur domestique enlaçait mon cœur de ses fibres soyeuses. Enfin l'automne sera bientôt venu, et alors je vous retrouverai tous, je l'espère, en bonne santé et heureusement installés en ville.

Ma mère m'embrassa en pleurant. Catherine elle-même avait des larmes dans les yeux, bien que son cœur fût partagé entre moi et son fiancé. Ma tante Marie m'embrassa paisiblement, selon son habitude, et je donnai une poignée de main à mon père et au colonel, qui m'accompagnèrent jusqu'au bateau.

— N'oubliez pas les dots d'Annekee et de Catherine, répéta le colonel avant de nous séparer. Dites à Andries de choisir la meilleure terre, bien boisée et près de la rivière. Nous donnerons à ces lots les noms des deux filles; n'est-ce pas là une bonne idée, hein, Corny?

— Excellente, mon ami... Mordaunt, mon fils, si vous trouvez quelque endroit qui ressemble à une tombe, marquez-le afin que nous puissions plus tard le reconnaître.

— Rappelez-vous, Mordaunt, que je ne veux pas de Yankees agents dans ma propriété. Votre père peut leur affermer son lot si cela lui plaît; mais le mien, je ne veux pas.

— Comme vous êtes propriétaires en commun, Messieurs, répondis-je en souriant, il ne me sera pas facile de séparer vos intérêts en pareille occurrence. Toutefois je crois vous comprendre tous deux.

Et donnant une poignée de main à mes respectables parents, je sautai dans la barque, qui s'éloigna du rivage dans la direction du brick, ancré à un mille environ de distance. Quoique le vent soufflât convenablement, il ne fraîchissait pas assez pour permettre à M. Bogert de virer; il nous jeta une amarre, et en un clin d'œil nous fûmes sur le pont de *l'Aigle* avec nos bagages.

Nous conversâmes d'intérêt pendant les huit jours que dura notre voyage à Albany, et lorsque nous fûmes en vue des clochers de cette ville, la majeure partie de mes compagnons avaient résolu de me suivre jusqu'au *Nid du Corbeau*. Ces clochers étaient au nombre de deux : celui de l'église anglicane située au-dessus de la ville et adossée à la montagne, et le clocher de l'église hollandaise, qui occupait une situation plus humble sur la partie basse, et dont la flèche dépassait à peine les toits des maisons environnantes.

CHAPITRE VI.

Je ne m'arrêtai à Albany que quelques heures pour laisser aux journaliers mes instructions sur la propriété, et je repartis le même jour. Les moyens de transport étaient alors peu nombreux; je fus obligé de louer un chariot pour me transporter, avec mes effets et Jaap, jusqu'à Ravensnest. Un calme morne avait succédé dans toute la contrée aux dissensions de la guerre. Mais l'intérêt puissant de la colonisation commençait à reprendre son essor. Partout sur mon chemin je rencontrais des émigrants portant leur fortune sur l'épaule, c'est-à-dire leurs hardes, et l'instrument indispensable, la pioche. Presque tous venaient des Etats de l'Est, surnommés la Nouvelle-Angleterre.

Je ne rencontrai que de bien faibles progrès de culture entre la grande route du Nord et les limites de nos terres, depuis la dernière visite de mon père un quart de siècle plus tôt, d'après le tableau qu'il m'en avait tracé avant mon départ. Une auberge borgne s'élevait, il est vrai, au lieu indiqué; mais on n'y trouvait, le jour où je m'y arrêtai, que du rhum pour boisson, et pour toute nourriture du porc salé et des pommes de terre. Mais à de certaines époques de la saison, on eût trouvé une table splendidement servie avec le secours du gibier et du poisson. Telle n'était pas néanmoins l'opinion de mon hôtesse, d'après les plaintes qu'elle me fit à table pendant mon dîner.

— Vous avez de la chance, major Littlepage, dit-elle, de n'être pas arrivé parmi nous à l'époque que nous appelons notre saison de jeûne, car c'est une terrible saison à passer.

— Le jeûne est chose dangereuse en toute saison, répliquai-je; et je ne croyais pas que vous fussiez jamais réduite à pareille extrémité dans un pays aussi riche et aussi fertile que celui-ci.

— Que nous font la richesse et la fertilité de la terre, si l'homme n'est occupé à autre chose toute l'année qu'à chasser et à pêcher?

J'ai vu des jours où il n'y avait rien absolument à manger dans cette maison qu'une ou deux douzaines de sarcelles, une brochette de truites, ou parfois un daim ou un saumon des lacs.

— J'ai lu que dans certains pays les pauvres gens ne mangeaient jamais de viande ni de gibier depuis le commencement de l'année jusqu'à la fin, et quelquefois même pas de pain?

— Je ne tiens pas beaucoup au pain, répliqua la femme, et pourvu que je mange du porc, le reste m'est indifférent. Il en faut bien un peu, pourtant, et les enfants aiment à en avoir pour étaler leur beurre. Mais ne manger que des pommes de terre, ça doit être une nourriture tout à fait bestiale?

— Des animaux très-privés en mangent, et cela par pure nécessité.

— Il y a donc des lois qui leur défendent de manger de la viande et du pain?

— Pas d'autre loi que celle qui leur défend de prendre ce qui ne leur appartient pas.

— Bonne terre! bonne terre! (Expression proverbiale parmi les femmes américaines.) Pourquoi ne vont-ils pas travailler aux champs? ils trouveraient au moins un peu de quoi vivre.

— Simplement parce qu'ils n'ont pas de champs à cultiver. La terre est à d'autres.

— Mais ils peuvent prendre à bail, s'ils n'ont pas les moyens d'acheter. Il y a des gens qui préfèrent être fermiers que d'être propriétaires... Pourquoi ne prennent-ils pas de petites portions pour vivre?

— Parce qu'ils n'ont pas même cette ressource, et qu'il n'y a pas de terres à acquérir. Ici, la terre est abondante, nous en avons plus qu'il n'est nécessaire; mais dans les contrées dont je parle il y a plus de monde qu'il n'y a de terres à partager.

— La terre est une bonne chose, j'en conviens, et il est juste qu'il y ait des propriétaires; mais il y a des gens qui préfèrent être journaliers ou accaparer que d'acheter ou d'affermer.

— Y a-t-il donc beaucoup d'accapareurs dans le pays?

La femme parut un peu confuse, et prit le temps de réfléchir avant de me répondre.

— Il y a des gens qui nous appellent maraudeurs, je crois; mais ça n'est pas vrai. Nous achetons l'excédant d'un homme qui prend à celui qui possède plus que le nécessaire, mais nous l'achetons loyalement. M. Tinkum (c'était le nom du mari) est d'opinion que nous vivons ici sous un titre ou droit de propriété, comme on l'appelle. Qu'en pensez-vous, major Littlepage?

— Je pense que l'homme à qui vous avez acheté n'avait pas le droit de vous vendre ce qui ne lui appartenait pas.

— Ça n'était pas grand'chose, après tout, puisque Tinkum ne lui a donné en échange qu'une vieille selle. Une année de loyer de cette maison vaut le tout, et nous y sommes depuis sept ans.

— Les excédants n'en seront que meilleur marché si le propriétaire vient vous en réclamer le bail.

— C'est justement pour cela que nous ne sommes pas des accapareurs. Bien sûr, les lois devraient protéger les pauvres!

— Pas moins ni plus que les riches. Les lois doivent être égales pour tous. Croyez-moi, bonne femme, souvent ceux qui prêchent les droits des pauvres ne sont que des fripons.

— Je ne sais, mais on ne peut pas nous appeler accapareurs, quoiqu'on dise qu'il n'en manque pas sur vos propres terres.

— Sur mes terres?... J'en suis fâché, car mon devoir sera de les en chasser.

— Enfin, d'après tout ce que j'entends, vous serez fondé à appeler le Porte-Chaîne un accapareur de première classe. On me dit que le vieux drôle est revenu de l'armée féroce comme un chat-tigre.

— Vous êtes donc une ancienne connaissance du Porte-Chaîne?

— Je le crois bien! Nous avons vécu un peut partout; et le vieil Andries est un fier rôdeur. Il a mesuré pour nous jadis un excédant de terre, mais il nous a prouvé qu'il était un fier coquin.

— Le Porte-Chaîne un coquin! Vous êtes la première personne, que j'aie entendu mettre en doute son intègre probité.

— A cause de ses opinions, peut-être?... Nous savons tous de quel bord votre famille s'est rangée pendant la guerre. Les gens de cette contrée disent que feu Herman Mordaunt avait ordonné que vous soutinssiez les droits de la couronne, et dans ce cas les terres leur eussent appartenu. Plusieurs ont été au désespoir lorsqu'ils ont appris que les Littlepage se rangeaient du côté des colonies.

— J'espère que le nombre des coquins qui ont fait un pareil souhait est très petit dans la circonscription de Ravensnest.

— Voilà, dit-elle, la vérité sur le Porte-Chaîne. Tinkum l'avait loué pour tracer l'enceinte de quelques excédants que nous avions achetés. Ceci se passait bien avant la guerre, et lorsque les titres et

Ursule portait le même costume que lorsqu'elle m'était apparue pour la première fois (page 73)

les concessions de propriétés étaient plus rares qu'ils ne le sont de nos jours. Eh bien! savez-vous, major, ce qu'il a fait, ce vieux drôle? Il nous a d'abord demandé nos contrats d'achat, et nous lui en avons montré d'aussi parfaits et d'aussi en règle que jamais esquire ait rédigés. Il se mit alors à l'ouvrage, travaillant par lui-même, et traça le projet d'une très-jolie enceinte. Je pensais ainsi demeurer en paix avec nos voisins, qui nous disputaient depuis des années, et nous cherchaient querelle à coups de bâtons et de pioche. Mais voilà que, je ne sais comment, Andries découvrit que l'homme qui nous avait vendu n'avait pas le droit de le faire, et qu'il ne possédait absolument rien. Alors il a tout planté là, refusant de porter un anneau de plus ou de planter un autre jalon. N'était-ce pas être trompés, et indignement, encore?... Non, il n'y a plus à compter désormais sur le Porte-Chaîne!

— Ferme et résolu dans le maintien du bon droit, tel se montre toujours le brave Andries. Je ne l'aime et ne l'estime que davantage pour la conduite qu'il a tenue dans cette circonstance.

— Là! mon Dieu! vous aimez et vous honorez un homme de la sorte!

— Andries a été capitaine dans mon régiment; il fut même quelque temps mon supérieur; mais il servait pour la gloire de son pays, et non pour ses propres intérêts. Y a-t-il longtemps que vous ne l'avez vu?

— Oh! oui, longtemps. Il a passé par ici il y a un an avec toute sa bande, pour aller accaparer, si je ne me trompe, sur vos propres terres. Ils étaient cinq : le Porte-Chaîne, deux aides, Duss, et le jeune Malbone.

— Le jeune qui? demandai-je avec un intérêt assez vif pour attirer sur moi le regard perçant et inquisiteur de la vieille.

— J'ai dit le jeune Malbone, le frère de Duss; c'est cet adolescent qui fait tous les rithmétics du vieil Andries. Je suppose que vous savez aussi bien que moi que le Porte-Chaîne ne sait pas plus carouler qu'une oie sauvage, et pas moitié aussi bien qu'un corbeau. J'ai vu, au temps des semailles, des corbeaux mesurer un champ en moins de secondes que le voyer de l'Etat ne mettrait de minutes à le faire.

— Ce jeune Malbone est, dans ce cas, le neveu du Porte-Chaîne, et c'est lui qui fait tous les calculs?

— Il fait les rithmétics, et c'est un frère de la nièce du vieil Andries. J'ai connu les Coejemans quand j'étais encore jeune fille, et les Malbone plus longtemps que je ne désire cultiver leur connaissance.

— Avez-vous donc quelque chose à reprocher ainsi à la famille, que vous en parlez ainsi?

— Rien autre que leur orgueil intraitable, qui leur fait accroire qu'ils valent mieux que les autres. Pourtant je me suis laissé dire que Duss et toute la famille sont aussi pauvres que moi.

— Vous vous méprenez peut-être sur leur compte, ma bonne femme, car vous croyez que l'argent est la source de leur orgueil.

— Je ne prétends pas en connaître la cause; mais si ce n'est l'orgueil, pourquoi Duss est-elle si différente de mes filles?... Elle n'a pas plus l'idée de faire comme elles de courir au milieu des lots, monter les chevaux à nu, et vagabonder dans le voisinage, que vous n'auriez envie de faire cuire mon dîner; ça, c'est certain!

Cette pauvre madame Tinkum venait de trahir l'une des plus communes faiblesses de la nature humaine en imputant à la nièce du Porte-Chaîne un orgueil démesuré, parce qu'elle ne ressemblait ni à elle ni à ses enfants. Mais elle avait mentionné le nom de Duss Malbone, et réveillé ma curiosité au sujet de cette étrange fille.

— Ainsi miss Malbone, dis-je, ne monte pas les chevaux à nu comme vos filles?

— Mais, major, quelle idée vous est venue d'appeler cette fille du nom de miss Malbone? Il n'y a pas de miss Malbone au monde depuis que sa mère est morte.

— Enfin, Duss Malbone, je veux dire, est trop fière pour monter les chevaux à poil?

— Pour ça, oui; un bât ne serait pas même assez bon pour elle, admettant que son frère se serve de la selle.

— Son propre frère?..... Ce jeune géomètre est donc le frère de Duss?...

— Oui et non; ils sont du même père, mais de mères différentes.

— Cela s'explique, car je n'ai jamais entendu le Porte-Chaîne parler d'aucun neveu, et il paraît que le jeune homme ne lui est nullement parent, puisqu'il est le frère adultérin de sa nièce.

Je jetai sur la table le montant de mon écot, et prenant mon fusil sans lequel nous ne sortions jamais à cette époque, je souhaitai le bonjour à madame Tinkum, et laissant l'ordre au nègre et au charretier de me suivre avec le chariot lorsqu'ils auraient fini, je me dirigeai à pied vers ma propriété.

J'avais marché ainsi une heure environ, et j'étais bien loin déjà de l'auberge de madame Tinkum, lorsque le silence de la forêt fut tout à coup interrompu par une chanson qui ne sortait pas du gosier de la race emplumée. Tant que dura la chanson, je demeurai aussi immobile que les arbres de la forêt; mais lorsqu'elle prit fin, j'allais m'approcher avec précaution du fourré pour en découvrir le mystère, lorsqu'un éclat de rire presque aussi mélodieux qu'une note de la chanson frappa mon oreille. Je m'arrêtai de nouveau pour écouter; mais au même instant les branches s'ouvrirent, et un homme sortit du fourré pour s'engager dans le sentier. Du premier coup d'œil je reconnus que l'étranger était un Indien.

Je m'étais retourné pour continuer ma route, ne jugeant pas prudent de rester seul dans ce voisinage, mais bientôt le mocassin du sauvage se fit entendre à mes côtés. Nous voyagions, côte à côte, dans la même direction.

Nous parcourûmes ainsi quelques centaines de pas à travers la forêt, sans prononcer une parole. Je m'abstenais de commencer, ayant entendu dire que les Indiens avaient beaucoup de respect pour ceux qui savaient mieux contenir leur curiosité. Enfin le Peau Rouge articula en son ton guttural le salut conventionnel de la frontière :

— Sa-a-go!

Une série d'expressions brèves de même nature s'est propagée entre les deux races, telles que les mots : *mocassin... pappon... tomahawk... squaw* et beaucoup d'autres. Sa-a-go veut dire comment vous portez-vous?

— Sa-a-go! répondis-je au salut de mon nouveau compagnon.

— Comment le vieux chef? demanda soudainement l'Indien sans quitter des yeux le sentier.

— Le vieux chef? Vous voulez dire Washington?

— Non, non, vieux chef d'ici, au Nid, père à vous?

— Mon père? vous connaissez donc le général Littlepage?

— Bien sûr! je le connais Votre père, voyez.... me dit-il élevant les deux doigts de sa main... juste comme cela, lui et vous!

— Ceci est assez singulier! Et savez-vous que je devais passer par ici?

— J'ai appris cela aussi.

— Y a-t-il longtemps que vous n'avez vu mon père?

— Vu lui en temps de guerre.... Vous n'avez jamais entendu nommer le vieux Sure-Flint?

— Certainement dis-je, lui serrant cordialement la main. Certainement, j'ai souvent entendu parler de vous, et même à propos d'événements antérieurs à la guerre. N'avez-vous pas connu mon père longtemps avant la guerre?

— Certes ; rencontre dans vieille guerre. Général un jeune homme alors... juste comme son fils ce jour.

— De quel nom vous appelait-on alors? Oneida?

— Non Oneida... Onondago, tribu sobre! J'avais beaucoup de noms ; tantôt l'un, tantôt l'autre. Les Visages Pâles m'appelaient Sans-Traces ; les guerries me nommaient Susquesus.

CHAPITRE VIII.

J'avais entendu raconter assez souvent les aventures des premières années de mon père pour me rappeler que l'homme mentionné au chapitre précédent en avait été l'un des principaux acteurs, et qu'il jouissait de toute la confiance du général. J'ignorais cependant que Sure-Flint et et Sans-Traces appartinssent comme noms au même individu. Dans tous les cas, j'étais avec un ami, et je n'avais plus lieu de me tenir sur mes gardes.

Notre conversation roula quelque temps encore sur des événements de la dernière guerre, où tous deux nous avions joué un rôle. Si ma modestie fut aussi évidente que celle de Sure-Flint, j'eus quelque raison d'être content de moi ; car la manière avec laquelle il fit allusion à des événements où il avait joué un rôle important fut tout à fait simple et exempte de l'emphase assez ordinaire aux hommes de sa caste. Enfin je changeai le cours de la conversation, et lui adressai brusquement cette question :

— Vous n'étiez pas seul derrière ce bouquet de pins, Susquesus, celui d'où vous êtes sorti lorsque vous m'avez rejoint?

— Non, sûrement ; je n'étais pas seul. Beaucoup de monde là.

— Y a-t-il donc derrière ces broussailles un camp appartenant à l'une de vos tribus?

Un nuage de tristesse passa sur le sombre visage de mon compagnon, qui hésita un instant avant de me répondre.

— Susquesus n'a plus de tribu, dit-il d'un air de deuil. Il a quitté les Onondagos depuis trente étés; il n'aime pas les Mohawks.

— Mais vous aviez de la musique dans le fourré?

— Oui, fille chantait... les filles aiment à chanter... Guerrier écoutait.

— Et la chanson, dans quelle langue?

— Onondago, répondit l'Indien à voix basse.

— Je ne savais pas que la musique des Peaux-Rouges fût si douce. Y a-t-il beaucoup de musique semblable dans votre famille, Susquesus? S'il en est ainsi, je viendrai souvent l'écouter.

— Pourquoi pas venir?... Sentier libre et court. Fille chantera quand vous le voudrez.

— Alors je serai très-prochainement votre hôte. Où demeurez-vous? Etes-vous Sure-Flint ou Sans-Traces aujourd'hui? Vous êtes armé, mais non peint en guerre?

— La hache est enterrée profonde cette fois. Ne sera pas déterrée de longtemps... Mohawks ont juré la paix; Oneida aussi... Onondago aussi... Tous ont mis la hache en terre.

— C'est tant mieux pour nous autres propriétaires. Je suis venu pour vendre et affermer des terres; peut-être savez-vous s'il y a beaucoup de jeunes gens en quête de fermages cette saison?

— Les bois pleins... pleins, comme de pigeons. Combien vendez-vous la terre?

— Cela dépendra de sa qualité et de son exposition. Voudriez-vous en acheter, Sans-Traces?

— Susquesus pas de squaw, ni pappoon, faut peu de graine pour lui!

Ceci fut dit à voix basse et concentrée, dénotant une résignation mélancolique qui me toucha.

— Vous avez des amis, Susquesus, dis-je, si vous n'avez ni femme ni enfant.

— Père à vous bon ami; fils bon ami, j'espère. Grand-père autrefois bon ami; mais parti loin, bien loin, jamais reviendra. Connais mère, connais père... tous bons!

— Prenez toute la terre que vous voudrez, Sans-Traces, ensemencez-la, vendez-la... faites-en ce que vous voudrez.

L'Indien me regarda fixement, et un faible sourire de satisfaction éclaira ses traits flétris. Néanmoins il n'était pas aisé de lui faire perdre l'empire qu'il imposait à ses émotions, et l'éclair passager disparut aussitôt. Mais il était trop civilisé pour ne pas témoigner sa reconnaissance pour une offre qui émanait si spontanément du cœur.

— Bien !... dit-il après un long silence... très-bien cela... Venir d'un jeune guerrier à vieux guerrier... Merci !... Gibier abondant... poisson abondant... Messagers abondants aujourd'hui, pas besoin de terre. Temps viendra peut-être... suppose il viendra... au vieux homme rouge, un jour... Suppose il viendra?

— De quel temps voulez-vous parler, Sans-Traces? Qu'il vienne, vous trouverez en moi un ami. Quel temps voulez-vous dire, mon vieux brave Sure-Flint?

Sans-Traces s'arrêta, laissa tomber à terre la crosse de son fusil, et resta immobile pendant quelques instants dans l'attitude méditative d'une statue antique.

— Oui, temps viendra, vieux guerrier sera dans son wigwam, et parlera au jeune guerrier de chevelures scalpées, de conseils autour du feu, et de chasse et de métier de la guerre. Aujourd'hui il fait balais et paniers avec l'écorce des chênes.

Je n'avais jamais ressenti un intérêt aussi vif, après une aussi courte connaissance, que celui que m'inspirait cet Onondago. Mais je compris qu'il fallait le lui témoigner en actes et en paroles. Je me contentai donc pour le moment de serrer dans ma main la main rude et vigoureuse à la façon des Visages Pâles, et nous reprîmes notre marche sans autre allusion à un sujet pénible pour tous deux.

— J'ai entendu prononcer votre nom, repris-je un peu plus loin, comme l'un de ceux qui étaient avec mon père au Nid du Corbeau pendant ma jeunesse, et lorsque les Indiens du Canada tentèrent de brûler la maison.

— Bien. — Susquesus était là. — Jeune chef hollandais tué cette fois.

— C'est vrai. Il s'appelait Guert ten Eyck ; et mon père, ma mère, et votre vieil ami le colonel Folloch, qui fut plus tard le major de notre régiment, vous vous le rappellerez, ont tous honoré sa mémoire jusqu'à ce jour, comme celle d'un ami qui leur fut bien cher.

— Est-ce tout — dont ils aiment la mémoire à présent? demanda l'Indien me lançant un de ses plus fins coups d'œil.

Je compris que l'allusion s'adressait à ma tante Marie, qui avait été jadis fiancée au jeune Albanais.

— Ce n'est pas tout, — il y a une femme qui pleure toujours sa perte, comme si elle eût été sa veuve.

— Bon. — Les squaws ne pleurent pas très-longtemps... Quelquefois... Pas toujours...

— Dites-moi, Sure-Flint, connaissez-vous par ici un homme que l'on appelle le Porte-Chaîne? Il était aussi au régiment, et vous avez dû le rencontrer pendant la guerre.

— Certes, je connais Porte-Chaîne; connais lui au sentier de la guerre; connais quand hache fut enterrée; connais Porte-Chaîne après vieille guerre française. J'ai vécu avec Porte-Chaîne dans les bois. Lui un des nôtres. Porte-Chaîne ami à moi.

— Je m'en réjouis, car il est aussi le mien, et je serai bien aise de me trouver réuni à vous comme l'ami de tous les deux.

L'Indien me manifesta sa reconnaissance comme il l'avait fait précédemment; puis il me demanda brusquement :

— Combien temps vous l'avez vu?

— Vu qui? le Porte-Chaîne? pas depuis une année, à l'époque où le régiment fut dissous.

— Non pas le Porte-Chaîne; mais la maison, arbres, fermes, terres, Nid?

— Oh! la propriété? Je ne l'ai jamais vue, Sure-Flint ; c'est ma première visite.

— C'est drôle! votre terre à vous jamais encore connue?

— Parmi nous, Visages Pâles, nous avons des lois qui transmettent les propriétés de père en fils, et j'ai hérité de celle-ci par mon grand-père Herman Mordaunt.

— Quoi veut dire : hériter? Comment un homme possède terre s'il ne l'occupe pas?

— Nous en sommes propriétaires sans l'occuper, par nos lois et nos titres. Les Visages Pâles règlent et fixent toutes ces choses sur le papier, Sure-Flint.

— Croyez-vous ça bon? Pourquoi pas laisser homme prendre terre où il a besoin? Terre abondante, plus de terre que d'hommes, assez pour tout le monde.

— Ce fait justifie nos lois ; s'il n'y avait pas assez de terres pour tout le monde, ces restrictions seraient injustes. Mais tout homme peut avoir une ferme en payant un prix modéré. L'Etat vend, et les propriétaires, vendant à ceux qui ne veulent pas acheter à l'un, s'adressent à l'autre.

— Ça, assez vrai ; mais vois pas besoin de papier. Quand il veut rester sur terre, lui rester ; quand il s'en va, un autre peut venir. Quoi bon payer pour des excédants ?

— Quant aux excédants, c'est ce que nous appelons les droits de propriété, sans lesquels aucun homme ne viserait à autre chose qu'à être vêtu et nourri. Qui voudrait chasser si le premier venu avait le droit de ramasser son gibier et de le dépouiller ?

— Comprend ça assez bien ; — jamais faire, jamais. Voir pas pourquoi terre va comme la peau, quand la peau va avec guerrier et chasseur, puisque terre peut pas suivre.

— C'est pourquoi les richesses de vous autres hommes rouges se bornent à une propriété mobile et à vos wigwams tant que vous y demeurez. Jusque-là vous respectez les droits de la propriété autant que les blancs. Mais vous devez avoir une grande différence entre votre peuple et le mien ; entre l'homme rouge et l'homme blanc.

— Bien sûr, ils diffèrent : l'un fort, l'autre faible ; — l'un riche, l'autre pauvre ; — l'un grand, l'autre petit ; — l'un prend tout, l'autre garde rien.

— L'homme blanc est plus fort que le rouge, parce qu'il sait davantage.

— Il peut plus aussi. Comptez armée, puis comptez Indiens.

— Les Visages Pâles n'ont pas toujours été si nombreux. Deux ou trois vaisseaux pleins d'hommes blancs ont suffi pour chasser du rivage tous les guerriers rouges et sont devenus maîtres de la terre. Pouvez-vous en dire la raison ?

— Parce qu'il a pris l'eau de feu avec lui, et Peau-Rouge assez fou pour boire.

— Cette eau de feu est encore un fruit de la science. L'homme rouge est aussi brave que le Visage Pâle, aussi résolu à défendre ses droits ; mais il ne sait pas autant que lui. Il n'avait pas de poudre avant que le blanc lui en donnât ; pas de houe, pas de couteau de métal. Toute la science et tous les arts de la vie profitent à l'homme et deviennent sa propriété. Sans ces droits de la propriété, aucun peuple ne serait civilisé, car nul peuple ne développerait son intelligence s'il n'était pas sûr de rester maître de ce qu'il aurait acquis. J'espère que vous me comprenez, Sans-Traces?

— Certes. — La langue de mon jeune maître prononce des mots qu'on n'oublie pas.

— Nul ne travaillera pour un autre comme pour lui-même. Nous voyons cela chaque jour de la manière la plus simple, quand on voit des journaliers travailler moins que ceux qui sont à la tâche.

— Le Grand Esprit dit alors homme doit avoir ferme.

— Le Grand Esprit a dit que nous aurions des besoins et des désirs que nous pourrions satisfaire en travaillant. Aux fermes il faut des propriétaires, et ces derniers ne sauraient exister sans que leurs droits sur les terres fussent garantis.

— Bien. — Supposons ainsi; nous verrons. Jeune chef sait où il est?

— Pas précisément; mais je suppose que nous approchons des terres de Ravensnest.

— Bien drôle tout de même. — Possède la terre, mais la connaît pas.

Voyez, — l'arbre marqué. A ce signe votre terre commence.

— Merci, Sure-Flint.

Sans-Traces m'avait ainsi conduit en causant dans un sentier qui coupait à travers les collines, et nous épargna, comme je le reconnus plus tard, deux milles de chemin. En conséquence de ce changement dans mon itinéraire, Jaap n'avait pu me rejoindre, en admettant même qu'il allât plus vite qu'il ne lui était possible de le faire, avec les pauvres bêtes attelées au wagon. Mon guide connaissait parfaitement le chemin. Comme nous gravissions une colline, il me montra du doigt les restes d'un feu éteint près d'une source claire, comme l'endroit où il avait fixé son camp lorsqu'il lui convenait de rester dans le voisinage du Nid, sans vouloir y demeurer.

— Trop de rhum dans la taverne, disait-il, pas bon rester près de rhum.

Cette abstinence était remarquable chez un Indien; mais Susquesus, d'après ce que j'avais entendu dire de lui, était un être extraordinaire parmi les Indiens. La raison de sa séparation avec sa tribu n'était connue que du Porte-Chaîne et de mon père. Le vieil Andries affirma souvent qu'elle était tout à fait à son honneur, mais sans vouloir jamais en trahir le secret. La sympathie qui existait entre ces deux hommes, chacun bizarre et extraordinaire dans son genre, était cimentée par certaines aventures de leur jeunesse auxquelles ils faisaient parfois allusion, mais que ni l'un ni l'autre ne révélait à personne.

Bien que la propriété de Ravensnest remontât à près de trente ans d'existence lorsque je la vis pour la première fois, on n'y remarquait pas ces indices de progrès rapides et énergiques dont nous avons été témoins depuis la révolution. Avant ce grand événement, la contrée se peuplait lentement, et chaque colonie se considérait comme un pays distinct. Nous autres, habitants de New-York, nous n'avions parmi nous qu'un très-petit nombre d'émigrants de la Nouvelle-Angleterre, cette immense ruche qui s'est tant multipliée depuis, et dont les abeilles ont répandu leur génie et leur industrie de toutes les extrémités de notre république. Nous avons été longtemps imbus de préjugés contre les Yankees, et ils nous l'ont sans doute rendu avec intérêts ; ce qui ne les a pas empêchés de prendre possession de nos terres. S'ils n'ont pas apporté parmi nous beaucoup d'innovations en fait de goût, de bonnes manières et de principes élevés, ils ont produit une salutaire influence sur la science pratique et les améliorations territoriales du pays.

Ma propriété n'était donc pas très-avancée en progrès d'agriculture et de civilisation. La nature avait fait plus après les premiers efforts des hommes que leur persévérance dans la tâche première qu'ils avaient entreprise. Néanmoins les champs labourés, peignés et riches en culture, formaient un contraste agréable avec les forêts vierges encore qui les environnaient. De la hauteur où l'Indien m'avait conduit, j'apercevais au premier plan une vaste plaine parsemée de chaumières et de granges construites la plupart en rondins de bois, entourées de beaux vergers, coupés par de larges prairies, ou enrichies de champs où les blés s'inclinaient doucement sous la brise d'un bon vent d'été. Deux ou trois routes sillonnaient le terrain, décrivant des courbes partout où se rencontrait une habitation.

CHAPITRE IX.

— Voici donc Ravensnest! m'écriai-je rompant enfin le silence ; cet héritage de mon grand-père, le berceau de ma naissance, où se sont passés des événements dont on parle encore dans ma famille comme des plus importants de son histoire, et où vous, Susquesus, vous avez joué un grand rôle!

L'Indien articula une légère exclamation sans paraître me comprendre entièrement. Qu'avaient pour lui de remarquable, dans une contrée sauvage, une maison assiégée, des hommes tués et des chevelures enlevées, pour qu'il s'en souvînt un quart de siècle plus tard?

— Je ne vois pas le Nid proprement dit, Sure-Flint, ajoutai-je, la maison qu'habitait jadis mon grand'père.

L'Onondago, sans mot dire, m'indiqua du doigt un sombre massif de bois enfoui sous la végétation superficielle que trente ans de durée avaient amoncelée à la surface. Je pouvais à peine définir une forme quelconque à cette distance; mais je m'imaginai en voir suffisamment pour désespérer de trouver dans ce Nid un logis confortable. Je fus en outre frappé du silence et de la solitude qui régnaient autour de nous de près et de loin, dans les champs comme au seuil des maisons, à l'exception de quelques enfants à moitié nus qui se roulaient sur l'herbe,, et d'un assez grand nombre de bétail qui paissait de tous côtés.

— Mes vassaux ne manquent pas de bétail, fis-je observer à Sure-Flint, on le voit répandu par troupeaux dans toutes les directions.

— Tous jeunes, vous voyez. La guerre a fait cela, tué les vieux pour les guerriers.

— Eh! mais cet établissement a dû échapper au pillage à raison de la distance; par conséquent, ses habitants n'auront pas manqué de vendre des vivres à l'armée et d'en tirer de bons bénéfices; car les provisions étaient rares lorsque nous avons rejoint Burgoyne.

— Certain vos gens ont vendu des deux côtés; ils ont nourri les Yankees, nourri les Anglais.

— Je n'en doute pas, car l'agriculteur n'hésite pas à vendre à ami ou ennemi, pourvu qu'il en tire un bon prix. Mais où sont donc tous les hommes du domaine? Je n'en vois pas un seul de loin ni de près.

— Pas les voir? Là-bas, répliqua l'Indien désignant du doigt le hameau. L'esquire allume feu du conseil, je crois, et fait un discours.

— C'est le vieux maître d'école, venu du lac Salé, grand ami de votre grand-père.

— Ah! M. Newcome, mon agent. C'est juste, j'aurais dû deviner qu'il est le roi de la commune. Allons, Sure-Flint, avançons. Nous apprendrons à la taverne le sujet qui réunit le grand conseil. Ne dites rien de moi, je serai bien aise de voir un peu avant que de me faire connaître

L'Indien se leva et me traça le chemin pour descendre de la montagne en suivant un sentier qui semblait lui être familier. En quelques minutes nous fûmes sur la grande voie, à peu de distance du hameau. J'avais mis de côté une partie du costume alors en usage parmi les gentilshommes en 1784, pour endosser une blouse de chasse et des guêtres; il n'eût donc pas été facile, à moins d'être dans le secret, d'imaginer que l'homme qui arrivait à pied dans ce mince équipage, le fusil sur l'épaule et en compagnie d'un Indien, fût en personne le propriétaire du domaine. Je n'avais envoyé aucun message pour annoncer mon arrivée; il me vint donc en tête, pendant que nous approchions du hameau, de garder l'incognito, afin de connaître la situation exacte de toutes choses. Je crus néanmoins nécessaire d'avertir l'Indien.

— Susquesus, lui dis-je comme nous approchions du bâtiment de l'école qui s'élevait entre nous et la taverne, m'avez-vous compris? Il est inutile de dire qui je suis. Si l'on vous questionne, vous répondrez que je suis votre ami. Vous direz vrai, je vous assure, et cela pour la vie.

— Bien! bien! Jeune chef a des yeux; veut regarder avec. Bien, Susquesus comprend.

Nous atteignîmes bientôt le groupe rassemblé sur le devant du bâtiment qui servait d'école. L'Indien était trop connu et venait trop souvent au Nid pour que sa présence pût exciter la moindre attention. On paraissait agiter quelque affaire importante, car de tous côtés on voyait les têtes se mouvoir, puis s'engager des conversations particulières. Il me fut donc facile de me glisser dans la foule sans être observé par d'autres que mes plus proches voisins, dont l'un, se penchant à l'oreille de l'autre, lui demanda à voix basse qui j'étais, et si j'avais le *droit de voter*. J'étais moi-même sur le point de demander une explication, lorsqu'un nouveau personnage apparut sur le seuil de l'école pour satisfaire ma curiosité. C'était un petit vieillard d'environ soixante ans, maigre, aux traits ridés, mais à l'œil vif et perçant, s'exprimant en homme habitué à parler en public, et avec l'accent du Connecticut. Comme il ouvrait la bouche j'entendis murmurer près de moi :

— Silence! voici l'esquire; nous allons savoir quelque chose.

Cet homme était par conséquent M. Jason Newcome, mon agent et le résident principal du domaine.

— Citoyens, commença M. Newcome, vous êtes rassemblés aujourd'hui dans une occasion solennelle qui réclame toute la lucidité de vos esprits. Il s'agit de déterminer le titre qu'il conviendra de donner à l'église que vous allez faire construire. Le propriétaire du sol doit arriver prochainement parmi nous, et sa famille professe une tendance désespérante à l'idolâtrie, chose déplaisante à la plupart d'entre *vous*; donc, pour prévenir les conséquences de son intervention, il faut prendre une décision immédiate, et non-seulement faire élever l'édifice, mais encore le consacrer avant son arrivée. Nous avons bien été divisés nous-mêmes d'opinion, mais c'est un cas tout différent. Les premiers votes ont donné vingt-six pour les congréganistes, vingt-cinq aux presbytériens, quatorze aux méthodistes, neuf pour les anabaptistes, trois universelles et une épiscopale. Or, rien n'est plus juste que la majorité fasse loi et que la minorité se soumette. Comme vingt-six et vingt-cinq sont une majorité contre une, deux et trois voix, je suis d'avis que les trois dernières professions soient abandonnées, et que l'on n'admette au dernier vote que les trois qui ont obtenu le plus grand nombre de voix au premier scrutin, savoir : les congréganistes, les presbytériens et les méthodistes. Tout le monde a le droit de voter, pourvu que ce soit pour ces trois dénominations. Y a-t-il quelque objection sur ce point?

— Monsieur Modérateur, s'écria de la foule un bon gros laboureur, je suis de l'ordre des anabaptistes, et je ne trouve pas que votre décision soit juste, parce que vous nous forcez, vous autres baptistes, de voter pour une dénomination qui ne nous plaît pas, ou de ne pas voter du tout.

— Vous conviendrez pourtant que la majorité doit faire loi dans la question.

— Sans doute, j'en conviens, et la forte partie de ma religion, répliqua le paysan avec la meilleure foi du monde, la majorité doit faire loi; mais je ne vois pas qu'il y ait une plus grande majorité en faveur des congréganistes que pour les anabaptistes.

— Major Herman, pour vous satisfaire, nous recommencerons les votes.

Le résultat laissa en présence les deux plus forts partis à voix égales, trente-neuf contre trente-neuf. Le Modérateur, comme on l'appelait, ne parut pas satisfait de ce résultat, et il eût volontiers versé son vote de président dans la balance pour la faire pencher en faveur de son parti; mais il avait trop de respect pour les dehors de l'autorité personnelle et pour le droit des majorités pour commettre un tel abus. Jamais M. Newcome ne manifesta d'opinion contraire à l'esprit des majorités.

M. Newcome, abandonnant le siège du président, traversa la foule et m'apercevant pour la première fois, il arrêta sur moi ses petits yeux interrogateurs. Le doute commençait à pénétrer dans son esprit lorsque Jaap fit son entrée sur la place, monté sur le wagon; et comme le nègre était une vieille connaissance de l'esquire, celui-ci comprit qu'il avait devant lui le fils de son ancien maître. Conservant tout son sang-froid, il s'approcha de moi, et m'adressant un profond salut :

— Le major Littlepage, je suppose; je reconnais dans vos traits une partie de ceux du général, ayant connu votre père lorsqu'il était jeune, et quelque chose d'Herman Mordaunt, le père de votre mère. Y a-t-il longtemps que vous êtes arrivé, major Littlepage?

— Quelques instants seulement, répliquai-je d'un air évasif. Vous voyez là mon chariot et mon domestique, tout fraîchement débarqués d'Albany. Mon arrivée, du reste, ne pouvait pas être plus opportune, puisque tous mes vassaux sont rassemblés en ce moment.

— Oui, Monsieur, vous en voyez ici la presque totalité; nous avons eu aujourd'hui une petite réunion pour décider la question de notre religion; je suppose que le major n'est arrivé que lorsque tout était à peu près fini.

— Vous l'avez dit, monsieur Newcome, la réunion touchait à sa fin lorsque je suis arrivé.

Le squire parut un peu plus à l'aise après ma réponse; car sa conscience le troublait un peu, sans doute, au sujet de l'allusion qu'il avait faite relativement aux opinions religieuses de ma famille. Pour ma part, je n'étais pas fâché d'être arrivé plus tôt, afin de connaître le caractère de mon agent.

— Oui, Monsieur, la religion est de la plus haute importance pour le salut de l'homme; elle a été trop longtemps négligée parmi nous. Vous voyez là-bas la charpente pour l'érection d'une maison de prière, la première commencée sur ce domaine; nous avons l'intention d'en dresser les premiers piliers cette après-midi. Les pieux sont plantés, les supports préparés, on n'attend plus que l'ordre de dresser la sapine. Vous reconnaîtrez, squire, qu'il est important de laisser achever les pièces sans les réunir, avant de faire choix de la dénomination; car chacun a travaillé tout naturellement comme s'il travaillait pour sa propre secte.

— Ne redoutez-vous pas un peu de ralentissement dans le zèle à propos de ce travail? qu'on refuse de payer les charpentiers, les peintres et le ministre.

— Pas beaucoup... un peu, peut-être; mais, rien de dangereux. Votre exemple de libéralité, major, a eu son influence, et produira, je n'en doute pas, un fort bon effet.

— Mon exemple, monsieur Newcome? je ne vous comprends pas, n'ayant jamais entendu parler d'église avant votre discours comme président de cette réunion.

— Le squire toussa, prit une énorme chique dans sa boîte avant d'entreprendre une réponse.

— Je dis votre exemple, Monsieur, bien que l'autorisation pour tout ce que j'ai fait me vienne de votre honoré père, le général Littlepage, longtemps avant la révolution. La guerre, vous le savez, major, n'est pas propice pour construire des monuments. Voici la lettre de votre père, dont j'ai lu un paragraphe en public il y a une heure.

— J'aime à croire que tout le village s'est montré religieux, bien qu'il n'ait pas eu une maison commune pour y pratiquer. Si vous le permettez, je lirai la lettre.

Ce document portait la date de 1770, quatorze ans avant l'érection du bâtiment, et cinq avant la bataille de Lexington. Mon père avait consenti à avancer cinq cents dollars à la commune pour y élever un temple, se réservant une voix dans le choix de la dénomination. En examinant les baux, je reconnus que toute la somme était restée dans les mains de M. Newcome pendant cette longue période, avec service de ses intérêts, bien entendu. L'agent était donc à peu près sûr d'achever l'ouvrage commencé, attendu qu'il tenait, comme on dit, les cordons de la bourse.

— Je saluai sans répondre. Le wagon était arrivé devant l'auberge, et Jaap en retirait les malles et les bagages. Le bruit s'était bientôt répandu dans le village que leur propriétaire était arrivé, et quelques-uns des plus vieux fermiers, ceux qui avaient connu Herman Mordaunt, comme ils appelaient mon grand-père, s'empressèrent autour de moi, sollicitant avec une franche cordialité l'honneur de me serrer la main. Je satisfis à leurs vœux avec la ferme volonté de veiller aux intérêts privés de tous avec une sollicitude toute paternelle. Les revenus de Ravensnest n'étaient pas indispensables à ma subsistance, et j'étais assez disposé à ajourner, sinon à la future génération, du moins à une époque assez reculée, les avantages que j'espérais en tirer.

Je fis entrer la foule dans l'intérieur de l'auberge où j'avais ordonné qu'on préparât un baquet de punch complètement indispensable pour fêter ma bienvenue, et me rendre populaire au milieu de mes sujets.

CHAPITRE X.

Tout le monde en Amérique a assisté à une édification ; pour ma part, j'en ai vu plus de mille dans le cours de mes pérégrinations. Il y avait, à l'occasion de celle qui allait avoir lieu, de grandes félicitations de part et d'autres parmi les ouvriers, attendu que la carcasse s'en trouvait parfaitement emboîtée, le vieux major, mon confrère, m'assurant qu'il lui avait été impossible d'introduire la lame de son couteau dans la moindre petite fente.

— Et ce qu'il y a de plus fort, squire, ajouta le robuste charpentier, c'est que pas une pièce n'a été essayée avant que nous les réunissions cette après-midi. Je n'ai jamais vu pareille chose dans la contrée basse ; mais ici nous marchons avec la règle carrée, et nous travaillons vite et bien.

Cette sortie contenait la substance des moyens par lesquels les nouveaux établissements essayaient de l'emporter en pratique sur les plus anciens, comme je l'appris après de plus amples renseignements.

Les travailleurs les plus vigoureux étaient déjà postés autour de la sapine ou charpente du milieu, et par conséquent la plus lourde, prêts à l'enlever au signal donné, les uns avec des barres de fer, d'autres avec des crics, des pioches ou autres ustensiles indispensables. Il importait de réunir autour de cette pièce capitale les hommes les plus adroits et les plus forts; car le moindre accident pouvait exposer les jours de ceux qui l'entouraient. Aussi les plus prudents se tenaient-ils à l'écart de l'endroit le plus dangereux, se déclarant incapables d'entreprendre une tâche de cette nature. Le maître charpentier cherchait autour de lui le plus apte à céder à ses sollicitations, lorsqu'un cri unanime retentit : Le Porte-Chaîne!... le Porte-Chaîne! voilà votre homme!

C'était bien le vieil Andries Coejemans, s'avançant d'un pas ferme et sûr, marchant droit comme un I.

Le Porte-Chaîne ne put m'apercevoir que lorsqu'il eut gravi la plate-forme du bâtiment; mais alors il me fut impossible de me méprendre à l'expression de plaisir qui éclaira son visage lorsqu'il m'eut reconnu. Arpentant les planches disjointes en homme habitué à un pareil terrain, il saisit ma main, et lui fit subir une pression qui attestait la puissance de ses muscles. Une larme perlait au bord de sa paupière, et j'eusse été son fils qu'il ne m'eût pas accueilli avec plus de tendresse.

— Mortaunt, mon garçon! soyez le pienfenu! dit-il avec effusion... Fous êtes tombé sur ces chens comme le chat qui guette la souris; mais ch'étais instruit de fotre marche, et ch'ai descendu la route quelques milles pour fous rengontrer. Gomment fous m'avez bassé, che ne le gomprends pas; car che n'ai fu ni fous ni fotre wagon!

— Cependant nous voici, mon excellent ami, et bien heureux de vous rencontrer de nouveau. Si vous voulez entrer avec moi à la taverne, nous causerons plus à notre aise?

— Assez bour le présent, mon jeune camarade. Les affaires me retiennent engore ici, car ils ont pesoin de ma main. Laissez voir lever ces poteaux et compléter la charpente, alors che suis à fous pour huit chours ou un an.

Nous échangeâmes encore une poignée de main, et je descendis de l'échafaud, tandis que le Porte-Chaîne allait prendre son poste à l'endroit périlleux dont j'ai parlé, au pied de la sapine. La tâche d'enlever une pièce de charpente de cette importance n'était pas sans danger, surtout dans la circonstance présente, où la force et le nombre des hommes n'étaient pas poportionnés à sa pesanteur. Mon attention tout entière fut bientôt absorbée à suivre les progrès de ce travail. Les femmes s'étaient rapprochées du lieu où leurs époux et leurs frères allaient lutter de force et de prudence dans l'accomplissement de leur devoir. On remarquait dans le nombre de ces physionomies, qui exprimaient à peu près toutes le même degré d'anxiété, de fort jolies filles aux yeux vifs, aux cheveux abondants, et variés de nuances depuis le blond léger jusqu'au noir bleu du corbeau.

Au premier commandement, les hommes, par un effort simultané, réussirent à soulever la tête de la sapine du plancher sur lequel elle reposait. On pouvait déjà juger que si vigoureux que fussent les travailleurs, ils en avaient autant qu'ils pouvaient porter. De jeunes garçons, cependant, se tenaient à portée, avec de courts étais de bois pour les placer perpendiculairement sous la sapine. J'eus honte de ne rien avoir à faire dans un moment où tout le monde était à l'œuvre; mais la crainte de faire une maladresse me retint, et je demeurai simple spectateur.

— A présent, dit le maître charpentier, qui s'était placé de manière à tout observer, préparez-vous pour une seconde manœuvre... Tous à la fois!... Etes-vous prêts?... Lève!

L'exécution répondit parfaitement au commandement, et en un clin d'œil la massive charpente fut enlevée à hauteur d'homme, où elle fut maintenue comme la première fois par des étais.

— Voici le moment décisif. Que chaque homme donne tout ce qu'il peut de force pendant une seconde, et le plus fort sera fait. Vous voyez l'étai qui est dans les mains du jeune Tim Brimmer : soulevez le mât de telle sorte qu'il puisse l'appuyer sur son pieu, et tout ira bien. A votre poste, tous, et qu'on apporte les crics.

Je n'avais encore surpris ni signe ni regard qui m'invitât à prendre ma part du travail; je n'attendais peut-être qu'un témoignage muet pour répondre à l'impulsion; car il est impossible de voir froidement des hommes développer leurs muscles dans un violent effort sans chercher à partager leur peine. Mais les obligations du grade militaire que j'avais occupé et ma position particulière m'imposaient une certaine retenue.

— Etes-vous prêts... une dernière fois? s'écria le maître charpentier. Tous ensemble!... Une fois, deux fois!... Lève!

Les pauvres gens firent bien tout leur possible; mais il devenait évident qu'ils pliaient sous le poids énorme de la sapine.

Je m'élançai vers le centre de l'échafaud, à l'endroit le plus dangereux, et je déployai tout ce que la nature m'avait donné de force à soutenir l'un des tuteurs.

Nous fîmes de notre mieux, et la sapine s'éleva de quelques pieds au-dessus de ses premiers supports, mais pas tout à fait assez pour atteindre les nouveaux. Le maître se joignit à nous dans un nouvel effort; mais Tim, pensant que son étai resterait en place sans son appui, l'abandonna pour s'emparer d'un cric. Cette méprise fit tomber l'étai, qui devint inutile. J'étais placé de manière à voir tout le premier ce fâcheux accident, et je sentis que le poids que je supportais devenait de plus en plus pesant, et que, par conséquent, toutes les forces faiblissaient sous ce dérangement d'équilibre.

— Levez! poussez... si vous tenez à la vie, levez! s'écria le maître charpentier avec angoisse.

Le ton de sa voix résonnait à mon oreille comme un glas funèbre. Si, dans ce moment solennel, un enfant eût abandonné son poste, et nous en avions vingt sur l'échafaud, c'était fait de nous; l'énorme masse nous écrasait dans sa chute. Je commençais à perdre tout espoir, lorsque, du milieu de la foule qui contemplait notre situation avec la terrible appréhension d'une catastrophe imminente, une jeune fille s'élança sur la plate-forme, et ramassant l'étai que Tim avait laissé tomber, le redressa le long de la charpente. Il ne manquait qu'un pouce environ pour retrouver ce point d'appui; mais comment l'obtenir? J'élevai alors la voix, et je donnai le commandement de lever. Les hommes obéirent, et la courageuse fille rétablit l'étai dans sa position primitive sous la charpente. Tous ceux qui étaient postés de ce côté de la sapine se sentirent instantanément soulagés, et se retirèrent lentement, et l'un après l'autre, de dessous la masse, jusqu'à ce qu'il ne restât que ceux qui supportaient l'autre côté. Nous nous empressâmes d'alléger la charge de ces derniers en plaçant des pieux sur toute la ligne, et nous nous retirâmes tous pour contempler en silence le danger que nous avions couru.

J'avais à peine aperçu l'apparition dont l'intelligence, le courage et la présence d'esprit nous avaient été d'un si grand secours. Le peu que j'aperçus du visage, presque caché sous une profusion de boucles dorées me parut correspondre admirablement avec la tournure. Il n'y avait dans l'acte qu'elle avait accompli rien d'inconvenant ou de masculin qui démentît le caractère de son extérieur. Ce qu'elle avait fait, un enfant l'eût accompli physiquement s'il eût possédé comme elle le sang-froid, l'intelligence et le courage.

Il est possible qu'ayant eu la conscience du danger que nous avions couru, mon imagination eût grossi l'importance de l'apparition qui était arrivée à notre secours comme un envoyé du ciel. Les femmes s'étaient réunies dans un même groupe comme une couvée effrayée, et levaient les mains au ciel en signe d'actions de grâces. La vision n'y était pas, elle s'était évanouie aussi rapidement qu'elle m'était apparue.

C'est alors que le Porte-Chaîne prit le commandement en chef. Il paraissait ému, mais sans rien perdre de son autorité; et j'admirai la facilité avec laquelle il savait se faire obéir. Les ordres donnés par le maître charpentier n'avaient pas produit l'impression de ceux du vieil Andries, et je ressentis moi-même à sa voix un élan et un courage que je n'avais pas éprouvés depuis qu'il avait quitté le régiment, où il commandait comme le plus vieux capitaine de l'armée.

En un instant la charpente principale fut dressée; et les autres étant beaucoup moins élevées et moins lourdes, ne présentaient que peu de difficultés, et furent bientôt debout, complétant ainsi la réunion de toute la partie du bâtiment.

— Les congréganistes l'emportent définitivement sur les autres sectes, s'écria le vieil Irlandais en riant... moyennant l'aide du Porte-Chaîne et de quelqu'un autre que je ne veux pas nommer! Enfin, notre tour arrivera un jour!

— C'est aussi mon opinion, répliqua le Porte-Chaîne. Le plus fort est fait, fous achèferez pien le reste sans moi. J'ai à brendre soin de notre cheune propriétaire. Trafaillez, mes garçons. Le squire Newcome vous donnera une séance, et le charpentier peut vous servir de contre-maître pour le restant de la journée.

— Allons, Mortaunt, mon garçon, dit Andries dès que nous fûmes sortis de la foule... je serai votre guite, et vais fous conduire sous un toit où fous serez maître.

— Ce n'est sans doute pas du Nid que vous voulez parler?

— De celui-là et pas d'autre. La maison, comme un fieux soldat, est un peu rouillée par le service; mais elle est confortable, et je l'ai mise en ordre pour fotre arrivée. Les meubles de fotre grand-père y sont encore; et Franck Malpone, Duss et moi nous en avons fait notre état-machor depuis que nous sommes dans le baya. J'avais vos ordres pour ça, fous savez?

— Parfaitement, et d'en user ainsi avec tout ce qui m'appartient. Mais je croyais que vous étiez campé dans les bois de Mooseridge?

— Nous afons fait cela aussi; tantôt à une place, tantôt à une autre. Mes nègres sont au camp; mais Frank, Duss et moi, nous sommes fenus par ici pour vous souhaiter la bienfenue dans le pays.

— J'ai ici mon nègre et un conducteur du wagon... Laissez-moi seulement retourner à l'auberge pour les avertir de préparer notre départ.

— Mortaunt, fous et moi connaissons l'usage de nos chambres. Le soltat marche et contre-marche sans wagon pour le porter; il laisse cela pour les bacages et les gardes des bacages.

— Allons, Andries, je serai votre camarade à pied, à cheval, comme vous voudrez. Nous n'avons guère que trois ou quatre milles de chemin à parcourir; Jaap nous rejoindra plus tard avec les bagages.

Il suffit d'un mot au nègre pour tout arranger comme nous le désirions. Sa rencontre avec le Porte-Chaîne fut celle d'un ancien ami. Jaap avait fait la campagne avec le régiment, tantôt comme domestique de mon père, tantôt portant le mousquet, et parfois conduisant les fourgons, vers la fin comme mon principal soldat. Il se considérait donc comme une sorte de volontaire dans l'armée, et il avait en mainte occasion fait preuve de courage et de sagesse.

— Encore un mot, Porte-Chaîne, avant de nous mettre en route, dis-je. J'ai rencontré dans les bois un Indien que vous appelez Sure-Flint, et je désire l'emmener avec nous.

— Il est barti tevant pour annoncer fotre fisite; je l'ai fu gagner le chemin au grand trot, il y a une temi-heure. Il est déjà arrivé au Nid.

— Eh bien! mon vieil ami, nous voici de nouveau réunis, marchant de front sur la grande route, mais sans intention de camper devant un ennemi.

— Je ne le pense pas, répliqua sèchement Andries; mais tout ce qui reluit n'est bas or. Nous afons fait une rute guerre, machor Littlepage; pourvu qu'elle tourne à pien!

Cette réticence me surprit un peu; mais Andries n'était jamais fougueux dans ses prévisions du bien. En vrai Hollandais, il se méflait des émigrations des Etats de l'Est, lesquelles, dans son opinion, ne devaient produire aucun résultat heureux.

— Tout finira bien, je l'espère, Porte-Chaîne, répondis-je; nous recueillerons les fruits de nos peines et des dangers courus. Comment vont vos affaires à Mooseridge? et quel est cet agent voyer que vous avez avec vous?

— Tout va à merveille, Mortaunt; car là, il n'y a pas une âme pour faire du désordre. Nous fous apportons un plan de tix mille acres, divisés par lots de cent acres, qui ont été aussi pien mesurés, et aussi honnêtement que tous autres tix mille acres dans tout l'Etat. Nous afons passé ensuite à cette propriété ici, et fous poufez commencer à affermer quand fous foudrez.

— C'est Frank Malbone, sur le compte duquel vous m'avez écrit, qui a fait les calculs?

— Il a chiffré le toisage, et très-chuste, je fous en réponds.

— Peu importe s'il s'est glissé quelque erreur, Andries; les terres nè sont pas rares comme les diamants, il y en a abondamment pour nous tous, et vous pouvez sans crainte faire bonne mesure au fermier ou à l'acheteur.

— Pour fous dire ma pensée, Mortaunt, j'accepterais plutôt à moitié prix un travail dans une colonie hollandaise que de tracer une ligne entre teux Yankees pour teux fois la valeur. Chez les Hollandais, les propriétairess allument leurs pipes pentant que fous trafaillez; mais les Yankees passent tout leur temps cherchant à tailler bar ici, rogner bar là; de sorte qu'il faut une forte conscience pour trouver comme il faut une chaîne entre eux teux.

Nous nous arrêtâmes un instant pour nous reconnaître. Tandis que nous contemplions le paysage qui s'étendait devant nous, une forme silencieuse apparut derrière la porte, et Sure-Flint vint se placer à côté de moi. A peine avais-je eu le temps de l'apercevoir, que les notes perlées de cette voix mélodieuse qui m'avait tant impressionné dans la forêt reproduisirent le même chant indien sur un thème de musique moderne. Andries sourit, attendit que la dernière note eût exhalé sa mélodieuse cadence, puis til prononça avec emphase le nom de Duss et m'invita à le suivre dans l'intérieur de l'habitation.

CHAPITRE XI.

— Duss! murmurai-je en môi-même; comment, c'est Duss, et non une fille indienne, comme je me l'étais figuré!... la Duss du Porte-Chaîne, l'Ursule de Priscilla Bayard?

Andries, qui avait entendu une partie de mon monologue, se retourna vers moi et dit:

— Oui, c'est Duss, ma nièce. L'enfant est comme l'oiseau moqueur, elle saisit les chansons de toutes les peuplades. Elle chante pien le hollandais, et fait fondre mon cœur lorsqu'elle ouvre la pouche pour me chanter une de nos chansons mélangoliques; elle chante l'anglais gomme si elle ne connaissait pas t'autre langage.

— Mais c'était là une chanson indienne, du moins les paroles étaient mohawhs ou onéidas.

— Onondago, il y a peu ou bas te tifférence. Oui, vous avez raison; les paroles sont indiennes, et la musique est, m'a-t-on dit, écossaise. Quelle fienne d'où elle foudra, elle va droit au cœur, mon garçon.

— Comment se fait-il que Duss (miss Ursule), je veux dire votre nièce, comprenne un dialecte indien?

— Ne fous ai-je pas tit qu'elle était une barfaite oiseau moqueur, et qu'elle imite tout ce qu'elle entend et tout ce qu'elle voit? Après huit chours d'essai, Duss ferait un aussi bon agent voyer que son frère. Vous m'afez entendu dire qu'avant la guerre j'ai vécu longtemps parmi les tribus. Eh bien! Duss était afec moi. C'est ainsi qu'elle a appris leur langage; et ce qu'elle apprend une fois, elle l'ouplie chamais. Duss est à moitié sauvage de vivre ainsi dans les bois, et fous l'exouserez pour ça; mais c'est une fière fille et l'orgueil de mon cœur.

— Dites-moi une seule chose, avant que nous entrions dans la maison. Quelque autre chante-t-il l'indien dans ces parages? Sure-Flint a-t-il avec lui quelque femme?

— Lui! pauvre créature, non. Quant à t'autre personne chantant l'intien par ici, je n'en ai jamais entendu.

— Vous m'avez dit que vous étiez descendu sur la route ce matin pour aller à ma rencontre. Etiez-vous seul?

— Non, non, du tout; nous étions Sure-Flint, Frank, Duss et moi. Je croyais te mon tevoir envers notre haut lord te lui souhaiter la bienfenue; Duss s'est pien un peu révoltée, tisant que haut lord ou pas haut lord, il n'était pas confenable à une cheune fille d'aller au-defant d'un cheune homme. J'aurais pu penser ainsi pour tout autre que pour vous, Mortaunt; mais che poufais pas chouer l'étranger avec fous comme avec un Yankee vagabond. Je foulais fous recefoir afec toute la famille. Fous n'êtes un étranger pour aucun membre de la famille, je dois vous tire ça; car j'ai assez parlé te fous pour que le garçon et la fiille fous aiment autant que moi.

Cœur droit et pur, honnêteté fidèle d'Andries, quel pénible sentiment vous me fîtes ressentir en m'initiant au secret de louanges dictées par l'amitié sans doute, mais si peu méritées que dans votre candide franchise vous répétie aux oreilles de ces deux jeunes gens, qui croyaient sans doute trouver en moi un homme accompli! Il est si difficile d'égaler les perfections dont on vous a doué à l'avance!

Le Nid-du-Corbeau, comme on appelait ma résidence, avait été pendant un temps une sorte de forteresse ou garnison, construite sur trois côtés d'un parallélogramme, avec toutes ses fenêtres et ouvertures donnant sur la cour. La quatrième face conservait encore les vestiges de pieux et de palissades, mais en partie rongés par le temps et inutiles comme la défense; les constructions étant du reste de ce côté élevées sur la rampe d'une colline, qui formait une barrière naturelle contre les invasions du bétail, et au besoin une assez bonne barrière contre celle des hommes.

L'intérieur de l'habitation était beaucoup plus séduisant que l'extérieur. Les fenêtres donnaient à la cour un aspect de vie et de gaieté tout à fait satisfaisant. Un côté de cette cour paraissait plus soigné, mieux conservé que l'autre, et c'est vers cette partie de la maison qu'Andries me conduisit.

— Nous trouverons là Duss, je présume, fit observer le Porte-Chaîne ouvrant la porte et me faisant signe de le suivre. Entrez, Mortaunt, et tonnez-lui une poignée de main. Elle vous connaît déjà, allez, de nom et de réputation.

J'entrai, et je me trouvai à quelques pas de celle qui nous avait préservés, par son sang-froid, son courage et son adresse, de la chute de la sapine. Elle portait le même costume que lorsqu'elle m'était apparue pour la première fois, mais vue sous un point de jour tout à fait différent. Ursule Malbone était paisiblement occupée à ourler un de ces grossiers mouchoirs de cretonne dont la pauvreté de son oncle la contraignait à faire usage. Elle se leva à mon entrée, et répondit à mon salut par une révérence grave et réservée.

— Allons tonc, intervint Andries, ce n'est pas ainsi que deux bons amis se rengoutrent. Venez ici, Duss, et tonnez fotre main à Mortaund Littlepage, qui est comme un fils à moi.

Duss obéit.

— A présent, Duss, afez-fous une tasse de thé à offrir à notre haut lord pour lui souhaiter la bienfenue tans sa maison? dit Andries parfaitement satisfait de l'intimité apparente qu'il venait d'établir entre nous. Le major a fait une longue marche pour ce temps de paix, et il serait pien aise te se rafraîchir un peu.

— Vous m'appelez major, mon cher Andries, et vous refusez ce titre pour vous-même.

— Il y a raison pour cela. Fous poufez fifre pour devenir un chénéral; vous le serez sans doute avant trente ans. Moi je suis fieux, je ne porterai plus d'autre uniforme que celui-ci, que j'ai repris pour touchohrs. J'ai débuté dans le monde avec ce grade, et je finirai comme j'ai commencé, avec le même.

— Je croyais que vous aviez commencé par être géomètre, et que vous aviez repris les chaînes parce que vous n'aviez pas de goût pour les figures.

— C'est un fait; les figures et moi, nous ne pouvions pas nous accorter, et je ne les aime pas plus à soixante-dix ans que je ne les aimais à dix-sept. Frank Malpone, le frère de Duss, est un garçon qui y mord tout naturellement.

— Où est donc M. Francis Malbone? je serais heureux de faire sa connaissance.

— Frank est resté derrière pour les aider au village à dresser leurs charpentes. C'est un solide gaillard comme fous, et qui peut tonner un coup de main sans compromettre sa tignité de haut lord.

Un faible soupir de Duss vint frapper mon oreille; je me retournai, car elle était justement placée derrière ma chaise.

— Je croyais, dit-elle, que cette malencontreuse charpente était tout à fait dressée, et que nous ne précédions Frank que de quelques instants.

— Je suis sûr, miss Ursule, dis-je, que nous vous avons tous une grande obligation pour le secours que vous nous avez apporté. Si cette poutre était tombée, bon nombre d'entre nous eussent été tués ou grièvement blessés.

— L'exploit n'était pas très-féminin, répondit la jeune fille en souriant avec un peu d'amertume ; mais on s'habitue à se rendre utile au milieu des bois.

— Regrettez-vous donc de vivre dans la forêt? me hasardai-je à lui demander.

— Bien certainement non. J'aime vivre partout où se trouvent mon oncle le Porte-Chaîne et Frank. Ils sont tout pour moi depuis que mon excellente protectrice n'est plus ; leur maison est la mienne, leurs plaisirs sont les miens, et leur bonheur me rend heureuse.

Ces paroles auraient pu renfermer un sens de regret caché ; mais il n'en était pas ainsi, elles partaient du cœur sans aucune restriction.

— M. Newcome paraît savoir conduire la multitude à son gré, dis-je ; il s'est arrangé pour donner aux vingt-six congréganistes qu'il avait avec lui l'air d'une majorité sur toute l'assemblée, tandis qu'ils n'en formaient tout au plus que le tiers.

— Rapportez-vous-en à Jason Newcome pour cela, s'écria Andries. Il connaît l'espèce humaine, dit-il, et il possède certainement son système de marches et de contre-marches avec ces gens au point de leur faire faire tout ce qu'il veut, tout en leur laissant croire qu'ils ne font que suivre leur propre impulsion. C'est un art, major, c'est un art.

— Il faut en effet posséder un certain talent pour exercer quelque influence sur ses semblables.

— C'est un talent que fous auriez honte d'exercer, Mortaund Littlepage, bien que fous en possédiez peaucoup. Mais il faudrait commencer par tromper et mentir, et vous seriez bien changé, major, si vous vous mettiez à la tête d'un semblable moyen.

— Je vois avec peine, Porte-Chaîne, que vous n'avez pas une très-bonne opinion de mon agent ; j'examinerai la question lorsqu'il en sera temps.

— Vous le trouvez assez honnête de par la loi, car il jure par la loi, et ne vit que par la loi.

Plus Andries s'échauffait, plus il devenait Hollandais et inintelligible. Je crus donc utile d'ajourner mes informations à un moment plus calme. J'attirai son esprit sur les améliorations qu'il avait apportées dans la gestion que je lui avais confiée sans réserve, lui donnant toute autorité dans une lettre que j'avais écrite à l'agent. Les gens en possession s'étaient contentés d'habiter la cuisine et les chambres des domestiques. Ce fut à cette modération, ainsi qu'à leur parfaite probité, que je dus de retrouver tous les meubles en bon état. Quant à la ferme, elle avait fructifié sous le régime du *laissez-faire*. Les arbres fruitiers avaient grandi, comme de juste; et si les champs n'avaient pas éprouvé de sensible amélioration dans leur culture, ils n'avaient pas été épuisés d'avaricieuses récoltes. Il n'y avait donc pas à se plaindre de ce côté. Andries pensait que les choses eussent pu mieux marcher; mais il pensait aussi qu'il était fort heureux qu'elles ne fussent pas pires. Pendant notre conversation, Duss allait et venait dans la chambre avec activité, préparant tous les ustensiles du thé; et lorsque sur son indication nous prîmes place à la table, je fus surpris de l'extrême propreté du tout et de la richesse de quelques objets. Les tasses, les assiettes et couteaux étaient de bonne qualité; mais le plateau resplendissait d'une vieille argenterie admirablement ciselée. Les manches de cuillers représentaient la tige de la plante mince du thé, terminée par un écusson gravé que l'on retrouvait sur tous les objets du même service. J'examinai les armes, pensant y reconnaître celles de ma famille; mais elles m'étaient tout à fait inconnues.

— J'étais étonné, dis-je, de trouver ici cette argenterie; car bien que mon grand-père en possédât beaucoup pour sa fortune, il n'en était pas assez prodigue pour en laisser ici sans utilité. Celle-ci est bien de l'argenterie de famille, mais je ne reconnais les armes ni des Mordaunt ni des Littlepage. Pouvez-vous me dire à qui elles appartiennent?

— Aux Malpone, répondit le Porte-Chaîne; ces ophets sont la propriété de Duss.

— Vous pouvez ajouter, mon cher oncle, ajouta vivement la jeune fille, que c'est là tout ce que je possède.

— Je me trouve très-honoré, mademoiselle Ursule, que vous voul..: bien me permettre d'en faire usage, lui répliquai-je, car c'est un fort joli service.

— Ce n'est pas la vanité, mais la nécessité, qui leur a fait voir le jour dans ce moment. J'ai cassé aujourd'hui même l'unique théière qui nous restât, j'espérais que Frank nous en eût apporté une neuve à la place; mais il n'est pas encore de retour. Quant aux cuillers, nous nous en servons habituellement à la maison, n'en possédant pas d'autres. La théière étant indispensable, j'ai pensé que je ferais aussi bien de déployer à la fois toutes mes richesses, mais c'est la première fois depuis bien longtemps que nous nous en servons.

Il y avait une mélodie plaintive dans la voix de Duss, malgré la volonté et les efforts qu'elle tentait pour parler avec indifférence. J'en fus excessivement touché. Cette vaisselle d'argent était tout ce qui restait à la pauvre fille de la condition élevée de sa famille. Elle devait y tenir comme à la dernière protestation vivante de sa présente pauvreté.

— Goûtez-moi ces gâteaux, dit Andries, qui involontairement cherchait à faire ressortir les divers talents de sa nièce. — Duss les a préparés, et je conseille à matame Washington d'essayer d'en faire d'aussi pons.

— Si madame Washington a jamais exercé cet art, répondis-je, il y aurait pour elle à pâlir d'envie en goûtant ces gâteaux, qui sont excellents; jamais je n'en ai mangé d'aussi bons de même sorte.

— Vous faites bien d'ajouter de même sorte, monsieur Littlepage, objecta paisiblement la jeune fille; ma protectrice m'a rendue assez habile à les confectionner, mais on ne retrouve pas ici les mêmes ingrédients que nous avions dans sa famille.

— Et comme cette famille était une pension de jeunes filles, vous ne deviez jamais manquer d'ingrédients pour confectionner de bons gâteaux.

Duss partit d'un franc éclat de rire, empreint de mélodie sauvage.

— On impute aux jeunes filles, répondit-elle, des faibless dont elles sont complètement innocentes. Les gâteaux étaient presque un fruit défendu pour nous à la pension, et nous n'apprenions à les faire que pour satisfaire la gourmandise des hommes.

—Je crois, mademoiselle Ursule, repris-je aussitôt qu'Andries nous eut laissés seuls, — avoir été placé derrière le rideau relativement à vos habitudes de pension par certains rapports d'une nature toute particulière, que j'ai entretenus avec une de vos vieilles camarades.

Duss ne répondit pas.

— Je veux parler de mademoiselle Priscilla Bayard, qui paraît avoir été l'une de vos meilleures amies, ajoutai-je, observant qu'elle n'était pas disposée à me répondre.

— Priscilla Bayard! s'écria-t-elle avec émotion; — c'était avec elle que vous aviez des rapports d'une nature toute particulière?

— Mes paroles étaient inconséquentes, Mademoiselle, pour ne pas dire plus. Je n'ai pas le droit de dire à ce sujet autre chose que nos familles sont assez intimement liées, et qu'il existe certaines raisons particulières pour cause de cette intimité. Je vous supplie donc de lire ma pensée telle que je viens d'en corriger l'expression.

— Je ne trouve pas que la correction change beaucoup le sens de vos paroles, et vous me permettrez de vous dire que je suis extrêmement peinée d'en apprendre autant.

CHAPITRE XII.

— Il est de mon devoir, monsieur Littlepage, reprit Ursule après une courte pause, de ne pas laisser dans votre esprit le moindre doute sur le sens et la portée de mes paroles. Priscilla m'est extrêmement chère, et elle est digne de tout votre amour et de toute votre admiration. Si vous voulez réellement charmer mes oreilles, parlez-moi d'elle.

— L'attachement me paraît réciproque, car je vous assure que mademoiselle Bayard parle de vous avec autant d'intérêt.

— De moi! Priscilla se souvient donc d'une pauvre créature comme moi, bannie du monde et de la société? Peut-être est-ce justement pour cela qu'elle ne m'a pas oubliée. Elle ne croit pas du moins que je déplore ma condition, n'est-ce pas? car j'aurais de la peine à lui pardonner cette pitié.

— Je pense tout le contraire; je sais qu'elle vous accorde des qualités supérieures à toutes les autres femmes.

— Il me semble étrange que Priscilla Bayard vous ait parlé de moi, monsieur Littlepage. J'ai été moi-même peut-être inconséquente; mais j'en ai trop dit pour ne pas sentir le besoin d'en dire davantage. Mon excuse, pour ne pas vous considérer comme un étranger pour moi, est dans l'indiscrétion de mon oncle, qui parle de vous cent fois au moins par jour.

— Cet excellent ami! C'est l'orgueil de ma vie d'être aimé d'un aussi honnête homme. Et maintenant j'attends la confidence que mon titre d'ami me donne le droit d'attendre de vous, d'après votre propre aveu.

Duss sourit et commença ainsi :

— La franchise ne saurait jamais nuire, et il n'y a pas de mal à vous confier quelques détails intimes comme au meilleur ami de mon oncle.

— Je suis trop fier de ce témoignage de confiance, Mademoiselle, pour jamais l'oublier, surtout en votre présence.

— Eh bien! donc, je serai franche. Priscilla Bayard fut pendant huit ans ma compagne et ma plus tendre amie. Notre affection commença lorsque nous étions encore enfants, et ne fit que s'accroître avec le temps et l'expérience. Un an environ avant la fin de la guerre, mon frère Frank, qui est ici actuellement comme l'agent de mon père, faisait souvent naître des occasions pour quitter son régiment et me rendre visite. Bientôt sa compagnie fut envoyée à Albany, où il put alors me voir autant qu'il le désirait. Me voir, c'était voir Priscilla, car nous étions inséparables, et voir Priscilla ne fut autre chose pour Frank que de désirer sa main. Tout ce que j'eus à redouter pour lui fut justement un rival qui réunît autant d'avantages que vous.

— Rassurez-vous sur mon compte, mademoiselle Malbone.

— Pourquoi ne pas m'appeler tout de suite Duss? Vous le feriez au bout d'une semaine comme tout le monde ici ; il vaut donc mieux commencer notre connaissance comme je suis sûre que nous la finirons. Mon oncle m'appelle Duss, Frank aussi. Presque tous nos émigrants m'appellent Duss en face; nos nègres même m'appellent mademoiselle Duss. Vous n'avez pas l'intention de vous singulariser!

— Je me risquerai bien à vous appeler Ursule, mais Duss ne me plaît pas.

— Non! Pourtant je suis tellement habituée à être appelée ainsi par tous mes amis, qu'il me semble étrange d'être appelée autrement. Ne trouvez-vous pas que Duss est un joli diminutif d'Ursule?

— Je ne le trouvais pas bien certainement, bien que ces dénominations dépendissent de certaines associations de l'esprit. Duss Malbone résonnait assez bien dans la bouche de Priscilla; mais dans la mienne, je le crains, le nom ne paraîtra pas aussi agréable.

— Comme il vous plaira ; mais ne m'appelez pas mademoiselle Ursule ou mademoiselle Malbone. Jadis j'eusse été offensée de ne pas être appelée ainsi par un homme ; mais actuellement que je ne suis autre que la compagne et la femme de ménage de Porte-Chaîne, une telle distinction aurait l'air d'une mauvaise plaisanterie.

— Néanmoins la propriétaire de cette argenterie, la dame que j'ai vue assise à cette table, dans cette chambre, n'est pas si improprement appelée mademoiselle Ursule qu'on pourrait le supposer.

— Vous connaissez l'histoire de l'argenterie, le reste vous appartient. Non, monsieur Littlepage, nous sommes pauvres, très-pauvres, l'oncle Porte-Chaîne, Frank et moi, nous ne possédons rien.

Elle fit cet aveu avec une sincérité touchante et sans aucune démonstration de désespoir.

— Frank a du moins quelque chose, répondis-je, puisqu'il était à l'armée.

— Il était en dernier lieu capitaine ; mais qu'a-t-il reçu pour cela? Nous ne nous plaignons pas du pays, ni mon oncle, ni mon frère, ni moi ; car nous savons qu'il est pauvre comme nous, et que sa pauvreté comme la nôtre provient d'épuisement. Je fus longtemps une lourde charge pour mes amis, et nous avons eu des dettes à payer. Si je l'avais su, semblable chose ne fût pas arrivée. Aujourd'hui je suffis à peine à rendre une partie de ces obligations en les accompagnant dans cette solitude. C'est une terrible chose pour une femme que d'avoir des dettes de cette nature à payer.

— Mais sans doute vous êtes restée dans cette maison, et vous n'avez jamais habité la hutte de Mooseridge.

— J'ai suivi mon oncle Andries partout où il lui a plu d'aller demeurer, et je le suivrai partout, tant que nous vivrons tous deux. Rien ne pourra désormais nous séparer. Son âge réclame les soins que la reconnaissance et mon amour pour lui me font une loi de lui prodiguer. Frank pourrait mieux faire sans doute que de travailler pour le peu qu'il reçoit ; mais il ne veut pas nous quitter. Les gens pauvres s'aiment sincèrement et avec ardeur.

— Mais j'ai proposé à votre oncle de se servir de cette maison, et je croyais que pour l'amour de vous il accepterait mon offre.

— Comment le pourrait-il ? et porter la chaîne pendant vingt milles consécutifs ! Nous nous sommes arrêtés ici accidentellement pour quelques jours; mais l'ouvrage ne peut rester en souffrance, et l'on ne peut l'exécuter autrement que sur place.

— Sans aucun doute vous n'avez fait autre chose que de tenir compagnie à vos amis, et de veiller à leur bien-être lorsqu'ils étaient de retour de leurs rudes travaux?

Duss fixa ses yeux sur les miens et me répondit avec une sorte d'exaltation :

— Je sais et je peux porter la chaîne aussi.

— Vous pouvez porter une chaîne, Ursule?

— Appelez-moi Duss, je préfère ce nom.

— Que vous puissiez porter une chaîne, je le crois; mais vous ne voulez pas dire que vous l'ayez jamais portée. Pour votre plaisir, et simplement pour dire que vous saviez porter une chaîne, — par pure plaisanterie.

— Pour aider mon oncle et mon frère, qui n'avait pas les moyens de louer un homme de plus.

— Quoi! mademoiselle Malbone, — Ursule, Duss!

— Ce dernier nom est celui qui convient mieux à une *porte-chaîne* répliqua la jeune fille en souriant. Pourquoi, continua-t-elle, trouvez-vous ce travail si humiliant, puisqu'il est sain et honnête? Vous n'êtes frappé que de ce sentiment, qu'une sœur se trouve réduite à faire l'ouvrage qui ne convient qu'à un homme? Pourtant une femme peut le faire, et bien, comme mon oncle le Porte-Chaîne pourra vous le dire. Je n'avais d'autre inquiétude, pendant tout le mois que je fus employée à ce travail, que la crainte de ne pas être assez forte pour en faire autant que mon oncle et que mon frère, et d'amoindrir les services qu'ils pouvaient vous rendre tous les jours.

Ils m'ont laissée sur la terre sèche, de sorte que je n'ai pas eu les pieds mouillés, et vos bois sont aussi débarrassés de branches tombées que le serait un verger. Il serait inutile de chercher à dissimuler un fait connu de tous, et qui tôt ou tard fût parvenu à vos oreilles. Et puis toute dissimulation m'est pénible, surtout lorsque je vous vois traiter d'égale à égal votre servante à gages.

— Miss Malbone, ne parlez plus ainsi; Andries m'a bien jugé en me cachant un fait de cette nature, car je n'eusse jamais permis qu'il durât un instant de plus.

— Et comment l'eussiez-vous empêché, major Littlepage? Mon oncle vous a pris ce travail à tant par jour, à la charge de trouver les arpenteurs et les journaliers. Pauvre cher Frank, lui, au moins, ne compte pas parmi les journaliers; et, pour ce qui est de mon oncle, il y a longtemps qu'il est réputé le meilleur porte-chaîne de la contrée. Pourquoi donc sa nièce se ferait-elle un scrupule de chercher à partager sa réputation si bien acquise?

— Mais vous, miss Malbone, vous qui avez été si bien élevée, vous qui êtes une lady, vous l'amie de Priscilla Bayard, la sœur de Frank, vous n'êtes pas à votre place dans un pareil emploi.

— Il n'est pas facile de dire au juste quel est l'emploi qui convient à une femme. L'usage exige, en général, que ses fonctions se renferment dans les affaires du ménage, et qu'elles soient circonscrites au foyer domestique; mais des circonstances exceptionnelles doivent permettre de déroger à l'usage. Nous voyons des femmes suivre leurs époux jusque dans les camps, des nonnes sortir de leur couvent pour soigner les blessés et les malades dans les hôpitaux : je ne vois donc pas ce qu'il y a de mal à offrir d'aider à un parent dans son travail, comme j'ai aidé au mien, lorsque l'on n'a d'autre alternative que celle-là ou de souffrir de besoin.

Frank est tout prêt à faire tout ce qu'un gentilhomme pourrait faire. Je suis l'embarras le plus grand pour ce pauvre garçon; car, s'il consentait à me quitter, il ne manquerait pas de places avantageuses à la ville : mais je ne puis abandonner mon oncle, et Frank ne veut pas me laisser seule avec lui. Il ne le comprend pas.

— Frank doit être un noble cœur, et je l'estime pour son attachement pour sa sœur. Ceci ne me rend que plus impatient de mettre mon projet à exécution.

— Lequel projet est tel, je suppose, qu'il n'y a pas d'inconvénient à en donner connaissance à la sœur?

— Je n'en vois aucun, répondis-je. Depuis longtemps nous sommes mécontents de notre agent sur ce domaine, et j'étais résolu de l'offrir à votre oncle. La même difficulté se présentait dans cette circonstance comme lorsqu'il s'est agi d'en faire un voyer géomètre : l'éducation nécessaire. Cette difficulté n'existe pas à l'égard de votre frère, et toute la famille, Andries comme le reste, profitera des bénéfices de la charge si je la donne à Frank!

— Vous l'appelez Frank! dit Duss, dont un sourire de satisfaction éclaira la physionomie. C'est d'un bon présage; mais si vous m'élevez ainsi au rang de la sœur d'un intendant, je ne sais pas si je n'exigerai pas que l'on m'appelle au moins Ursule.

La perspective en faveur de son frère l'avait rendue généreuse et gaie, bien qu'elle fût curieuse d'en savoir davantage sur mes intentions.

— Vous pouvez demander ce que vous voudrez, car avant une heure le nom de Frank sera inscrit sur la nouvelle procuration notariée; M. Newcome a déjà été avisé par lettre de nos intentions, et il manifeste un grand plaisir d'être déchargé d'une responsabilité qui ne lui laisse pas un moment de repos.

— Je crains qu'il n'y ait que bien peu de bénéfices, s'il est si content de résigner son emploi?

— Je ne dis pas qu'il est satisfait, mais qu'il paraît l'être; deux propositions qui diffèrent essentiellement, selon les individus. Les émoluments ne sont pas forts, j'en conviens; mais ils suffiront à épargner à la sœur de Frank le pénible labeur de porter la chaîne, et lui permettront d'exercer ses talents dans leur propre sphère. En premier lieu, tous les baux du domaine sont à renouveler; et comme il y en a une centaine, et que les frais d'actes sont à la charge des prenants, votre frère aura de fortes sommes à sa disposition. Je n'affirme pas que le revenu annuel des commissions formera un chiffre élevé; mais il dépassera cent livres par an. Et comme j'avais l'intention de mettre cette maison et la ferme qui en dépend à la disposition de votre oncle, Frank en profitera, comme de juste.

— Nous serons vraiment riches avec cette maison et la ferme, s'écria Duss frappant dans ses mains dans l'excès de sa joie ; je pourrai fonder une école pour les filles, afin qu'aucune ne reste oisive ou inutile; si j'inculque aux filles de vos fermiers quelques bonnes idées sur leurs devoirs, monsieur Littlepage, le bénéfice ne manquera pas de vous en revenir; ce sera au moins un faible retour pour tant de bontés de votre part.

— Je ne souhaite à celles de votre sexe et d'âge convenable qui sont sur ce domaine d'autre institutrice que vous. Donnez-leur cette même chaleur de sentiments qui vous anime, votre franchise et votre loyauté, et je viendrai habiter mon domaine.

Duss trembla, un peu effrayée d'en avoir trop dit. Elle se leva, me remercia un peu précipitamment, mais avec beaucoup de dignité, de mes bonnes intentions, et fit disparaître le service du thé avec autant de promptitude et d'adresse que si elle n'eût eu d'autre occupation pendant toute sa vie.

Ainsi finit ma première conversation avec Duss Malbone. Lorsque je me levai pour aller à la recherche du Porte-Chaîne, je sentis que j'éprouvais déjà pour sa nièce un sentiment d'affection aussi vif que nouveau. Ce qui m'avait séduit en elle, c'étaient sa droiture, son ingénuité, alliées aux sentiments et à la délicatesse de son sexe.

Si je comparais Priscilla Bayard avec Ursule Malbone, tout l'avantage était en faveur de cette dernière. Toutes deux étaient douées de la délicatesse, des vertus et de toutes les qualités qui ressortent d'une bonne nature, et développées par les bienfaits de l'éducation ; mais Duss avait un caractère à elle, des principes, une énergie, une résolution qui la mettaient au-dessus des filles de son âge et de tous rangs.

Je trouvai Andries dans la cour occupé à mesurer les chaînes ; ce qu'il faisait périodiquement et consciencieusement, comme s'il eût mesuré de l'or. Le vieillard ne parut pas s'être aperçu du long tête-à-tête que j'avais eu avec sa nièce ; les premiers mots qu'il prononça me prouvèrent, au contraire, qu'il m'avait cru seul depuis sa sortie.

— Je fous temante parton, mon garçon, dit-il tenant dans sa bouche la baguette qui lui servait à mesurer, je vous temante parton ; mais cette pesogne est indispensaple. Je ne feux pas qu'aucun de vos émigrants yankees puisse par la suite plâmer le travail tu porte-chaîne. Qu'ils viennent dans cent ans, dans mille ans, s'ils veulent, mesurer le territoire ; ils verront ce que valent les mesures du vieil Antries.

— La variation du compas peut apporter quelque différence dans un arpentage, mon brave ami, à moins que les voyers ne deviennent meilleurs qu'ils ne le sont en général.

Le vieillard laissa tomber sa baguette et sa chaîne, et me regarda d'un air désolé.

— C'est pourtant vrai, ça ! dit-il avec une sorte d'exaltation. Fous afez frappé sur la tête du clou, Mortaunt. J'ai essayé par ici, puis par là, je n'ai chamais pu troufer l'égalité parfaite. Je ne fais rien de pon dans aucune fariation.

— Qu'en pense Duss, votre employée, Duss la porte-chaîne ?... Tous perdrez bientôt votre ancienne dénomination, qui sera conférée à miss Malbone.

— Alors, Duss vous a raconté toute l'histoire? Jamais femme ne peut garder un secret. La nature les a faites bavardes, et les perruches parleront touchours.

— Mais les femmes aiment les variations, néanmoins... Avez-vous consulté Duss sur ce point?

— Non, non, je n'ai rien dit à Duss, et je suis fâché qu'elle vous ait parlé de cette affaire de chaîne. C'était pien contre ma folonté, Mortaunt, si la fille a chamais porté une tringle; et pourtant cela eût fait tu bien à votre cœur de voir comme elle trafaillait fite et bien et chuste. Nature afait créé cette fille pour une porte-chaîne.

Andries Coejemans ne se méfiait jamais d'un homme qui possédait toute sa confiance. Au lieu donc de manifester la moindre inquiétude ou le moindre déplaisir, il se tourna vers moi, exprimant sur son visage l'affection qu'il éprouvait pour sa nièce, et me dit :

— C'est une excellente fille, Mortaunt, une ponne créature! Cela vous eût fait du bien te lui foir porter la chaîne. Votre bourse ne se troufera pas plus mal pour le mois qu'elle a trafaillé, quoique je ne lui aie tonné que moitié prix, oufrage te femme n'étant qu'oufrage te femme; mais je crois, en conscience, que nous afons parcouru plus de terrains dans ce mois que nous n'eussions pu le faire avec aucun homme de cette partie tu monte, en férité!

Le discours d'Andries fut interrompu par la soudaine apparition de Frank Malbone dans la cour. C'était la première fois que j'avais devant moi mon jeune agent voyer, que Porte-Chaîne me présenta avec sa franchise habituelle. Nous eûmes bientôt fait connaissance. Le vieillard lui demanda le résultat de son séjour auprès des nouveaux congréganistes.

— Je suis resté jusqu'à ce qu'ils aient commencé à poser la toiture, répondit gaiement le jeune Malbone; puis je les ai quittés. Les réjouissances doivent se terminer, m'a-t-on dit, par un bal. Mais j'étais trop pressé de savoir si ma sœur était rentrée saine et sauve à la maison, — je veux dire à Ravensnest, — pour rester plus longtemps avec eux. Nous n'avons guère d'autre maison actuellement, monsieur Littlepage, que la cabane dans les bois, et l'abri que nous offre votre hospitalité.

Me plaçant entre le Porte-Chaîne et Malbone, je communiquai à celui-ci l'intention que j'avais d'en faire mon agent. Pour l'engager à accepter le poste que je lui offrais, je lui fis l'abandon de la maison et de la ferme, ne réservant pour moi qu'une ou deux chambres que j'occuperais dans mes visites annuelles à la propriété. La ferme était d'un assez bon rapport pour suppléer aux besoins d'une famille modeste, et permettre la vente de quelques récoltes qui permissent d'acheter les objets que l'on ne pouvait se procurer sur les lieux. En un mot je leur déroulai mon plan, qui avait pour but principal de rendre Ursu'e confortable, sans toutefois leur laisser entrevoir le mobile de ce supplément de générosité.

Je ne montrai pas, du reste, un excès de libéralité dans toute cette affaire, la terre n'ayant à cette époque qu'une valeur négative dans l'Etat de New-York. Les propriétaires ne considéraient pas leurs possesions comme un moyen d'augmenter leurs revenus; ils les entretenaient au contraire avec leurs revenus, comptant sur un siècle futur pour en recueillir les fruits.

Ma proposition fut, on le pense bien, acceptée avec joie. Andries me serra la main de manière à me faire comprendre la vigueur de sa reconnaissance; Frank Malbone était ému : enfin toutes les parties intéressées dans la conclusion de cette affaire se montraient satisfaites. Le jeune géomètre ayant à sa portée son encrier de poche, et moi l'acte notarié, auquel il ne manquait que le nom du titulaire, j'y inscrivis celui de Malbone et je signai. Andries nous servit de témoin. Nous nous levâmes ensemble. Frank devenu le maître temporaire de la maison dans laquelle nous nous trouvions, et comme conséquence, sa sœur en étant aussi la maîtresse. Ce fut un bien délicieux moment pour moi que celui où je vis Duss se jeter dans les bras de son frère, et pleurer de joie sur sa poitrine lorsqu'il vint lui annoncer cette heureuse conclusion.

CHAPITRE XIII.

Un mois s'écoula rapidement, pendant lequel Frank Malbone fut définitivement installé : Andries consentant à suspendre ses opérations d'arpentage jusqu'à ce que nous eussions terminé nos arrangements. La tâche était assez difficultueuse, attendu que, les baux accordés par mon grand-père étant expirés depuis quelque temps, les tenanciers n'avaient conservé leurs fermes que par tolérance ou comme engagés sur parole d'année en année avec M. Newcome, qui avait pouvoir d'aller jusque-là, mais pas plus loin.

Il était rare, comme nous l'avons déjà dit, qu'un propriétaire tirât le moindre revenu de ses terres pendant les premières années de leur occupation. Le point principal en commençant était d'y attirer des exploitants. Pour se conformer à cette sage politique, mon grand-père avait concédé ses terres incultes moyennant des rentes purement nominales, avec par-ci par-là une ferme dont les produits étaient réservés ; et dans la plupart des cas les tenanciers avaient pendant plusieurs années la jouissance des fermes sans payer un centime de rente. Il payait les taxes, contributions pour les constructions de routes, ponts, étangs et autres ouvrages. Le propriétaire était à peu près dans l'obligation de se porter en tête de toutes les souscriptions pour toutes dépenses devant rapporter des bénéfices à la commune ou à l'État. Les deux ou trois cents livres de rente que devait me rapporter ma propriété avaient été absorbées jusqu'à ce jour par les fermes du domaine. La propriété de Ravensnest ne nous avait donc pas en réalité apporté un schelling ; mais le temps était arrivé où il devait être juste et équitable que les fermes rapportassent l'indemnité de tant de frais d'exploitation.

Il y avait à loyer onze mille acres de terres, répartis entre un peu moins de cent tenanciers ; ces individus conservaient leurs terres jusqu'au mois d'avril suivant par contrats verbaux ; mais passé ce délai, il fallait signer de nouveaux engagements. En général, les propriétaires américains ne commettent point d'exactions ; ils ne pourraient le faire, s'ils en avaient l'intention, parce que la terre y est plus abondante que les hommes ; mais il existe une indulgence à laisser accumuler les arriérés, et lorsque survient le jour du remboursement, les discussions s'établissent. C'est une vérité incontestable, on ne saurait le nier, que les hommes se montrent rarement reconnaissants envers un gouvernement qui laisse un libre cours à leurs vices. Ils s'efforcent toujours de jeter une partie de l'odieux de leurs propres méfaits sur le dos de ceux qui eussent dû les contrôler.

Frank Malbone et moi, guidés par les agents voyers et par l'expérience du Porte-Chaîne, nous passâmes une quinzaine de jours à classer les fermes selon leur valeur, plaçant la plus inférieure dans la catégorie d'un schelling, les autres dans celle d'un schelling et demi, et une douzaine tout au plus dans celle de deux schellings par acre.

Il me restait en dernier lieu à terminer avec M. Jason Newcome. M. Newcome avait pris en assez bonne part sa révocation, affectant l'envie de donner sa démission. A ce sujet, tout s'était donc bien passé. Il avait fait l'accueil le plus cordial à Frank. M. Newcome n'agissait jamais en face, ayant l'habitude depuis son enfance de s'avancer dans la vie par des voies obscures et détournées.

— Je trouve, monsieur Newcome, commençais-je, que vous avez pris de mon grand-père les moulins et cinq cents acres de terres, pour une durée de vingt et un ans, à la charge d'entretenir les moulins, et de rendre le tout en bon état à la fin de votre bail.

— Oui, major Littlepage, c'était là un bien dur contrat pour moi, je vous assure! La guerre est arrivée...

— La guerre ne peut pas vous avoir causé de préjudice, puisque les grains ont subi au contraire une hausse considérable.

Mon intendant ne répliqua rien, jugeant sans doute en lui-même que j'étais préparé à lui répondre. Après quelques minutes de silence, il entama un sujet plus d'actualité.

— Je suppose que le major a pour principe de gratifier d'un droit légal l'ancien tenancier qui veut renouveler son bail? J'ai appris qu'il avait adopté ce système dans toutes ses nouvelles opérations.

— Vous avez été mal informé, monsieur Newcome. Votre intérêt dans la propriété cesse complètement dans quelques jours.

— Oui, Monsieur, suivant les conventions, cela peut être ainsi; mais d'homme à homme, il doit exister un lien plus circonscrit.

— Je ne connais dans un bail rien de plus formel et de plus circonscrit que les clauses qui le déterminent, monsieur Newcome. Une clause peut être trop sévère, et alors, à mon avis, elle ne devrait pas être prise en considération; je suis toujours contre les clauses trop sévères.

— Écoutez-moi, mon cher Jason, dit le Porte-Chaîne, qui connaissait mon intendant. Est-ce que vous restituez les bénéfices inattendus lorsqu'il vous arrive d'en faire de plus forts que vous ne croyiez?

— C'est inutile de discuter avec vous, Porte-Chaîne, nous n'aurons jamais la même manière de voir. Vous êtes ce que j'appelle un homme trop pointilleux dans vos opinions.

— Cependant il y a beaucoup de sens dans la question que le Porte-Chaîne vient de vous poser, repris-je. A moins que vous ne soyez prêt à répondre affirmativement, je ne vois pas comment vous pour-

La porte de ma prison s'ouvrit et l'Onondago y fut introduit (page 136)

riez avec égale justice faire l'application de votre principe. Mais laissons cela... pourquoi les clauses seraient-elles introduites dans un bail, sinon pour être adoptées dans toute leur acception?

— C'est bien ; mais, suivant mes notions, une clause dans un bail est un peu comme l'indication d'une rivière sur une carte géographique, nullement une chose essentielle. Mais de même que ces lignes tracées font bon effet sur une carte, de même les clauses d'un bail font bien à la lecture. Les propriétaires aiment qu'il y en ait, et les tenanciers n'y regardent pas beaucoup.

— Vous ne parlez sans doute pas sérieusement, monsieur Newcome, mais vous vous faites un plaisir d'essayer sur nous l'effet de votre ingénuité pour votre propre amusement. Il n'y a dans les clauses de votre bail rien d'assez embrouillé pour faire un cas de conscience d'en donner une exacte définition.

— Il y a ceci, major, que vous rentrez dans la propriété pleine et entière, s'il vous convient d'y prétendre.

— Prétendre à la propriété!... Mais elle m'a appartenu à moi ou à mes ancêtres depuis que la couronne nous en a accordé la cession. *Donc*, vos droits à vous proviennent du *bail*, et le jour où il expire, vos droits expirent avec lui.

— Non pas, à mon avis, major... pas à mon avis. J'ai fait construire les moulins à mes frais, rappelez-vous cela.

— Je sais bien, Monsieur, que vous avez fait construire les moulins à ce que vous appelez vos frais, c'est-à-dire que vous avez pris notre bois et tous nos matériaux pour élever les moulins tels qu'ils sont aujourd'hui, fondant vos bénéfices sur l'usage que vous en feriez, ayant à votre disposition des bois pour vos scieries, et jouissant de tous les privilèges que vous concédait l'un des baux les plus étendus en droits et avantages que l'on eût jamais contractés.

— C'est bien... peut-être, mais c'était dans le *marché* que j'ai fait avec votre grand-père. Il était *convenu* entre nous, quand j'ai pris possession, que je couperais des blocs de bois à ma volonté, et que je prendrais sur le terrain tous les matériaux nécessaires pour mes constructions. Vous voyez, major, que votre grand-père tenait essentiellement à voir s'élever des moulins sur la propriété; c'est ainsi qu'il m'a accordé des concessions en conséquence. Vous trouverez cela mot à mot dans le bail.

— Sans doute, monsieur Newcome, et vous trouverez aussi dans le bail une clause par laquelle votre intérêt dans l'exploitation expire dans quelques jours.

— Bien; mais je ne comprends pas les baux de cette façon. On n'a pas voulu bien certainement qu'un homme érigeât des moulins pour perdre tous droits aux bénéfices qu'ils rapportent au bout de vingt-cinq années d'exploitation.

— Tout dépend du marché conclu primitivement. S'il plaît à de certaines personnes d'élever des moulins là où elles n'ont aucun droit de le faire, elles sont récompensées suivant leurs actes.

— Oui... oui... des droits de charpentiers et de mouniers peut-être; mais je veux parler de gens honnêtes, laborieux, industrieux, qui consacrent leur temps et leur labeur à fonder un établissement, et non pas de ces ouvriers mécaniques qui travaillent à la tâche : on les paye pour ce qu'ils ont fait, et tout est quitte.

— Je ne vois pas que tout honnête individu soit un rude travailleur, ni que tous les rudes travailleurs soient honnêtes. Je désire vous faire bien comprendre, monsieur Newcome, qu'en premier lieu, les phrases ne m'amèneront à aucune concession. Néanmoins, je suis d'accord avec vous sur ce point que lorsqu'un homme est payé pour ce qu'il a fait, il n'a plus rien à prétendre. Or, dans vingt-trois jours, à partir de celui-ci, vous aurez été payé pour tout ce que vous avez fait sur ma propriété, conformément à nos conventions; et, de votre propre aveu, vous n'aurez plus aucun droit à y exercer.

— Le major n'a pas réellement l'envie de me dépouiller du fruit de mes dures économies.

— Monsieur Newcome, le mot dépouiller est déplacé de votre part, et je vous prie de ne pas en faire usage avec moi. Mais, moi aussi, je préfère cet emplacement, et comme il m'appartient, je le reprends, ayant en équité les premiers droits sur vous.

— C'est en équité, major, que je veux traiter la question... Je sais que la loi est contre moi... du moins quelques gens le soutiennent mais d'autres pensent le contraire, depuis que nous avons eu une révolution... Mais laissons la loi pour ce qu'elle est; il y a entre l'homme et sa ressemblance quelque chose que j'appelle le bon droit.

— Très-certainement... et la loi n'a été inventée que pour appuyer ce bon droit. Il est très-juste que j'exécute aujourd'hui ce que mon grand-père a voulu faire pour moi il y a vingt-cinq ans à l'égard de ces moulins, comme il est juste que vous vous conformiez à l'engagement que vous avez pris volontairement.

— C'est ce que j'ai fait. Je suis convenu de construire des moulins d'une certaine forme et pour certains usages, et je l'ai fait. Je défie tout homme au monde de dire le contraire. La scierie entamait des blocs de bois deux mois après la signature du bail, et au bout de quatre mois nous commencions à moudre du grain.

— Sans aucun doute, monsieur Newcome, vous étiez actif, laborieux ; mais pour être franc avec vous, je vous avouerai que des juges compétents en pareilles matières m'ont affirmé qu'aucun des moulins n'avait actuellement la moindre valeur.

— C'est à cause du bail ! s'écria M. Newcome un peu trop précipitamment peut-être pour l'acquit de sa conscience. Savais-je comment tout cela finirait ? Votre grand-père me l'accorda sur trois têtes et vingt et un ans après les événements, et j'ai fait tout ce qu'un homme pouvait entreprendre pour prolonger leur durée autant que sa propre existence ; mais me voici encore dans la force de l'âge et prêt à perdre ma propriété.

Désirant mettre fin à toute discussion avec un homme incapable d'envisager les deux faces d'une même question, je lui posai mes conditions sans plus tarder.

Les termes en étaient tels qu'il ne put dissimuler la joie que lui causait ma modération.

Je me débarrassai ainsi de M. Newcome, dont toutes les manœuvres n'avaient eu d'autre but que d'obtenir ce que je venais de lui accorder de mon propre mouvement, l'abaissement du prix de la rente annuelle. Le même jour, mes compagnons de voyage, les laboureurs que j'avais rencontrés sur le paquebot *l'Aigle*, se présentèrent à Ravensnest après avoir battu le pays en quête des conditions les plus avantageuses de vente ou de fermage. Les lots que j'avais fait diviser à Mooseridge étaient disponibles, je leur en offrais la vente aux conditions d'un dollar par acre, et un crédit de dix ans pour en effectuer le payement ; l'intérêt payable annuellement. On pourrait croire que la vénalité du prix eût déterminé ces hommes à donner la préférence aux contrats plutôt qu'aux loyers à termes. Néanmoins, tous préférèrent prendre des fermes à bail sur trois têtes, sans avoir de rente à payer pendant les cinq premières années, que de payer sept dollars d'intérêt par an, et cent dollars à l'expiration du crédit, pour devenir propriétaires. Ce sera sans doute un jour un sujet de curiosité de rechercher les causes premières qui ont converti les vastes déserts de l'Amérique septentrionale en un jardin fertile et abondant. Je vais essayer ici, pour le plus grand avantage des générations futures, d'en donner un léger aperçu.

Pour un homme courageux et intelligent, il fallait le travail d'une saison pour abattre le bois, le mettre en fagots, le brûler, dégager et ensemencer dix acres de terre vierge. Il utilisait les cendres pour l'engrais. Les rudes travaux se faisaient en commun, chaque colon rendant à son voisin le service qu'il lui avait demandé la veille. Un joug de bœufs suffisait quelquefois pour deux ou trois fermes. Dix acres de terre rendaient à la première récolte environ cent cinquante boisseaux de grains, qui rapportaient sur le marché d'Albany trois cents dollars. On en tirait en outre une tonne de cendres, qui se vendait deux cents dollars. Le travail d'une seule année rapportait donc cinq cents dollars. Si l'on retranche de cette somme les frais de construction, d'instruments aratoires et autres ustensiles, l'arpentage, les frais de transport, achats de provisions, etc., on trouve encore pour bénéfice net d'une année d'exploitation deux cent cinquante dollars, très-large dédommagement pour celui qui avant de devenir fermier se trouvait dans la situation précaire d'un simple journalier, content de trouver du travail pour huit ou dix dollars par mois.

On ne saurait nier que telle fut en grande partie l'origine de la fortune d'une infinité de riches propriétaires qui résident actuellement à New-York; évidence qui tend à démontrer que si l'émigrant dans une nouvelle contrée doit affronter des privations et de rudes travaux, il ne tarde pas à en recueillir les plus amples dédommagements. De nos jours les hommes vont dans les champs ouverts, et tracent de nouveaux sillons sur des terrains déjà exploités; mais je mets en doute s'ils en préfèreraient retrancher les forêts vierges de 1790, avec les prix de cette époque, plutôt que d'exploiter nos champs modernes pour en tirer du grain à trente-sept et demi pour cent le boisseau, sans pouvoir trouver d'engrais à aucun prix, et vendre leurs parcs à raison de deux dollars par cent.

CHAPITRE XIV.

Un jour ou deux après que Newcome eut reçu son nouveau bail, le Porte-Chaîne, Frank, Duss et moi nous étions assis sous le berceau qui dominait les prairies, lorsque nous aperçûmes Sure-Flint suivre d'un pas indien le sentier qui, aboutissant de la forêt vers l'habitation, se prolongeait de l'autre côté à travers les bois jusqu'à Mooseridge. L'Onondago était armé de son fusil, selon son habitude, et il portait en outre sur son épaule un large sac rempli de quelque chose comme du gibier, à ce que nous supposâmes, l'éloignement nous empêchant d'en faire la distinction. Bientôt il disparut derrière une saillie de la montagne par un détour qui conduisait à l'habitation.

— Mon ami Sans-Traces s'est absenté plus longtemps que de coutume, dit Ursule, qui avait suivi les mouvements de l'Indien, mais il revient courbé sous un fardeau qu'il paraît destiner à notre entretien particulier.

— Depuis longtemps il est resté en compagnie de votre oncle, répondis-je suivant de mes propres yeux les regards de la jeune fille. J'ai parlé de lui dans mes lettres à mon père, qui sera bien aise d'apprendre des nouvelles de mon vieil ami.

— Il est très-souvent avec mon oncle, comme vous dites, car il lui est très-attaché. Ah! le voilà qui s'avance de ce côté, portant sur son épaule un fardeau comme les Indiens n'aiment pas à en porter, bien que quelquefois un chef condescende à porter du gibier.

A peine Duss avait-elle achevé ces mots, que Sure-Flint jetait à ses pieds un paquet de deux ou trois douzaines de pigeons, et se retirait paisiblement en arrière comme un homme qui vient d'accomplir sa tâche, et qui laisse le reste à une femme pour en tirer parti.

— Merci, Sans-Traces, dit la ménagère, merci bien. Ces oiseaux sont magnifiques et gras comme lard. Nous les ferons plumer, et nous les arrangerons de toutes sortes de manières pour le dîner.

— Ils sont tous jeunes, prêts à voler, pris tous dans le nid, répondit l'Indien.

— En ce cas les nids doivent être nombreux, et j'aimerais les visiter, m'écriai-je en me souvenant d'avoir entendu raconter des merveilles de la quantité innombrable de pigeons que l'on trouvait dans leurs perchoirs, comme l'on appelait les endroits dans les bois où ils se groupaient en famille. Ne pourrions-nous pas tous aller visiter ce perchoir?

— Cela se pourrait faire, répondit le Porte-Chaîne, et il est temps que nous nous tirigions te ce côté, si nous foulons arpenter plus de terre. Ces oiseaux ont été pris sur la montagne, che suppose. Mooseridge promet te nous tonner beaucoup te pichons cette saison.

— Juste ainsi, répondit Sure-Flint... millions.. mille... cent, plus encore. Jamais vu plus, jamais vu tant. Grand Esprit pas oublier pauvre Indien... parfois donne daim... parfois saumon... quelquefois pigeons... beaucoup pour tout le monde... Pensez seulement.

— Oui, Sure-Flint, pensons-y en vérité, il y a assez pour nous. Dieu est toujours pon pour nous, mais nous ne faisons pas toujours bon usage te ses bontés, répliqua le Porte-Chaîne, tout en examinant les pigeons. On ne troufe pas soufent d'aussi beaux oiseaux, et moi aussi j'aimerais étonnamment foir un de ces perchoirs afant que j'aille moi-même regagner le mien.

— La visite au perchoir est arrangée pour demain, dis-je; mais un homme qui rentre dans la vie paisible après une rude guerre comme celle que nous avons soutenue, Porte-Chaîne, ne doit pas parler de sa fin. Vous êtes vieux par les années, c'est possible, mais jeune encore d'esprit et de corps.

— Tous deux presque usés. C'est pien te tire le contraire à un fieux fou, mais lui sait bien. Soixante-tix ans, c'est le temps t'un homme, et le mien est rempli. Dieu seul sait quand ce sera son pon plaisir de me rappeler à lui; mais quand il faudra, che mourrai plus content que je ne l'eusse fait il y a un mois.

— Vous m'étonnez, mon cher ami! Que vous est-il donc arrivé pour produire cette différence dans votre manière de voir? Vous n'avez cependant rien d'essentiellement changé dans votre existence.

— La différence est dans la bersbective que Duss a, maintenant que Frank a une ponne place; ma fille ne sera pas apandonnée.

— Abandonnée! Duss, Ursule, miss Malbone abandonnée? cela ne serait jamais arrivé, Andries, que Frank eût existé ou non.

— J'espère que non, mon garçon, che l'espère. Ma's la fille commence à pleurer, ne parlons plus te cela. Ecoutez, Susquesus, mon fieil ami, pouvez-fous nous conluire vers le perchoir?

— Pourquoi pas, eh? les sentiers larges, ouverts partout.

— Pieu, Tom nous a conduits ce matin pour y aller. Mon nouvel assistant n'est pas loin de là, et il est temps que Frank et moi nous retournions dans les bois.

J'avais entendu fixer notre promenade pour le lendemain.

Le matin suivant, à la première heure, nous quittâmes le Nid pour nous rendre à la hutte de Mooseridge, et pour visiter en passant le perchoir des pigeons. Duss et la négresse voyageaient à cheval. Le reste de la troupe suivait à pied, escortant trois bêtes de somme qui portaient notre nourriture, nos instruments et nos bagages. Chaque homme était armé, selon l'usage de cette époque; seulement j'avais à la place d'une carabine un fusil à deux coups. Susquesus nous servait de guide.

Nous fîmes une heure de marche avant d'atteindre les dernières limites des terres affermées de ma propriété, au sortir desquelles nous entrâmes dans la forêt vierge. Par suite de la dernière guerre, qui avait arrêté subitement les progrès de colonisation, un nouveau district n'était pas dénudé dans ses alentours comme le sont aujourd'hui les établissements de transition. Au contraire, dès que nous eûmes passé les palissades de la dernière ferme, nous nous enfonçâmes dans les profondeurs infinies des bois, disant presque entièrement adieu à tout vestige de civilisation, comme lorsqu'en France on quitte un village pour traverser les plaines et les champs. Il y avait un sentier, il est vrai, longeant une allée d'arbres à demi consumés; mais ce sentier, à peine battu, disparaissait parfois sous une nouvelle végétation. Il suffisait néanmoins d'avoir acquis l'habitude des forêts pour le retrouver; et Susquesus n'eût éprouvé aucune difficulté à retrouver sa route dans toute l'étendue de la forêt quand même toute trace du sentier eût entièrement disparu. Le Porte-Chaîne marchait aussi en avant avec la confiance et la précision d'un œil exercé à tirer des lignes droites à travers la végétation confuse et inégale des forêts vierges.

Nous mîmes quatre heures environ à parcourir la distance qui nous séparait du monticule sur lequel les oiseaux avaient construit leurs nids. Nous nous arrêtâmes quelques instants pour prendre quelque nourriture et pour nous rafraîchir; puis nous gravîmes la colline, laissant les chevaux à la garde des nègres, et Duss nous accompagnant à pied. Au moment de quitter la source au bord de laquelle nous nous étions arrêtés, j'offris mon bras à miss Malbone pour l'aider dans notre ascension; mais elle me refusa, et parut s'amuser beaucoup de l'offre que je lui avais faite.

— Qui, moi, une porte-chaîne! s'écria-t-elle en riant; moi qui ai mis Frank hors d'haleine et presque fatigué mon oncle, bien qu'il ne voulût pas en convenir, j'accepterais un bras pour m'aider à gravir une colline! Vous oubliez, major Littlepage, que les dix premières années de ma vie se sont écoulées à parcourir la forêt dans tous les sens, et qu'il m'a suffi d'une année pour reprendre toutes mes vieilles habitudes et faire de moi une véritable fille des bois.

— Je ne sais, en vérité, comment vous définir, car vous paraissez propre à toutes les situations dans lesquelles le hasard ou le destin vous placent, répondis-je. Quelquefois je m'imagine que vous êtes la fille d'un de mes tenanciers, et d'autres fois il me semble voir en vous l'héritière de quelque vieille famille féodale.

Duss se mit à rire, puis elle resta silencieuse jusqu'à notre arrivée au sommet du monticule. Loin de recourir à mon aide pour monter, elle me laissa en arrière, et fut la première à côté de Sans-Traces, qui ouvrait notre marche.

Les expressions sont pauvres pour décrire convenablement la scène qui s'offrit tout à coup à notre vue. A mesure que nous approchions du sommet, nous découvrions des nuées de pigeons s'agitant au-dessus de nos têtes parmi les branchages. Avant d'arriver à l'endroit que l'on appelait le Perchoir, nous en avions déjà découvert près d'un mille à travers le feuillage. Le nombre croissait à mesure que nous approchions, et semblait donner aux arbres mêmes la vie et le mouvement. Bientôt notre présence accrut l'agitation de la gent emplumée, et produisit une agitation perpétuelle et étourdissante de battements d'ailes et de glouglous. Chaque arbre était littéralement envahi et couvert sur toutes ses branches de mille environ de ces légers tissus ombragés par le feuillage, et alignés les uns à côté des autres dans l'ordre le plus parfait. Le lieu avait l'odeur d'un poulailler, et les petits justement assez couverts de plumes pour hasarder quelques légères volées sous la conduite de leurs parents. Rien qu'à notre approche, les oiseaux changeaient de place et s'éloignaient à une légère distance; notre présence ne paraissait pas produire une grande impression sur eux ni les effaroucher, chaque famille semblant trop occupée de ses propres affaires pour daigner s'inquiéter d'une bande d'étrangers qui venait leur rendre visite. Leurs masses s'élargissaient devant nous comme les vagues de l'Océan au milieu desquelles passe le sillage écumant d'un navire.

L'effet était étourdissant pour la plupart de nous, et je ne saurais mieux comparer la sensation que produisait sur moi ce tumulte extraordinaire que lorsqu'un homme se trouve tout à coup au milieu d'une foule bruyante d'êtres humains, au sortir de la solitude.

Cette indifférence surnaturelle des oiseaux pour nous contribuait à accroître ma surprise, et m'impressionnait comme si quelque influence mystérieuse eût régné dans ce lieu. Les pigeons semblaient former un monde à part, et trop préoccupés de leurs affaires pour s'inquiéter de tout ce qui restait en dehors.

Nous demeurâmes silencieux pendant quelques minutes, paralysés par la surprise; nous nous avancions au milieu de la foule emplumée, absorbés dans notre admiration pour les œuvres du Créateur. Il n'eût pas été possible, du reste, d'entendre nos voix au milieu de cet incessant frou-frou des ailes qui remplissait l'air. Le pigeon n'est pas bruyant de sa nature; mais un million de ces volatiles rassemblés au sommet d'une colline, et occupant un espace d'un peu moins d'un mille carré, ne pouvait laisser la forêt dans sa solitude ordinaire. Nous suivîmes le grave Onondago à mesure qu'il s'avançait plus profondément au centre du tumulte. Ce fut alors qu'un incident, je l'avouerai sans honte, fit refluer mon propre sang vers le cœur avec rapidité. Duss se pressa contre moi comme toute femme qui cherche dans celui qui possède sa confiance l'appui que réclame l'insuffisance de sa propre force. Sure-Flint et le Porte-Chaîne étaient seuls tout à fait calmes; car ils avaient souvent vu des perchoirs de pigeons, et pour eux les mystères des forêts n'avaient plus rien de surnaturel. Ils s'appuyaient l'un et et l'autre sur le canon de leur carabine, et souriaient de notre étonnement; je me trompe, l'Indien ne souriait même pas, c'eût été trahir trop ouvertement l'indice d'une sensation. Or voici quelle était la cause de notre stupeur.

Tandis que nous étions absorbés dans la contemplation du spectacle extraordinaire qui se déroulait sous nos yeux, un autre bruit s'éleva au-dessus de celui des battements des ailes; je ne saurais le comparer qu'à celui de plusieurs régiments de cavalerie galopant sur un terrain battu. Lointain d'abord, ce bruit se rapprocha peu à peu, grandissant en vitesse et en persistance jusqu'à ce qu'il vint rouler au-dessus de nos têtes comme un coup de tonnerre. L'air s'obscurcit tout à coup, et le lieu où nous étions arrêtés fut un instant plongé dans des ténèbres profondes. Au même instant tous les pigeons qui nous entouraient s'élancèrent au-dessus de leurs nids, et l'espace situé exactement au-dessus de nos têtes fut encombré par ces oiseaux. Le chaos n'aurait pas produit plus de bruit et de confusion. Les pigeons s'abattirent aussitôt au milieu de nous comme une avalanche, effleurant nos visages de leurs ailes, et paraissant prêts à nous enterrer sous leur nombre. Nous en saisîmes chacun autant que nos mains purent en contenir; puis l'espace s'éclaircit presque aussi subitement, et les oiseaux purent percer la voûte foliacée, et disparaître de nouveau parmi les branches des arbres. Toute cette scène étourdissante était simplement produite par le retour des femelles, qui, après avoir été chercher à quelques milles de distance la graine du sorbier, dont ces volatiles sont très-friands, revenaient prendre la place des mâles sur les nids, tandis que ces derniers s'élançaient à leur tour dans l'espace pour aller prendre leur repas.

J'eus depuis la curiosité de faire une évaluation approximative du nombre de pigeons qui étaient entrés au perchoir et de ceux qui en étaient sortis : calcul assez vague, bien qu'il fût possible d'approcher de la vérité en estimant l'importance de la compagnie par la rapidité du vol, et d'autres semblables moyens; et je me rappelle que Frank et moi nous supposâmes qu'un million environ de ces oiseaux avait cédé la place à un pareil nombre de leurs femelles. Le pigeon étant très-vorace de sa nature, la question se présente ici, comment tant de becs réunis trouvent à se nourrir? Mais lorsque nous songeons à la vaste étendue des forêts d'Amérique, cet obstacle disparaît. En admettant que la colonie que nous visitions fût composée de plusieurs millions d'individus, vieux ou jeunes, il devait y avoir à une heure de vol de ce point de départ un arbre couvert de fruits pour chaque volatile.

Telle est la vaste échelle sur laquelle travaille la Providence dans l'immensité. J'ai vu à certaine époque de la saison des nuées d'insectes réunis dans l'air, et former de petits nuages : c'est ainsi que dans des proportions gigantesques nous apparurent les pigeons de la forêt de Mooseridge. Nous restâmes une heure dans cette cité emplumée à en étudier les mœurs et les usages, retrouvant peu à peu nos facultés et la parole à mesure que la surprise faisait place à la curiosité; et lorsque nous quittâmes la montagne, notre départ ne produisait pas plus de sensation dans la tribu que n'en avait produit notre arrivée.

— Ceci est une preuve que le nombre modifie notre nature, dit Duss comme nous descendions la pente du monticule.

Nous continuâmes à converser Duss et moi, sur ce sujet, jusqu'à ce qu'elle se fût remise en selle. J'étais enchanté de son bon sens et de son intelligence, qui ressortaient plus à mes yeux par la sagesse et l'opportunité de ses questions que par l'expérience particulière qu'elle eût acquise sur de semblables sujets, peu attrayants pour une jeune femme. Néanmoins, Duss avait une vivacité d'esprit et une promptitude de jugement qui suppléaient en elle aux défauts d'éducation et de connaissances sur ces questions, et je ne me souviens pas d'avoir été engagé dans aucune autre discussion politique plus à ma satisfaction.

CHAPITRE XV.

La hutte ou plutôt les huttes du Porte-Chaîne possédaient beaucoup plus d'apparence et de vrai confort que je ne m'attendais à en trouver sous cette humble dénomination. Il y avait trois différentes cases : l'une pour la cuisine et l'habitation des esclaves masculins; une autre pour la demeure spéciale d'Ursule et de sa négresse; et la troisième pour le Porte-Chaîne et ses compagnons.

Ce groupe de cases avait été construit près d'une source qui s'échappait d'un rocher situé à quelques pas plus loin, et serpentait à travers un plan incliné de terrain couvert des plus beaux arbres de la forêt. Ce lieu était, de l'avis du Porte-Chaîne, la partie la plus fertile et la plus estimée de la propriété de Mooseridge. Il l'avait choisie particulièrement parce qu'elle se trouvait au centre de ses travaux et dégagée de pousses parasites.

La cuisine et la salle à manger se rapprochaient le plus du cours d'eau, et n'étaient séparées de la case des hommes que par une très-petite distance; tandis que la plus petite case, celle que Frank Malbone dénommait en riant *le harem* était située un peu à l'écart sur une butte de terre, et à cinquante verges environ de la case d'Andries. Les portes et les parquets de ces diverses cases étaient faits de planches sciées à la main ; mais *le harem* seul possédait le luxueux complément de fenêtres vitrées, défendues par de forts volets dus à la tendre sollicitude de Frank pour la sûreté de sa sœur.

Jaap avait amené avec lui du Nid quelques-uns de mes chevaux pour porter les provisions ; mais n'en ayant pas autrement besoin, je les fis conduire, et le nègre resta parmi nous aux cases en qualité d'aide général et de chasseur.

Jaap et Sure-Flint étaient de vieilles connaissances et très-bons amis. Ayant tous deux rempli un rôle dans des événements mémorables survenus sur ces mêmes terres de Mooseridge, ils s'étaient rencontrés depuis dans la dernière guerre, où ils avaient servi ensemble en bons camarades.

Jaap avait apporté du Perchoir un sac plein de pigeons, qu'il venait de vider sur le sol près de la cuisine, et il se mettait en devoir de les plumer pour les remettre en bon état à la cuisinière. L'Onondago s'était assis flegmatiquement sur un bloc de bois, suivant des yeux le travail de son compagnon, mais dédaignant de prendre part à ce qu'il considérait comme un ouvrage de femme. La nécessité absolue l'eût à peine déterminé à se soumettre à une occupation de cette nature, et je ne crois pas que Duss elle-même eut obtenu de lui la moindre concession sur ce point. Il lui eût semblé parfaitement convenable qu'une squaw se livrât aux travaux de son sexe, et qu'un guerrier conservât sa digne oisiveté lorsqu'il n'avait pas à fouler le sentier de la guerre ou à parcourir les forêts pour rapporter des provisions au wigwam.

— La, vieux Sus... s'écria le nègre en retirant du sac le dernier oiseau... la, maintenant, Indien ! vous voulez bien croire que voilà du gibier !

— Comment appelez, hein ? demanda l'Onondago regardant fixement le nègre.

— Moi pas appeler ça *gibier*, Peau Rouge, non, non ; pas mauvaise chose, mais pas gibier non plus... Vous savoir aussi ce qui est gibier... pas, Sus ?

— Gibier bon... est vrai... Qui dit non ?

— Oui, c'est facile assez pour dire une soze, mais pas si facile de comprendre. Un Indien de York État pouvoir me dire pourquoi pigeon pas gibier.

— Pigeon gibier..... bon gibier. Manger doux...... on chercher souvent.

— Maintenant, je suppose, Sans-Traces... (Jaap aimait à parcourir tout le vocabulaire des noms de l'Onondago)... vous croyez que le pigeon privé est aussi bon que le sauvage?

— Je ne sais pas... jamais mangé privé... Peut être bon?

— Bien donc! mais vous supposez très-mal. Pigeon privé pauvre chose; mais pigeon n'est pas gibier du tout. Rien n'est gibier, Sure-Flint, qu'un chien vouloir pas arrêter ou faire partir. Massa Mordaunt n'a pas de chien au Bosquet ni à Satanstoë, mais il a beaucoup de chiens qui arrêteraient du gibier.

— Pour daim, n'est-ce pas?

— Moi pas savoir... peut-être oui, peut-être non. Nous avoir pas de daim dans le West-Chester pour essayer les chiens dessus, et pouvoir pas dire. Vous souvenir un jour, Sus, que nous avons battu ici des Peaux Rouges, longtemps passé, bien longtemps! avec massa Corny, massa Ten Eyck et vieux massa Herman Mordaunt, et miss Anneken, et miss Marie? Vous rappelez ça, Onondago?

— Certain!... pas oublier... jamais oublier. Pas oublier ami... pas oublier ennemi!

Jaap laissa éclater un de ces rires de nègre, auquel toute la jovialité de sa nature semblait participer.

— Certain assez... Vous souvenir celui appelé Muss, Sans-Traces? Il s'être mis dans mauvais cas pour avoir eu trop de mémoire. Bon avoir mémoire pour travailler; mais quelquefois mémoire rien valoir du tout. Très-mauvais ça d'avoir tant de mémoire, que pouvoir pas oublier les coups de fouet.

— Pas vrai! répliqua l'Onondago d'un ton sévère, pas vrai, ça! Fouet mauvais pour dos.

— Bien, ça; parce que vous Peau-Rouge... un homme couleur pas faire attention plus que ce pigeon... Il s'y habituer en peu de temps; après c'être plus rien.

Sure-Flint ne répondit pas, mais il regarda d'un air de compassion l'humilité du nègre.

— Quoi penser de ce monde, Susquesus, demanda subitement le nègre jetant dans un panier le pigeon qu'il venait de plumer pour en prendre un autre, comment croire vous que homme blanc vienne, homme rouge aussi, gentleman de couleur aussi?

— Grand Esprit dit... comme viennent tous. Emplit Indien de sang... fait lui rouge... Emplit nègre avec encre... fait lui noir... Visage Pâle est Visage Pâle, parce que reste au soleil, et couleur sèche et part.

A cette sortie philosophique de l'Indien, Jaap poussa des éclats de rire si bruyants que les trois nègres du Porte-Chaîne sortirent de la hutte, et se mirent à rire comme lui par sympathie et sans savoir pourquoi. Ces nègres sont misérables, peut-être, comme esclaves, mais il n'y a pas de classe en Amérique qui se livre plus souvent, plus aisément et plus bruyamment à la gaieté.

— Ecoutez, vous, Indien... reprit Jaap dès qu'il eut cessé de rire pour la satisfaction du moment... écoutez, Indien... pensez-vous la terre être ronde ou être plate?

— Quoi vouloir dire?... Terre haute et basse... pas ronde... pas plate.

— Ça pas que vouloir dire. A la fois haut et bas dans un sens; mais pas haut et bas dans l'autre. Massa Mordaunt, massa Corny aussi tous les deux dire que la terre être ronde comme une pomme, et qu'il se tenir d'un côté le jour et de l'autre côté la nuit. Ah! quoi pensir vous de ça, Indien?

Sans-Traces écouta gravement, mais il n'exprima ni doute ni assentiment. Je savais qu'il conservait un grand fonds de respect pour mon père et pour moi. Mais c'était exiger beaucoup de lui que de lui faire convenir que la terre fût ronde; et il ne comprenait pas comment on pouvait se tenir renversé comme Jaap le lui expliquait.

— Suppose cela... répliqua-t-il après un court silence... suppose cela. Alors, homme tête en bas, pieds en l'air. Homme marche avec pieds... pas avec tête.

— Le monde il tourne, tourne toujours; en faire la raison pourquoi vous tenir une fois sur la tête, l'autre fois sur le pied.

— Qui donne cette tradition, Jaap? jamais connue avant!

— Massa Corny dire cela à moi long temps passé, quand moi étais un petit garçon. Vous demandir un jour à massa Mordaunt, lui vous dire même histoire. Tout le monde dire ça; mais pas massa Dirck Follock. Lui dire un jour à moi : Ça vrai, Jaap, les livres dire ça?... et votre maître Corny croire les livres?... Mais moi vouloir voir monde tourner pour li croire. Le colonel Follock dire à moi, Sans-Traces, vous savoir, li très-honnête?

— Bon... honnête homme, colonel !... brave guerrier... fidèle ami !... Crois tout lui dit, quand *lui sait !*... lui connaît pas toutes choses !... Général sait plus !... Major jeune sait plus encore !

Ma modestie devrait peut-être me faire hésiter à raconter ce que la partialité d'un aussi brave ami que Susquesus le portait à dire de moi, mais je me trouve dans l'alternative d'être historien infidèle ou de ne rien retrancher du dialogue des deux amis.

Jaap ne trouvait pas d'objection à opposer au raisonnement de l'Indien, car il avait trop de respect pour ses deux maîtres pour ne pas admettre qu'ils fussent plus savants que le colonel Follock.

— Oui, li bon assez ; mais pas savoir tant que massa Corny ou massa Mordaunt... Li dit le monde n'est pas rond, moi pensir li paraître rond.

— Que dit Porte-Chaîne ? demanda tout à coup l'Indien, comme s'il paraissait déterminé à régler son opinion sur celle d'un homme qu'il aimait... Porte-Chaîne ne ment jamais !

— Ni massa Corny, ni massa Mordaunt, s'écria Jaap avec un peu d'indignation... Vous pensez, Sans-Traces, l'un ou l'autre de mes maîtres pouvoir mentir ?

Jamais il ne fût venu à l'esprit de Susquesus de faire une telle supposition, bien qu'il préférât l'opinion du Porte-Chaîne en toute chose où son ignorance ne lui permettait pas de se former une opinion.

— Pas dire lui ment ou lui ment pas ; mais beaucoup langues fourchues partout. Peut être entendu une, et croire ça. Porte-Chaîne bouche oreilles pour pas entendre langues fourchues.

— Eh bien ! là venir Porte-Chaîne li-même, Sus, pour satisfaction à vous. Entendre quoi lui dire ? Très-vrai, Porte-Chaîne honnête homme ; et moi vouloir connaître l'opinion à lui, parce que n'être pas facile, Sans-Traces, de comprendre comment un être mortel pouvoir tenir lui tête en bas, pieds en l'air.

— Quoi dire, être mortel, eh ?

— Vouloir dire mortalité, Indien ; vous mortalité, moi mortalité, massa Corny mortalité, massa Mordaunt mortalité, tout le monde mortalité, mais tout le monde pas la même mortalité. Comprendre à présent, Sus ?

L'Indien secoua la tête, et parut plus embarrassé que jamais ; mais le Porte-Chaîne survenant dans le même moment, cette partie de la discussion n'alla pas plus loin. Jaap, désirant tenir la promesse qu'il avait faite à son ami rouge, aborda brusquement la question avec le Porte-Chaîne.

— Vous savoir combien pauvre Indien, massa Porte-Chaîne, être pas savant di tout, savoir rien que par hasard, lui pouvoir pas croire que monde tourne, et lui demander à moi quoi vous dire là-dessus.

Le Porte-Chaîne n'était nullement érudit. Il pouvait avoir entendu faire allusion aux vérités les plus simples de la science, ou en avoir lu quelques-unes dans les livres ; mais il n'avait pu se faire une opinion sur aucune d'elles, car il n'était pas assez préparé pour leur donner un corps dans son esprit.

— On le tit, Jaap, répondit-il ; on tit que l'un et l'autre est frai : tout le monde il fous tira la même chose.

— Porte-Chaîne croit-il vrai ? demanda brusquement l'Onondago.

— Che suppose, je le tois croire, puisque tout le monde le tit. Les Visages Pâles, vous savez, lisent beaucoup tans les livres, et ils teviennent beaucoup plus savants que les Rouges.

— Comment vous faire qu'homme marche sur la tête, eh ?

Avant de répondre, le Porte-Chaîne tourna la tête à droite, puis à gauche, pour s'assurer qu'il n'avait pas d'autre auditeur que les deux hommes de couleur ; et se rapprochant un peu plus au centre du groupe :

— Pour être franc afec fous, Sure-Flint, répliqua-t-il, c'est une question pas facile à résoudre ; tout le monte tit cela, mais je me suis soufent temanté si le monte il est renfersé la nuit, pourquoi tonc, vieux Porte-Chaîne, que tu ne roules pas hors de ton lit ? Il y a des choses tans la nature tout à fait incompréhensibles, Sans-Traces ; tout à fait.

L'Indien écoutait gravement et ce qui parut satisfaire son esprit dans cette explication du Porte-Chaîne, c'est que la nature se montrait parfois incompréhensible. Quant au Porte-Chaîne, il me parut qu'il changeait un peu brusquement le sujet de la conversation, justement à cause de ces mystères de la nature. Ce qu'il y a de certain, c'est qu'il ne voulait pas laisser plus longtemps ses auditeurs s'interroger mentalement pour savoir s'ils posaient sur leurs têtes ou sur leurs jambes, et qu'il aborda brusquement une autre série d'idées.

— N'est-il pas frai, Jaap, que vous et l'Onondago, fous étiez présents tous deux au massacre Intien qui eut lieu par ici afant la révolution, dans l'ancienne guerre de France ; je feux tire le temps où un nommé Traverse, un géomètre et un très-pon géomètre, fut tué avec tous ses porte-chaînes et ses journaliers ?

— Vrai comme l'Evangile, massa Andries ! répliqua le nègre d'un air sérieux et secouant la tête. J'étais ici, et Sus il était aussi. C'était la première fois que nous sentir ensemble l'odeur de la poudre. Les Indiens français ils tuaient massa Traverse et tout son parti, sans laisser une moitié de chevelure sur la tête d'un seul. Oui, Sus ! moi souvenir comme si était la nuit passée.

— Et qu'a-t-on fait tes catavres ? vous les afez enterrés, bien sûr ?

— Certain homme, massa Ten Eyck, mis dans un trou, près la case de massa Corny, qui dévoir être par ici à quatre ou cinq milles ; et massa chéomètre et ses hommes enterrés près d'un ruisseau, un peu plus loin. Avoir pas raison, Indien ?

L'Onondago secoua négativement la tête, montrant du doigt la véritable direction des tombes, du côté tout opposé à celui désigné par Jaap. J'avais entendu parler de certaines aventures relatives à mon père et ma mère à l'époque de leur jeunesse ; mais je n'étais pas assez au courant pour en comprendre les suites : le Porte-Chaîne lui-même semblait n'en connaître les principaux faits que de les avoir entendu raconter. Mais il manifesta un vif désir de visiter les tombes des victimes, et il annonça à ses deux compagnons l'intention de se mettre en route le jour suivant, afin de les rechercher et de marquer la place d'une manière convenable et durable.

La soirée du premier jour de notre arrivée était calme et délicieuse. Vers le coucher du soleil, j'allai rendre une visite à Duss. Je fus accueilli avec aisance par la maîtresse du lieu, et prenant un siége que je plaçai devant la porte, je m'assis à côté d'elle, tandis qu'elle achevait un travail de couture commencé. Nous causâmes quelques instants de notre pèlerinage dans les bois, des pigeons, de leur perchoir, puis insensiblement la conversation tomba sur notre présente situation, sur le passé et l'avenir. Je lui avais parlé de l'intention du Porte-Chaîne de se mettre à la recherche des tombes, et la conversation s'engagea d'une manière plus suivie sur ce point

— J'ai souvent entendu des allusions faites sur ces tristes événements, commençai-je ; mais ils ne m'ont jamais été racontés d'une manière régulière. Pour quelque cause que j'ai toujours ignorée, mes parents n'aimaient pas à en rappeler le souvenir.

— Leur histoire est bien connue à Ravensnest, répondit Duss ; on la raconte souvent à la veillée, du moins comme l'on a coutume de raconter des choses étranges dans les villages. Je suppose qu'il y a dans tout cela un grain de vérité mêlé avec un boisseau de mensonges.

— Je ne vois pas de raison pour dénaturer les faits dans une affaire comme celle-là.

— Il n'y en a pas d'autre que cet amour universel des merveilles, qui fait que bien des gens l'introduisent dans une histoire, s'il ne s'y trouve pas légitimement. Néanmoins, d'après tout ce que j'ai appris sur celle-ci, il y a plus de faits et moins d'invention qu'à l'ordinaire.

Nous nous retraçâmes mutuellement les principaux traits qui étaient parvenus à notre connaissance, et nous convînmes qu'au fond nos deux récits s'accordaient assez bien. S'ils différaient tant soit peu, c'est que je m'appesantissais davantage sur la partie dramatique des incidents, tandis que Duss inclinait insensiblement vers les scènes les plus douces et qui avaient un rapport plus direct et plus intime avec les affections.

Je ne me donnerai pas le ridicule de rapporter ici la suite de mes divagations. Qu'il me suffise de dire que dans les dernières semaines qui précédèrent cet entretien, Ursule m'apparut alors telle, qu'un homme dût être fier d'en faire sa compagne, et je ne considérai pas sa pauvreté comme un empêchement à une alliance avec elle. Sa famille égalait la mienne, son éducation était pour le moins aussi bonne que la mienne. Ces deux points essentiels admis, j'avais assez de fortune pour nous deux.

Dans cette disposition d'esprit je fis une demande de mariage.

— Je vous remercie du fond du cœur, monsieur Littlepage, pour cette déclaration que je crois *sincère*. Il y a dans votre déclaration une franchise, une honorable sincérité et une noble générosité, que je n'oublierai jamais. Mais je ne puis accepter l'offre si généreuse, si vraiment noble que vous me faites, et qui exige de ma part la plus franche réponse.

Je n'en entendis pas davatage ; car me relevant tout à coup, je m'élançai vers la porte, et je m'enfuis dans la forêt.

CHAPITRE XVI.

D'abord je ne pensais à rien autre qu'à cete fatalité qui avait engagé la foi de Duss à un autre homme.

En toute hypothèse, il doit être pauvre, me dis-je en moi-même, autrement il n'eût jamais laissé Duss dans cette hutte passer sa jeunesse au milieu des porte-chaînes et autres grossiers habitants des frontières ou de la forêt. Puisque je ne puis espérer son amour, je pourrai peut-être contribuer à faire son bonheur en utilisant la fortune que la Providence a daigné me donner, pour la mettre à même de se marier. Ce sentiment généreux ne s'imprima pas longtemps dans mon cerveau, mais je conservai le désir vague de contribuer à son bonheur par un moyen quelconque; et la fatigue l'emportant enfin sur l'agitation de mon esprit, je m'endormis.

Le jour pointait à travers le feuillage des arbres lorsque je m'éveillai. Je ressentis un peu d'engourdissement et de roideur dans mes membres, occasionnés sans doute par la dureté de ma couche; mais ce malaise passager fut bientôt dissipé, et je me trouvai bientôt rafraîchi et calme d'esprit. Je fus surpris, en me levant, de laisser tomber une petite couverture, comme celles dont les forestiers font usage pendant les nuits d'été, que j'étais bien sûr de ne pas avoir emportée avec moi, et dont la douce chaleur m'avait préservé de l'humidité de la nuit. Je cherchai autour de moi pour découvrir d'où provenait la main amie qui m'avait ainsi protégé pendant mon sommeil.

L'endroit ressemblait à toutes les autres parties de la forêt, les arbres imposants, rangés symétriquement par la main de la nature, formant sous leurs arcs-boutants un riche pavillon de verdure; les ombres épaisses des allées couvertes, où l'œil plongeait à des distances infinies; la surface brune et inégale du sol, sur laquelle se déroulaient çà et là des tapis de verdure et de fleurs sauvages. En remontant un peu la pente d'un ruisseau qui filtrait goutte à goutte de la fente d'un quartier de roche, je trouvai l'explication du mystère concernant la couverture. L'Onondago, appuyé sur le canon de son fusil, m'apparut comme le dieu silencieux de la solitude des forêts, immobile et absorbé par la contemplation d'un objet étendu à ses pieds. Me rapprochant aussitôt de lui, je découvris que cet objet, qui l'absorbait au point qu'il ne s'aperçut point de ma présence, n'était autre qu'un squelette humain.

C'était un spectacle fort étrange au milieu de la forêt où l'homme comptait pour si peude chose dans ce désert immense, et susceptible d'impressionner vivement l'homme même habitué à contempler la mort dans les villes ou sur les champs de bataille. Je saisis cette occasion, et touchant l'Indien du doigt pour attirer son attention :

— Il y eut ici mort violente, Sure-Flint, lui dis-je, autrement le mort eût été convenablement enterré. Cet homme aura été tué dans quelque querelle avec les guerriers rouges.

— Fut enterré, répliqua l'Indien sans témoigner la moindre surprise au son de ma voix. Là était tombé... terre lavée par l'eau... os sortir de terre... rien de plus... Connais lui enterré... Aidé moi-même à enterrer.

— Savez-vous donc quelque chose sur le sort de cet infortuné, et sur les causes de sa mort?

— Savoir tout; lui tué dans vieille guerre française. Père à vous ici; et colonel Follock, Jaap aussi. Huron tuer beaucoup ici, après... Nous tuer Hurons. Vieille histoire, ça jourd'hui !

— J'ai entendu parler de ce fait. C'est ici le lieu, sans doute, où un nommé Traverse, un arpenteur, fut assailli par l'ennemi, et tué avec tous ses porte-chaînes et journaliers. Mon père et ses amis découvrirent leurs cadavres, et les enterrèrent suivant l'usage.

— Certain, justement cela ; — pauvre tombe, pour sortir de terre comme ça! Les os de l'arpenteur..... connais bien... avait une jambe cassée... Là vous voir marque.

— Si nous creusions une nouvelle tombe, Susquesus, pour enterrer de nouveau ces restes d'un mortel?

— Mieux pas encore! Porte-Chaîne veut faire cela... Sera ici bientôt. Pense autre chose présent... Vous posséder terre ici, là, là, partout; pas pressé d'enterrer.

— Cette partie appartient à mon père et au colonel Follock : les malheureux ont été tués pendant qu'ils divisaient par lots la propriété. J'ai entendu dire qu'ils n'avaient pas eu le temps d'avancer leurs travaux dans cette concession, lesquels travaux n'ont pas été repris depuis les troubles de cette époque.

— Pas repris! A qui donc moulin par ici?

— Il n'y a pas de moulin par ici, Susquesus; il ne peut y en avoir, attendu que pas un acre de la terre de Mooseridge n'a encore été vendu ou affermé.

— Possible; mais moulin existe... pas loin non plus. Connais moulin quand l'entends... Scie parle haut... crie.

— Sûrement, mon ami, vous n'entendez pas en ce moment la scie d'un moulin. Pour ma part, je n'entends rien de semblable.

— Pas entendre à présent, certain... mais entendre la nuit. Oreille bonne la nuit... Entendre loin, bien loin.

— Vous avez raison, Susquesus; vous entendez bien. Ainsi donc, vous vous êtes imaginé entendre le grincement d'une scie à travers l'air lourd et paisible de la nuit dernière?

— Certain... connais bien; entendre distinctement... Pas un mille loin, trouver là-bas.

Ceci était plus surprenant encore que la découverte du squelette. J'avais dans ma poche une carte assez grossière de la propriété, sur laquelle, après examen, je découvris un cours d'eau pour un moulin, tout près du lieu où nous nous trouvions arrêtés. L'aspect de cette partie du bois et la forme du terrain, soulevé çà et là par les pousses des arbres, confirmaient notre présomption de la proximité possible d'un moulin.

Le jeûne et l'exercice que j'avais pris une partie de la nuit m'avaient donné appétit, et sous ce rapport je n'étais pas fâché d'apprendre que nous étions dans le voisinage d'habitations humaines. Si cette forêt était habitée, ce ne pouvait être que par des accapareurs; mais je n'avais aucune appréhension personnelle de les rencontrer, surtout n'ayant pour le moment d'autre objet en vue que de leur demander à déjeuner. L'érection d'un moulin, cependant, dénotait une prise de possession assez prononcée, et la moindre réflexion m'eût convaincu que les exploitants ne seraient pas très-flattés de recevoir la visite du représentant des vrais propriétaires du sol. Mais, d'un autre côté, il y avait loin des cases à l'endroit où nous nous trouvions, et nous n'avions pas avec nous la moindre provision de vivres. Nous avions faim tous deux, en dépit même de l'indifférence affectée de l'Onondago pour une occupation aussi vulgaire. Et puis j'étais curieux de découvrir ce mystère du moulin

Si je n'eusse aussi parfaitement connu le caractère de mon compagnon et la grande perfection des sens des Indiens, j'eusse hésité peut-être à m'engager dans une entreprise au moins imprudente. Mais des circonstances toutes récentes donnaient un grand poids à l'assertion de Sure-Flint.

— Puisque vous pensez qu'il y a un moulin près d'ici à l'ouest, Sure-Flint, j'irai à sa découverte si vous voulez bien m'accompagner. Croyez-vous pouvoir le trouver, sachant à peu près dans quelle direction il est situé?

— Certain... trouver aisément assez. Trouver d'abord ruisseau... ensuite moulin... avoir oreille, œil... Facile à découvrir.

Je fis signe à mon compagnon d'avancer, et aussitôt il me conduisait vers l'endroit où la petite rivière traçait un paisible courant à travers les sinuosités de la forêt. Nous en remontâmes le cours pendant un quart d'heure de marche environ, lorsque Sans-Traces s'arrêta tout à coup, comme s'il eût rencontré un obstacle inattendu. Je m'approchai de lui, curieux que j'étais d'apprendre le motif de notre halte.

— Bientôt trouver moulin, dit-il répondant à ma question. Planches en quantité... descendre la rivière vite, très-vite.

Il disait vrai; des planches parfaitement sciées, et reliées ensemble par nombre de trois ou quatre, descendaient le courant de la rivière beaucoup plus rapidement que ne l'eussent désiré les propriétaires du lieu. Tout ceci avait une ressemblance frappante avec une fabrique régulièrement organisée de charpente, en vue de les vendre sur les marchés des villes riveraines de l'Hudson, dont cette petite rivière paraissait tributaire.

— Voilà qui ressemble furieusement à une fabrique, Sure-Flint. Là où l'on trouve des planches sciées et préparées, les hommes ne doivent pas être bien loin. Les bois coupés si régulièrement ne *poussent* pas dans la solitude de la forêt, bien que la matière en fasse partie.

— Moulin a fait cela... Connaissais moulin avec l'oreille... disait assez... Visage Pâle faire moulin, homme rouge avoir oreilles pour entendre.

J'avoue que lorsque je vis ces planches révélatrices suivre les sinuosités de la rivière, je ressentis un tressaillement dans tout le système nerveux dans la prévision de quelque affaire importante pour moi. Je savais que ces charpentiers vagabonds jouissaient d'une assez mauvaise réputation dans le pays, et qu'ils étaient généralement considérés comme une horde de pillards capables de se livrer à la violence et au crime pour protéger les fruits de leurs rapines. Nous n'eûmes pas beaucoup le temps de nous livrer aux conjectures à ce sujet, car ayant repris notre marche, au premier coude de la rivière nous découvrîmes une douzaine d'hommes et de jeunes garçons dans l'eau à mi-jambes, occupés à placer les planches par piles de trois ou quatre, et à les disposer aux endroits favorables du courant pour leur en faciliter la descente. Des pieux plantés dans le lit de la rivière et reliés par des chaînes maintenaient les masses flottantes du bois, renfermées ainsi dans une sorte de bassin improvisé du côté de la rive où s'élevait le moulin même. Nous avions devant nos yeux la preuve irréfragable que des accapareurs étaient systématiquement occupés à dépouiller la forêt qui nous appartenait de ses plus beaux arbres, et à porter un défi au droit et à la loi. Il fallait dans une telle occurrence agir avec promptitude et circonspection. Je m'étais assez avancé pour que l'amour-propre ne me permît pas de reculer, quand bien même le sentiment de mon devoir envers mon père et le colonel Follock ne m'eût pas commandé d'aller jusqu'au bout.

J'ai toujours pensé depuis que Susquesus avait compris la situation d'esprit qui produisait en moi cette surexcitation ; car il profita de ce que nous étions encore hors de vue pour tenir conseil avant de risquer nos existences aux mains de gens intéressés à nous empêcher de rejoindre nos amis et nos parents, et à se débarrasser de nous. Sure-Flint, dans cette occurrence, loin d'être guidé par un intérêt de conservation personnelle, n'avait d'autre but que d'agir en guerrier expérimenté, prêt à s'engager dans le sentier de la guerre.

— Supposez vous savoir... Eux pas bons... Accapareurs du Vermont... Vous croire terre à vous... eux croire terre à eux... portent carabine, font ce qu'ils veulent... Mieux veiller sur lui.

— Je crois vous comprendre, Susquesus, et je me tiendrai sur mes gardes. Avez-vous déjà rencontré l'un ou l'autre de ces hommes?

— Pense que oui... Rencontre tous gens en montant et descendant forêt... Un désespéré accapareur, vieux homme là-bas... appelé Mille-Acres... dit prendre mille acres partout pour lui.

— En ce cas, le monsieur doit avoir un bel assortiment de propriétés. Mille acres !... C'est fort joli pour un vagabond de son espèce, surtout avec cette facilité qu'il prend de transporter ses possessions partout où il voyage. C'est l'homme aux cheveux blancs que vous voulez désigner, je suppose ; celui qui porte un vêtement de buffle?

— Certain... Ça, vieux Mille-Acres... Jamais besoin terre... prend partout où lui trouve.... Né par delà du grand lac Salé, il dit... et voyage vers le couchant depuis lui enfant. Toujours aide lui-même... homme des concessions d'Hampshire, ça... Mais, major, pourquoi lui pas de droits comme vous?

— Parce que nos lois ne lui en accordent aucun, lorsqu'il y a déjà sur une terre un propriétaire. C'est une des conditions de la société dans laquelle nous vivons que les hommes doivent respecter le bien des autres; et ceci n'est pas sa propriété, mais la mienne, ou plutôt celle de mon père et du colonel Follock.

— Mieux vaut pas dire cela... Pas besoin tout dire. Pas dire terre à vous. S'il croit vous épier, il tuera vous! Visage Pâle tue espion, Homme Rouge trouve espion bon enfant.

— On ne tue les espions qu'en temps de guerre; mais que nous soyons en paix ou en guerre, vous ne pensez pas que ces hommes en viennent à de telles extrémités? Ils auront peur de la loi.

— Loi!... quoi pour lui, loi?... Jamais vu loi... ne va pas près de loi... connaît pas loi du tout.

— Enfin j'en courrai la chance, car la faim est aussi active que la curiosité et l'intérêt. Mais il n'est pas utile que vous vous exposiez vous-même, Sure-Flint; restez en arrière, et attendez le résultat. Si je suis retenu par eux, vous irez prévenir Porte-Chaîne, qui saura où me trouver. Laissez-moi partir seul. Adieu.

Sure-Flint ne se laissait pas ainsi gouverner. Il ne répondit pas, mais aussitôt qu'il me vit prêt à m'avancer, il reprit son pas ordinaire, et me conduisit vers la bande des accapareurs. Il y avait quatre hommes occupés dans la rivière, deux robustes garçons, et le vieux chef qui portait le sobriquet de Mille-Acres, et qui restait sur la terre ferme, trouvant sans doute indigne de son âge et des longs services qu'il avait rendus à la cause du désordre et de la désorganisation sociale de travailler avec ses ouvriers. Le génie du mal a ses priviléges comme celui du bien.

Le premier indice de notre approche provint d'une branche sèche sur laquelle je marchai. Un Indien n'eût pas été plus prompt à saisir ce bruit familier à son oreille que ne le fit le vieil accapareur. Il tourna vivement la tête, et découvrit l'Onondago arrivant à quelques mètres de lui. J'étais sur les talons de l'Indien. Mille-Acres ne trahit ni surprise ni inquiétude apparente au premier abord. Il connaissait

Sans-Traces, et bien que ce fût la première fois que l'Indien lui rendît visite, ils s'étaient souvent rencontrés dans la forêt sans prendre beaucoup plus de souci l'un de l'autre. L'accapareur l'accueillit au contraire avec un sourire empreint de bienveillance, mais où l'astuce dominait toujours.

— Ah ! c'est vous, Sans-Traces... Je croyais que c'était un shérif. On voit actuellement ces sortes de créatures rôder quelquefois dans les bois, vous savez. Et ils n'en sortent pas toujours... Comment se fait-il que vous nous ayez découverts dans ce lieu retiré, Onondago?

— Entendre moulin la nuit. Scie parler bien fort... Faim, cherche quelque chose pour manger.

— Pour ce qui est de ça, vous avez agi sagement ; nous n'avons jamais été mieux fournis de vivres. Les pigeons sont aussi abondants que la terre, et ils n'ont pas encore passé de loi qui défende de prendre des pigeons, même dans le colombier des autres. Cette scie sera désormais mieux graissée pour la nuit ; mais c'est le bruit de la dent que vous avez entendu et non le frottement, du métal.

— Entendre tout... Scie parler très-fort, vous dis.

— C'est assez naturel, ça. Venez, nous gagnerons la maison par ce sentier, pour voir ce que miss Mille-Acres a dans son garde-manger. L'heure du déjeuner approche, et vous et votre ami, là, derrière, vous êtes les bienvenus à partager ce que nous possédons. Vous me direz en chemin les nouvelles du pays, Sans-Traces. Ce lieu est paisible, et nous n'avons de nouvelles que lorsqu'elles remontent le cours de la rivière. Il paraît qu'il se passe d'étranges choses ; et j'espère que les affaires iront bien pour nous dans l'Albany, et que les planches rapporteront bientôt quelque chose. Il est bien temps qu'un honnête travail rapporte sa récompense.

— Sais pas... Jamais vendre planches, répondit l'Indien, jamais achète. Ne m'occupe pas de planches. Poudre bon marché, à présent que le sentier de la guerre est fermé... Cela bon, sans doute, vous pensez.

— C'est vrai, Sans-Traces ; mais j'avoue que je tiens plus aux planches qu'à la poudre. Cette dernière a pourtant son utilité ; oui, certes, la poudre est parfois utile. Le gibier, la chair de l'ours sont de bonnes choses, saines et bon marché, surtout ; j'ai quelquefois mangé du chat sauvage. La poudre sert à différents usages... Qui est votre ami, Sans-Traces?

— Vieil ami. Connais père à lui. Vivre dans les bois comme nous est été. Tire cerf comme chasseur.

— Il est bienvenu, bienvenu! Tous, tous bienvenus ici, excepté le propriétaire. Vous me connaissez, Sans-Traces; vous connaissez bien Mille-Acres; il ne faut pas beaucoup de paroles entre amis; mais dites-moi, Onondago, avez-vous vu quelque part dans les bois le Porte-Chaîne et sa suite de coquins d'arpenteurs? Les gars m'ont rapporté qu'ils travaillaient dans ces parages cette saison, et qu'il recommence ses vieux tours.

— Certain, vu lui. Vieil ami aussi, le Porte-Chaîne. Vivre avec lui avant guerre française. Aime à vivre avec lui quand peux. Brave homme, Porte-Chaîne, moi dis à vous, Mille-Acres. Quels tours fait lui?

L'Indien s'exprimait avec sévérité, car il aimait trop bien Andries pour entendre parler de lui d'une manière si peu respectueuse sans en éprouver du mécontentement. Mais ils étaient trop accoutumés à s'exprimer franchement en paroles pour s'offenser de misères, et la familiarité de leur dialogue ne fut pas interrompue par ce léger nuage.

— Quels tours joue le Porte-Chaîne? répondit l'accapareur: toutes sortes de tours avec ses chaînes. S'il n'existait pas de chaînes et de porte-chaînes, il n'y aurait pas de surveillants, et il n'existerait d'autres limites aux fermes que la distance d'une portée de fusil; c'est le meilleur avocat, le fusil, et le premier faiseur de loi que l'homme ait jamais inventé. Les Indiens ont-ils besoin d'inspecteurs, Sans-Traces?

— Crois pas. C'est pas bon de mesurer terre, répliqua le consciencieux Peau Rouge, qui ne voulut pas dans cette circonstance renier ses principes, bien qu'il méprisât et condamnât l'homme qui les faisait valoir. Jamais vu rien de bon à mesurer terre.

— Je savais bien que vous étiez de la vraie espèce d'Indiens! s'écria Mille-Acres avec feu; et c'est ce qui fait de si bons amis entre nous autres accapareurs et vous, Peaux Rouges. Mais vous dites, Sans-Traces, que le Porte-Chaîne travaille près d'ici, n'est-ce pas?

— Certain. Lui mesure fermes et terres à général Littlepage. Qui votre propriétaire, hein?

— Bien, je suppose que c'est ce même Littlepage que tous conviennent d'appeler un fier gueux.

Je tressaillis en entendant traiter ainsi devant moi mon honorable père, et je fus prêt à m'élancer sur ce coquin pour venger l'injure qu'il m'adressait ainsi indirectement.

Je rencontrai le regard de l'Indien, qui m'invitait à me contenir. Je compris assez la gravité de notre situation pour commander à mon ressentiment, et ne pas relever la grossière injure faite à mon père, lui si droit, si juste, si noble d'esprit et de cœur; je le laissai défendre par la loyale amitié et l'honnête dévouement de Sure-Flint.

— Pas vrai, répliqua-t-il sèchement. Gros mensonge. Langue fourchue dit cela. Connais général. Servi la guerre avec lui, connais lui. Bon guerrier. Honnête homme. Mensonge contre lui. Dire ça en face à vous !

— Bien, bien, je n'en sais rien, moi, dit M. Mille-Acres en traînant ses paroles; mais on me l'a rapporté ainsi.

— Je n'en sais rien, on me l'a dit. Voilà comment ces misérables se défendent lorsqu'ils sont confondus dans leurs mensonges et mis en présence, comme l'accapareur se trouvait acculé devant la sincérité de l'Indien.

— Nous voici arrivés, Sans-Traces, dit le vieux vagabond; je vois par la fumée qui s'échappe de l'ouverture que la mère Prudence et ses filles ont été actives ce matin, et que nous aurons bientôt quelque chose de confortable pour notre estomac.

Ce disant, M. Mille-Acres s'arrêta au bord de la rivière, dans un endroit convenable pour laver sa figure et ses mains, opération qu'il paraissait accomplir pour la première fois de la journée.

CHAPITRE XVII.

Tandis que l'accapareur était occupé à faire sa toilette pour le repas du matin, j'eus un moment de loisir pour regarder autour de moi. Nous avions gravi une légère ondulation du terrain, et nous nous trouvions sur le plateau du moulin, ayant devant nous un espace ouvert d'environ soixante acres de terre grossièrement cultivée, et parsemée de troncs d'arbres et de racines; les palissades étaient de blocs bruts des arbres, indiquant une récente occupation. Dans le fait, j'appris plus tard que depuis quatre années Mille-Acres et sa famille de fils et filles, formant un total de vingt personnes vivantes, s'étaient emparés du terrain qu'ils occupaient. Le site était admirable, la nature avait tout créé pour le rendre propice à l'usage auquel elle l'avait destiné. Le moulin seul se ressentait de la grossièreté de ses constructeurs; mais il remplissait convenablement le but qu'ils avaient compté en tirer. L'agriculture ne semblait pas beaucoup occuper le temps de la famille, qui en cultivait justement assez pour ses propres besoins, tandis que le travail de scierie et de charpentage avait atteint un rapide perfectionnement.

Une grande quantité des plus nobles pins avaient été abattus, et des planches et des bardeaux gisaient çà et là de tous côtés. La plus faible partie descendait vers le marché de la manière que nous avons vue pour répondre aux besoins du moment; mais l'accapareur attendait que le lit de la rivière fût grossi par les pluies d'automne pour lancer toute sa cargaison dans l'artère commune de l'Hudson, et pour récolter les fruits des travaux du printemps et de l'été.

Je découvris aussi que cette famille avait dû s'accroître par le mariage, et qu'elle occupait en somme cinq cases fraîchement et solidement construites, ayant toutes un air d'aisance et de stabilité assez étrange pour une possession très-peu orthodoxe. Tout indiquait une intention bien arrêtée de ne pas abandonner de sitôt la place. Les fils et les filles les plus grands étaient sans doute déjà mariés, et le patriarche voyait probablement s'élever autour de lui une nouvelle génération d'accapareurs. On apercevait quelques jeunes gens circuler entre les différentes cases, et le moulin faisait entendre le bruit criard et coupant qui avait si distinctement attiré l'attention de Susquesus dans la solitude de la forêt.

— Entrez, Sans-Traces, dit Mille-Acres d'un ton libre et dégagé, justifiant assez le proverbe : Ce qui entre facilement s'en va de même. Entrez, ami; je ne sais pas votre nom, mais peu importe, il y en a assez pour tout le monde, et vous êtes bienvenu à en prendre votre part. Voici ma vieille femme, prête à vous servir de bon cœur.

Cette assertion n'était pas positivement exacte. Madame Mille-Acres fut loin de nous accueillir par des sourires. Cette vieille femme aux traits aigus et tranchants comme la lame d'un couteau, à l'œil gris et rusé, paraissait n'avoir de sollicitude que pour sa progéniture; son attention et ses soins ne s'étendaient pas au-delà. Elle avait mis au monde et élevé quatorze enfants, dont douze avaient survécu au milieu des embarras, des privations et de la solitude des différents séjours accaparés par son époux, ayant enduré une somme de misère pour sa part, de tribulations et de souffrances capables de briser vingt constitutions et le tempérament d'une demi-douzaine de ses semblables. Cependant elle survivait à tout cela, et endurcie par l'habitude elle supportait encore les fatigues du travail comme aux jours de sa fraîcheur. Dans tous les rapports que j'eus par la suite avec sa famille, cette femme ne cessa de se montrer inquiète, méfiante, soupçonneuse, comme la femelle de l'ours, qui cherche à préserver ses petits d'un danger. Son accueil au déjeuner ne fut ni cordial ni répulsif, l'admission d'un étranger à prendre sa part du repas de famille n'ayant rien que de très-ordinaire chez les Américains.

Malgré le grand nombre d'individus dont se composait la famille de Mille-Acres, la case qu'il habitait n'était que modérément remplie. Les plus jeunes enfants, depuis quatre jusqu'à douze ans, allaient et venaient d'une case à l'autre, trempant leurs doigts dans les plats, à peu près comme les pourceaux fourrent leurs groins dans toutes les auges. Le déjeuner commença simultanément par tout l'établissement sur l'appel de Prudence, qui souffla dans une conque marine. J'étais trop affamé pour perdre mon temps en paroles. J'attaquai donc le grossier repas en homme qui venait de faire un long trajet dans la forêt, et mon exemple fut bientôt suivi par ceux qui étaient assis autour de moi.

Lorsque la faim fut un peu calmée, je m'aperçus que mes hôtes commençaient à m'examiner avec plus de curiosité qu'à ma première introduction. Rien dans la forme de mon costume n'était susceptible d'éveiller les soupçons, à part peut-être la qualité du tissu. A cette époque, les classes de la société se distinguaient grandement par la différence du costume, aucun homme n'affectant de porter le costume d'un gentleman sans avoir quelque prétention à en assurer le caractère. Toutefois, il était d'usage de mettre de côté toute apparence de richesse pour parcourir les forêts. Je portais extérieurement la blouse de chasse déjà mentionnée, cachant mon linge et les parties les plus élégantes de mon accoutrement. En outre, la réunion était peu nombreuse, consistant en tout du père et de la mère, de deux jeunes gens, homme et femme entre seize et vingt-deux ans, de moi et de l'Indien. La mère appelait le jeune homme Zephaniah et la jeune personne Lowing (corruption très-vulgaire de Lavinia, nom emprunté aux livres de l'époque). D'après la conduite modeste de ces deux jeunes gens à table, je découvris que Mille-Acres et sa femme, en dépit de leur vie vagabonde, avaient conservé et maintenu chez leurs descendants une ancienne discipline puritaine, formant un contraste assez bizarre avec l'état de guerre déclaré dans lequel ils s'étaient placés vis-à-vis de la société.

— Avez-vous questionné ces gens sur le Porte-Chaîne? dit brusquement Prudence aussitôt que nous eûmes cessé de manger, et avant de nous lever de table. J'éprouve au sujet de cet homme une inquiétude que nul autre ne saurait éveiller en moi.

— Ne craignez pas le Porte-Chaîne, femme répliqua l'époux, il a un bon travail d'été devant lui avant de se rapprocher de nous. Suivant les derniers renseignements que j'ai recueillis, le jeune Littlepage, que le vieux coquin de père a envoyé dans la contrée, l'a attiré dans son propre domaine, où il le gardera, d'après mes calculs, jusqu'à l'entrée de l'hiver. Que j'aie seulement le temps d'enlever et de vendre tout le bois que nous pourrons abattre d'ici là, et je me moquerai pas mal du Porte-Chaîne ou de son maître.

— C'est là un langage téméraire, Aaron ; rappelez-vous seulement combien de fois nous avons ainsi maraudé pour être contraints chaque fois de nous éloigner de nouveau. Je suppose que je parle devant des amis en disant cela?

— Personne à craindre ici, femme. Sans-Traces est une vieille connaissance qui n'aime pas plus les titres et les lois qu'aucun de nous, et son ami est notre ami.

J'avoue que je me sentis assez mal à l'aise à cette remarque de l'accapareur; mais il m'épargna l'embarras d'une réponse en continuant lui-même la conversation.

— Quant à déloger, cela ne m'est arrivé que deux fois sans me faire payer pour quitter la place. J'appelle cela faire d'assez bonnes affaires pour un homme qui a changé dix-sept fois de propriété. Prenons les choses au pire, nous sommes encore assez jeunes pour faire un dix-huitième accaparement. Pourvu que je réussisse à enlever la cargaison de bois, je m'embarrasserai peu de tous ces petits ou grands pages (1). Le moulin ne vaut pas grand'chose pour le matériel, et celui-ci a déjà traversé le Vermont et supportera bien un nouveau transport.

— Oui, mais le bois, Aaron! l'eau est basse en ce moment, vous ne

(1) Littlepage signifie *petit page*.

pourrez envoyer les planches au marché que quand la rivière sera haute! et cela n'arrivera probablement que dans trois mois! Pensez combien ce bois nous a coûté de journées de travail à tous, et quel désespoir si nous perdions tout.

— C'est possible, mais nous ne perdrons rien, femme, répliqua Mille-Acres comprimant ses lèvres et serrant les poings de manière à laisser comprendre combien il sentait vivement le droit de la propriété, quoique la sienne fût mal acquise. Ces planches sont le fruit de mon travail et de mes sueurs, et je saurai les défendre.

Cette moralité me parut tant soit peu relâchée, car un homme peut très-bien travailler et suer pour voler le bien de son voisin. Malheureusement une grande partie de la race humaine pense et raisonne sur des principes aussi peu fondés que ceux du vieil accapareur Mille-Acres.

— Ce qu'il y a de sûr, reprit la femme, c'est que je ne veux pas que vous perdiez les fruits de vos sueurs et de vos travaux. Vous avez honnêtement coupé et taillé ces blocs, et il serait dur, ajouta-t-elle en me regardant fixement, qu'un autre homme intervînt pour les réclamer comme étant sa propriété. Cela ne pourrait jamais être juste que ça vienne de Vermont ou d'York. Je suppose qu'il n'y a pas de mal à vous demander comment on vous appelle, jeune homme?

— Pas le moins du monde, répondis-je avec un sang-froid qui plut beaucoup à l'Onondago... je m'appelle Mordaunt.

— Mordaunt! répéta vivement la femme; ne connaissons-nous pas quelque chose de ce nom? Est-ce un nom ami parmi les gens du Vermont... Qu'en pensez-vous, Aaron?

— Je n'en sais rien... je n'avais jamais encore entendu prononcer ce nom. Du moment qu'il ne s'appelle pas Littlepage, peu m'importe.

Je respirai plus librement après cette réponse; car j'avouerai franchement que l'idée de tomber au pouvoir de ces mécréants n'était bien moins qu'agréable pour moi. Depuis Mille-Acres lui-même jusqu'au garçon de seize ans, ils avaient tous environ six pieds, et l'on eût eu de la peine à rencontrer une réunion d'hommes aussi larges d'épaules et aussi vigoureux. Il ne fallait pas songer à leur résister par la force; j'étais sans armes, l'Indien seul avait sa carabine, mais il y avait suspendues dans la case où nous nous trouvions quatre carabines de même calibre, sans compter les armes particulières de chacun des membres de la famille.

Prudence poussa un profond soupir et se leva de table pour reprendre ses travaux domestiques, Lowing la suivit en silence, et nous nous dirigeâmes vers la porte de la case, où je pus me livrer à un nouvel examen de la valeur de *ces excédants* que Mille-Acres estimait à un si haut degré.

J'appréciai alors l'étendue du préjudice causé à mon père et au colonel Follock par ces déprédations, qui furent évaluées plus tard à mille dollars pour le moins, lesquels mille dollars furent entièrement perdus, en ce sens qu'il n'y avait pas à compter sur le moindre dédommagement de la part d'hommes de la trempe de Mille-Acres et de ses fils. Ces sortes de gens aiment beaucoup dire : Je garantis, je m'engage; mais ils savent fort bien que l'une et l'autre de ces acceptions n'ont aucune valeur. En général, ce sont toujours ceux qui présentent le moins de responsabilité matérielle qui se montrent plus disposés à offrir de semblables gages.

— C'est un bel emplacement que celui-ci, dit Mille-Acres, qui s'appelait de son véritable nom Aaron Bimberman, c'est un bel endroit, monsieur Mordaunt, et qu'il serait dur d'abandonner sur l'ordre d'un homme qui n'y a jamais reposé sa vue. Avez-vous quelque connaissance sur les lois du pays

— Très-peu, tout juste ce qu'il en faut pour me conduire dans la vie.

— Vous n'avez pas encore fait un long voyage sur cette route, jeune homme, comme on peut en juger à votre visage. Mais vous avez reçu de l'éducation, à votre manière de parler qui n'est pas la nôtre.

— Mon éducation, répliquai-je modestement, a été un peu meilleure que l'ordinaire ; mais pas assez bonne, comme vous voyez, pour me tenir hors des bois.

— Cela peut provenir de l'inclination. De certaines gens ont une préférence naturelle pour la solitude, il serait inutile de chercher à les empêcher d'y retourner. Sauriez-vous par hasard combien le bois de construction pourra rapporter cet automne?

— Toutes les valeurs augmentent depuis la paix, il est probable que cette marchandise n'est pas exceptée.

— Il est temps qu'il en soit ainsi.

— Avez-vous jamais eu l'occasion d'essayer la validité de l'un de vos titres de possession, devant un tribunal, contre celui d'un propriétaire qui tient son titre d'une concession régulière? repris-je après quelques minutes de réflexion.

Mille-Acres secoua la tête et parut réfléchir avant de me répondre.

— Sans doute, dit-il enfin; nous aimons bien avoir le droit pour nous quand nous pouvons. Quelques-uns des nôtres me persuadèrent un jour que j'aurais raison contre un propriétaire régulier. J'engageai donc le procès avec lui; mais il m'a battu, monsieur Mordaunt, comme eût fait le vautour qui tient dans ses serres un mouton. Jamais l'on ne me reprendra à me mettre de nouveau dans les griffes de la loi. C'est bon pour les gens riches à qui il n'importe pas autant de perdre ou de gagner; mais c'est une bien mauvaise chose pour ceux qui n'ont pas d'argent pour s'y engager jusqu'au bout.

— Et si M. Littlepage vous découvrait par ici, et qu'il se montrât disposé à entrer en arrangement avec vous, quelles conditions penseriez-vous pouvoir accepter?

— Oh! je ne vais jamais contre le commerce; c'est la source de la vie, le commerce; en admettant que le général Littlepage ait quelque droit, je ne serais pas trop exigeant avec lui. S'il laissait les choses paisibles, sans faire de bruit, et qu'il laissât traiter la question par des hommes de la bonne espèce, je ne me montrerais pas difficile; car je hais les procédures, et je suis toujours prêt à faire ce qui est juste : ainsi, il me trouverait donc prêt à m'entendre aussi bien que tout autre homme sur ses terres.

— Mais à quelles conditions? vous ne me l'avez pas dit.

— Quant aux conditions, je ne serai pas exigeant. Il n'y a pas d'homme qui puisse dire que Mille-Acres fit jamais de mauvaises conditions lorsqu'il avait l'avantage. Voyez, Mordaunt, comme sont les choses, et ce Littlepage et moi. On me dit qu'il possède un titre sur papier; et quoi! j'ai la possession, ce qui est toujours le droit du preneur. La possession est bonne; il y a abondance de pins, un bon moulin pour faire des planches, et un marché sous la main pour les vendre.

Mille-Acres s'arrêta de nouveau pour se livrer à un nouvel accès de gaieté, puis il reprit en ces termes :

— Non, non, tout homme qui connaît les bois ne niera pas ces avantages; et j'en ai quant à présent la pleine et entière jouissance. Donc, le généra' Littlepage, comme on l'appelle par ici, a un titre de papier, et j'ai pour moi la possession. Il a pour lui les cours de justice, j'en conviens; mais voici mes travaux de perfectionnement : soixante-trois acres de bois aussi bien taillés et solés au moulin qu'aucuns dans tout Charlotte ou Washington, comme l'on appelle aujourd'hui le comté.

— Le général Littlepage pourrait bien ne pas trouver comme vous que c'est un perfectionnement d'avoir dépouillé ses terres de leurs plus beaux pins.

— Seigneur, mon jeune monsieur, croyez-vous donc que je n'ai pas pensé à tout cela quand je suis venu planter ici mes tentes? Vous n'apprendrez pas à un vieillard quel est le meilleur endroit pour frapper le premier coup de hache; maintenant que je suis dans la crique, sur la route de l'Hudson, et que je possède dans le chantier là-bas cent vingt mille pieds d'excellents bois de toutes sortes, comme vous me paraissez, d'après vos paroles, tant soit peu connaître ce Littlepage, je vais vous dire ce que je ferai, afin que vous puissiez le lui rapporter lorsque vous le rencontrerez, et lui dire que Mille-Acres est un homme raisonnable, qui veut bien s'arranger à ces conditions, pas un grain de plus; c'est-à-dire que le général me laissera transporter paisiblement au marché tout le bois de charpente, et enlever la récolte que les garçons ont plantée de leurs propres mains, et emporter tout le matériel du moulin, enlever les portes et les fenêtres de la maison, et tout le fer qui est entré dans les constructions. Je suis prêt à consentir à quitter ces lieux d'assez bonne heure au printemps prochain pour permettre à l'homme qui viendra prendre ma place de planter son grain et de faire un jardin potager. Là ce sont mes conditions, et je n'en démordrai pas d'une seule sous aucun prétexte. Mais je ferai cela pour avoir la paix; car j'aime la paix et la tranquillité, comme dit ma femme, d'une manière désespérante.

J'allais répondre à cette déclaration caractéristique du principe absolu de la loi du plus fort, lorsque Zephaniah, le fils le plus grand de l'accapareur, posa soudainement la main sur le bras de son père, et l'entraîna à l'écart. J'avais d'abord attribué à la seule curiosité pour mon costume et mes manières l'attention que le jeune homme avait apportée à son examen de ma personne tout le temps que je conversais avec son père sur la porte de la case; mais je dus bientôt reconnaître que cette attention, qu'avait partagée sa sœur Lowing, mais par un sentiment tout à fait opposé, avait un tout autre but.

Aussitôt que son fils lui eut bourdonné quelques mots à l'oreille, je remarquai que le vieil accapareur se retournait subitement pour m'examiner d'un œil soupçonneux; puis il prêta de nouveau attention aux paroles de son fils, et enfin il s'avança vers moi d'un air menaçant.

— Écoutez, jeune homme, commença-t-il, mon fils Zeph a sur votre compte des soupçons qu'il importe que j'éclaircisse avant que nous nous séparions; j'aime à agir franchement, je vous l'ai déjà dit, et je méprise du fond de mon cœur les sourdes menées. Zeph me dit qu'il soupçonne que vous êtes le fils de ce même Littlepage, et qu'il vous a envoyé parmi nous pour épier nos faits et gestes avant de mettre en avant vos mauvaises intentions : est-ce vrai, ou non?

— Quelles raisons Zeph donne-t-il pour motiver de semblables soupçons? répliquai-je avec tout le sang-froid qu'il me fut possible d'assumer. Il m'est complètement étranger; c'est, je crois, la première fois que nous nous rencontrons.

— Il en convient lui-même; mais l'homme a des intérêts qui lui font pressentir le danger. Mon fils va et vient fréquemment de mon établissement à celui de Ravensnest; il a travaillé deux mois dans cette partie de la contrée, et il m'a été très-utile pour entretenir de temps à autre un petit commerce avec le squire Newcome.

— Vous connaissez donc M. Jason Newcome, ou le squire Newcome, si c'est ainsi que vous le nommez?

— Je le nomme comme il doit être nommé, j'espère, dit aigrement le vieillard, il est squire, et doit être appelé squire. Il faut rendre au diable ce qui lui revient; c'est mon principe. Mais Zephaniah est resté plus longtemps que de coutume à travailler à Ravensnest cette saison. Il ajoute que le fils de ce Littlepage était attendu dans l'établissement vers l'époque où lui-même en est revenu.

— Ainsi vous connaissez bien le squire Newcome? réitérai-je poursuivant le sujet comme il se présentait à mon esprit plutôt que de suivre le fil du discours de l'accapareur... assez bien même pour faire du commerce avec lui?

— Sans doute, nous nous connaissons bien! Le squire prit tout le bois que j'ai pu abattre et scier dans les premiers jours du printemps, le mettant en radeau et l'envoyant vendre pour son propre compte, et il nous a payés en épiceries, en vêtements de femme et en rhum. Il a fait une très-bonne affaire, à ce que l'on m'a dit; et il reluque déjà ce que nous avons de préparé dans la crique. Mais je crois que j'enverrai de préférence les gars au marché pour vendre cette provision-là. Mais qu'a cela de commun avec notre sujet? Ne m'avez-vous pas dit, jeune homme, que vous vous appeliez Mordaunt?

— Je l'ai dit, et je n'ai pas dit autre chose que la vérité!

— Et quel est votre nom de baptême? Après tout, la vieille, continua-t-il se tournant vers sa femme, qui s'était rapprochée pour mieux entendre, après tout nous pourrions bien nous tromper, et le jeune homme être aussi innocent que l'un ou l'autre de vos propres enfants.

— Mordaunt est mon nom de baptême, repris-je dédaignant de dissimuler plus longtemps, et Littlepage...

La main de l'Indien vint se placer brusquement sur ma bouche pour m'empêcher d'en dire davantage.

Il était trop tard pour remplir le but amical que l'Onondago s'était proposé, les accapareurs avaient déjà compris tout ce que j'aurais pu ajouter. Prudence disparut tout à coup; et je l'entendis bientôt qui appelait ses enfants par leurs noms, pour les rassembler autour d'elle. Mille-Acres prit la chose tout différemment : son front se plissa, son regard devint sombre, et il murmura un mot à l'oreille de Lowing, qui s'éloigna comme à regret, je le pensai du moins, ses yeux regardant plutôt en arrière que vers le but de son message.

— Je vois ce que c'est!... je vois ce que c'est!... s'écria l'accapareur avec autant d'indignation comprimée dans la voix et dans l'attitude que si sa cause eût été celle de l'innocence, nous avons au milieu de nous un espion; le temps de guerre est encore trop rapproché pour que nous ayons oublié comment on traite de pareilles gens... Quelle est donc votre mission par ici, jeune homme, et sous mon propre toit?

— Ma mission, comme vous dites, Mille-Acres, est de veiller sur la propriété confiée à mes soins. Je suis le fils du général Littlepage, l'un des propriétaires de ce lieu, et le procureur de tous les deux.

— Ah! vous êtes un procureur! s'écria l'accapareur prenant la définition pour celle d'un homme de loi, sorte d'êtres contre lesquels il entretenait une antipathie bien naturelle; je vais vous en donner, du procureur. Si vous ou votre père général pensez qu'Aaron Mille-Acres est homme à laisser envahir son territoire par l'ennemi, et rester les mains dans ses poches pendant tout le temps, vous vous trompez. Appelle-les par ici, Lowing; va chercher les gars, et voyons si nous trouverons une aussi bonne chambre pour ce jeune procureur général que nous lui avons donné un bon repas.

Il n'y avait pas à se méprendre sur l'aspect des choses, les hostilités avaient déjà commencé; il fallait donc au plus tôt songer aux moyens de fuir et nous tenir en garde. L'Indien était armé; et bien décidé à me défendre s'il y avait possibilité, je pris la résolution de me servir de son arme, et j'avançai le bras du côté où il se tenait pour mettre la main sur le fusil. Susquesus n'était plus là, il avait disparu comme une ombre.

CHAPITRE XVIII.

Je me trouvai donc seul, sans armes, au milieu de six gaillards athlétiques, car la conque marine de Prudence les avait ralliés en un clin d'œil. Une lutte désespérée eût été inutile et dégradante pour moi; je pris donc sur-le-champ la résolution de paraître résigné jusqu'à nouvel ordre. Un rayon d'espérance me restait par l'entremise de l'Onondago.

Pour un instant je ne me fusse imaginé que l'ami éprouvé de mon père et du Porte-Chaîne m'eût abandonné dans un autre but que celui de me servir plus utilement en devenant libre lui-même. La même réflexion frappa Mille-Acres; car, lançant un rapide coup d'œil autour de lui, il s'écria :

— Qu'est devenu le Peau-Rouge?... Comme je suis un honnête homme, cette vermine s'est enfuie. Nathaniel, Moïse et Daniel, à vos fusils! et lancez-vous sur sa piste. Ramenez-le vivant si vous pouvez, sinon un Indien de plus ou de moins ne signifiera pas beaucoup dans la forêt.

— Amenez le gars par ici, continua Mille-Acres dès que ses fils furent partis. Amenez-le dans cette chambre. Nous allons tenir une cour de justice pour lui faire plaisir, puisqu'il est si bon procureur. S'il aime la loi, nous allons lui en donner. C'est un procureur, dit-il. Que peut vouloir un procureur à moi et aux miens, ici dans les bois?

— Tobit, continua-t-il s'adressant au plus âgé de ses fils, sorte de colosse âgé d'environ vingt-six ans, vous avez été dans la loi plus qu'aucun de nous; vous pourrez nous guider. Qu'ont-ils fait de vous dans la colonie du Hampshire lorsqu'ils vous ont arrêté à l'époque où vous traversâtes les établissements du Vermont avec un camarade, pour enlever des moutons? Ils vous ont traité conformément à la loi, comme on dit. Quelle est la première chose qu'ils ont faite?

— Je fus conduit devant le squire, répliqua Tobit Mille-Acres, qui écouta le cas, me demanda ce que j'avais à dire pour ma défense, et alors nous permit, comme l'on dit, d'aller en prison jusqu'au jour du procès. Je suppose que vous savez aussi bien que moi ce qui s'ensuivit.

Je compris que le « *qui s'ensuivit* » n'avait rien laissé d'agréable dans les souvenir de Tobit, attendu que le châtiment infligé aux voleurs de moutons était d'ordinaire ce que l'on appelait *quarante coups de fouet, moins un*, attaché au poteau.

— C'est bon, c'est bon, reprit Mille-Acres, et inutile de réveiller les souvenirs en parlant de *cela*. Vous fûtes conduit devant le magistrat, et il vous *permit* d'aller en prison; mais il vous demanda d'abord ce que vous aviez à dire pour votre défense? Cela n'était que juste, et j'ai l'intention d'agir ici avec tous les ménagements de la loi. Allons, mon jeune procureur, qu'avez-vous à dire pour votre défense?

Il me vint à l'idée que, seul aux prises avec des hommes qui passaient pour des vagabonds, je ferais bien de protester au moins contre les imputations que je ne méritais pas.

— Je relèverai d'abord une erreur dans laquelle vous êtes tombé à mon égard, Mille-Acres; car, que nous restions amis ou ennemis, il est bon de rétablir les faits tels qu'ils sont. Je ne suis pas un procureur dans le sens que vous interprétez. Je ne suis pas un homme de loi.

Je crus remarquer que la famille des accapareurs, Prudence comprise, s'adoucissait sensiblement à cette déclaration. Quant à Lowing, sa rude et belle figure exprimait l'exaltation et le bonheur. Je crus lui entendre murmurer : « Je savais bien qu'il n'était pas avocat. » Tobit, celui qui me regardait d'un œil plus méchant, quitta la chambre, temporairement du moins.

— Vous n'êtes pas homme de loi du tout? répéta Mille-Acres. Ne m'aviez-vous pas dit que vous étiez procureur?

— Cela est vrai; mais voici comment. Je vous ai dit que j'étais le fils du général Littlepage et son procureur, ainsi que celui du colonel Follock, l'autre tenancier en commun de ce domaine, voulant dire que j'avais procuration de tous les deux pour faire des concessions de terre, louer des fermes et autres transactions de ce genre en leur nom.

Je perdis par cet aveu autant de terrain que j'en avais gagné en niant que je fusse homme de loi ; mais j'étais fermement décidé, coûte que coûte, à ne dire que la vérité lorsqu'il ne me serait pas possible de me taire.

— Mon bon Jésus, murmura Lowing, pourquoi va-t-il donc parler de tout cela ?

Un regard sévère de Prudence réduisit au silence la jeune fille, qui demeura quelque temps silencieuse.

— Une procuration d'homme de loi ! C'est cela, reprit l'accapareur, ça ne vaut pas mieux qu'un misérable procureur, tout cela. Et puis, vous êtes le fils du général Littlepage, ce qui est bien à peu près tout comme lui-même.

— Comment ose-t-il donc se dire le propriétaire du sol, lorsqu'il n'est qu'un tenancier ordinaire ?... Je répète ma question, dit Mille-Acres avec une énergie croissante en voyant que je ne lui répondais pas tout de suite.

— Vous ne m'avez pas compris, je n'ai pas dit que mon père fût seulement un tenancier ordinaire de cette propriété, mais qu'il la possédait en commun avec le colonel Follock, chacun ayant un droit égal dans chaque acre de la terre au lieu d'en posséder chacun une exacte moitié ; c'est ce que la loi définit : tenanciers en commun et rigoureusement propriétaires en titre.

— Je ne m'étonnerais pas, Tobit, qu'il ne fût définitivement reconnu pour un procureur, après tout.

— Il m'en a tout l'air, mon père ! répondit le premier-né. S'il n'est pas procureur dans toutes les règles, il en a plus l'air qu'aucun de ceux que j'ai vus à la cour.

— Il trouvera son maître ici. Nous sommes brouillés, la loi et moi, depuis le jour que je me hasardai sur ces concessions maudites du Hampshire. Actuellement que je tiens dans mes griffes l'un de ses représentants, nous verrons lequel de nous deux l'emportera. Ce jeune homme nous a conté son histoire, Tobit. Je lui ai demandé ce qu'il avait à dire pour sa défense ; et il s'est défendu comme il a pu, nous disant qu'il est le fils de son père, et que le général est une sorte de gros tenancier au lieu d'être un propriétaire, et pas beaucoup meilleur que nous-mêmes. Il est temps actuellement que nous lui permettions d'aller en prison. Vous aviez des écritures pour ce qu'ils vous ont fait, n'est-ce pas, Tobit?

— Sans doute. Le magistrat a donné au shérif un permis, et sur la simple présentation de ce papier ils m'ont mis en prison.

— Oui, je connais toutes leurs formalités et leurs cérémonies. J'ai été moi-même entre les mains de ces magistrats; mais je suis parvenu à m'échapper de leurs griffes avant qu'ils eussent le temps de me mettre dedans. Avant de *permettre* ce jeune homme, je lui montrerai des écritures aussi. Prudence, ouvrez ce tiroir.

— Je désire rectifier une erreur avant que vous procédiez plus avant, interrompis-je. Je vous répète pour la seconde fois que je ne suis un procureur dans aucune acception de ce mot. Je suis soldat, et j'ai commandé une compagnie dans le régiment du général Littlepage; je servais dans l'armée lorsque j'étais encore enfant. Enfin j'ai vu Burgoygne et Cornwallis se rendre, et leurs troupes mettre bas les armes.

— A la bonne heure! s'écria la généreuse Lowing. Et si jeune encore que sa peau n'est pas hâlée par le vent.

Ce nouvel aveu de ma part produisait un effet marqué. La guerre était du goût de toute la famille, et l'état qu'ils savaient peut-être le mieux apprécier. Il y avait quelque chose de guerrier dans l'air et la tournure de Mille-Acres, et je ne me trompais pas en supposant qu'il dût éprouver quelque sympathie pour un soldat. Il me regarda d'un œil scrutateur; et découvrit-il ou non dans mes traits des signes évidents de la véracité de mon assertion, il n'en parut pas moins se calmer un peu.

— Vous avez combattu contre Burgoygne? s'écria le vieux drôle. Dois-je croire ce que vous me dites? J'ai combattu moi-même contre Burgoygne avec Tobit, Moïse, Nathaniel et Jedidiah, et tous les mâles de la famille assez grands pour porter un fusil. J'estime ces jours parmi les meilleurs de ma vie, bien qu'ils fussent venus un peu tard et lorsque j'étais déjà vieux. Quelle preuve pouvez-vous donner que vous étiez à la bataille de Cornwallis et de Burgoygne?

Je compris que j'avais touché la seule corde sensible qui vibrât dans ces natures abruptes et sauvages, dont le patriotisme n'était, du reste, qu'un développement de l'égoïsme inné chez eux.

— Quel était le régiment sur la droite, celui d'Hazen ou de Brooke, dans l'assaut du Jarmans? Dites-moi cela, et je verrai si je dois vous croire ou non.

— Je ne puis pas vous éclairer sur ce point, car j'étais avec mon propre bataillon, et la fumée ne nous permettait pas de voir ce qui se passait sur tous les points. J'ignore donc si l'un des corps dont vous parlez était dans cette partie du champ de bataille, bien que je me rappelle que tous deux étaient chaudement engagés ce jour-là.

— Il n'y était pas, objecta Tobit de son air le plus maussade, montrant les dents comme un chien qui s'apprête à mordre.

— Il y était, affirma Lowing d'un ton décisif. — Je sais qu'il y était.

Une tape que lui infligea Prudence réduisit la fille au silence; mais les hommes étaient trop intéressés dans la question pour s'arrêter à une interruption d'aussi mince importance.

— Je vois ce que c'est, ajouta Mille-Acres; je dois l'envoyer en prison. Mais, admettant qu'il ait pu se trouver à la journée de Burgoygne, je l'y enverrai sans écriture, et il ne sera pas attaché. Tobit, emmenez votre prisonnier, et enfermez-le dans la grange. Quand vos frères reviendront de leur chasse à l'Indien, nous déciderons entre nous ce qu'il faudra faire de lui.

L'ordre de Mille-Acres, prononcé avec dignité, fut obéi à la lettre. Je ne fis aucune résistance, afin de m'épargner leurs mauvais traitements, et surtout leurs injures grossières. Tobit ne souffla mot, se contentant de me faire signe de le suivre; ce que je fis sous l'escorte des deux autres frères. Dans notre trajet vers la prison, la pensée de fuir traversa mon esprit; et je l'eusse tenté, sans la presque certitude que j'avais d'être accablé par le nombre et d'essuyer leurs invectives. En résumé, je pensai qu'il valait mieux me soumettre et me confier à la Providence pour reconquérir ma liberté.

La prison dans laquelle Mille-Acres me *permit* d'être conduit était une grange, ou plutôt un magasin de blocs de bois assez solidement construit pour résister aux intempéries, et par conséquent offrant assez de résistance contre les efforts d'un prisonnier qui n'avait à sa disposition ni armes ni outils.

Lorsque j'eus pris connaissance de l'aspect général des choses, j'eus tout le loisir de réfléchir sur ma situation. Je n'avais pas grande appréhension pour ma vie, pas autant peut-être que je l'eusse dû dans une telle occurrence; mais je ne croyais pas courir un grand danger. Le caractère américain en général n'est pas sanguinaire, celui des habitants de New-England moins peut-être que tout autre. Néanmoins, dans une question de priorité, la ténacité des hommes de ce côté du pays était proverbiale, et j'en arrivai à cette conclusion que je serais détenu s'ils le pouvaient, jusqu'à ce que tout ce bois fût parti pour être vendu au marché. Cette possibilité reposait entièrement sur l'arrestation de Sure-Flint.

J'étais ainsi absorbé dans ces tristes pensées, lorsque, regardant à travers les fentes de ma prison pour voir ce qui se passait au dehors, je fus surpris par l'apparition d'un homme à cheval qui débouchait à l'est de la clairière, paraissant arriver là comme chez lui à travers champs et sans suivre de sentier indicateur. Comme il portait avec lui sur son cheval deux sacs jetés en travers de la selle, je le pris d'abord pour un de ces vétérinaires ambulants que l'on rencontre souvent dans les nouveaux établissements, prenant leurs chemins à travers bois, broussailles, marais et forêts; ministres du bien et du mal, je ne saurais trop distinguer. D'ordinaire les familles comme celle de Mille-Acres se médicamentaient, elles et leurs bestiaux, sans le secours de ces sangsues licenciées, à moins de cas graves. Je décidais donc dans mon esprit que c'en était un, lorsque, comme l'étranger s'approchait plus à la portée de ma vue, je reconnus en lui, à ma stupéfaction, mon ex-agent, M. Newcome, le factotum matériel et moral de Ravensnest.

Newcome descendit de cheval à la porte d'une écurie où l'attendait déjà l'un des jeunes gars pour être prêt à y faire entrer le cheval. Le squire, ainsi débarrassée s'avança vers l'endroit où l'attendaient Mille-Acres et ses fils les plus grands, au pied du moulin. Leur rencontre fut cordiale et accompagnée de poignées de main, auxquelles Prudence et ses filles vinrent prendre part comme témoignage d'une vieille amitié de famille.

Jason resta ainsi huit ou dix minutes au centre du groupe à recevoir leurs félicitations; puis le vieil accapareur et lui se retirèrent à l'écart, se promenant en hommes qui ont à débattre ensemble de graves intérêts, et dans des circonstances qui nécessitent l'absence de tout autre auditeur.

CHAPITRE XIX.

Mille-Acres et le magistrat se dirigèrent lentement vers la grange, où le bloc sur lequel était assise la sentinelle leur offrit un siége convenable pour converser à leur aise. En conséquence, ils congédièrent le factionnaire improvisé, et prirent sa place, leurs dos tournés vers ma prison. Je n'ai jamais pu savoir si dans le choix qu'il avait fait de cet endroit, Mille-Acres avait ou ou non l'intention de me rendre témoin invisible de sa conversation avec le squire. Je ne me fis aucun scrupule de prêter une oreille attentive au dialogue qui s'établit aussitôt entre eux ; et comme sa substance se rattachait essentiellement aux incidents qui vont suivre, je vais le rapporter ici dans tous ses détails.

— Comme je vous le disais, Mille-Acres, dit Newcome achevant une phrase déjà commencée et s'exprimant avec la familiarité d'un vieux camarade, le jeune homme est dans cette partie de la contrée et très-près de vous peut-être en ce moment.

J'étais encore plus près que le squire lui-même eût jamais pu le supposer.

— Il est dans les bois de cette propriété avec le Porte-Chaîne et sa bande, et probablement occupé à mesurer des terres à un mille ou deux de votre moulin.

— Combien sont-ils en tout ? demanda l'accapareur avec vivacité. S'ils ne sont pas plus nombreux que d'ordinaire, ce sera un jour fatal pour eux s'ils ont le malheur de trébucher sur ma clairière.

— Peut-être que oui, peut-être que non... on ne peut pas savoir... l'arpentage est un genre de travail qui conduit un homme tantôt ici, tantôt là, sans règle fixe. On ne sait jamais où leur ligne de démarcation les conduira dans une forêt. C'est pourquoi j'ai toujours tenu ces sortes de gens à distance de mes propres bois ; car, pour vous parler, Mille-Acres, comme à un voisin à qui l'on peut s'ouvrir sans danger, il y a d'énormes pins sur les montagnes nord et est de mon lot non affermé. Il est bon quelquefois de laisser courir des lignes un mille ou deux au loin ; mais cela ne vaut rien d'en laisser courir aux autres.

— La peste soit de toutes les lignes du monde dans un pays libre, voilà mon opinion, squire, répliqua Mille-Acres. J'ai vécu sept ans dans le Vermont, comme l'on appelle maintenant les concessions du Hampshire, porte à porte avec deux familles, l'une au nord, l'autre au sud de moi, et nous abattions chacun de notre côté aussi librement qu'il nous plaisait, sans jamais échanger un mot de reproche ou de colère.

— J'en conclus volontiers, ami Aaron, que vous vous reposiez tous sur les mêmes titres de propriété, interrompit le magistrat lançant à son compagnon un coup d'œil malicieux. Lorsqu'il en est ainsi, il y aurait folie à se quereller.

— Je conviens que nos titres avaient à peu près la même valeur, possession et haches franches. Notre occupation n'était contraire qu'aux concessionnaires de la colonie d'York. Quelle est votre opinion en fait de loi sur cette question, squire Newcome? Je sais que vous êtes un homme d'éducation et de collège, quoique je suppose cette éducation inutile pour de certaines choses; mais quelle est votre manière de voir en fait de... possession? Y aura-t-il force de loi dans vingt et un ans, avec ou sans écrit? Les uns disent oui, et les autres disent non.

— Non, la seule possession ne suffit pas. La loi a décidé cette question; il faut une ombre de titre, sans quoi la possession ne vaut pas le grattage d'un sac de farine.

— J'ai entendu soutenir le contraire ; c'est pourquoi la possession l'emportera sur toutes les lois du monde. Mais je n'entends pas par possession suspendre à un arbre un double sac de selle, comme cela se pratique quelquefois, mais s'installer franchement, honnêtement sur un terrain, y abattre des arbres, y construire moulins, maisons, granges et autres bâtiments; couper, tailler, scier, rogner à droite et à gauche. Voilà ce que je fais toujours, et ce que j'appelle possession.

— Comme je vous le disais, le petit est venu, et il rugira aussi haut que l'ours lui-même s'il apprend que vous avez toutes ces planches dans la crique, pour ne rien dire des piles de bois que vous avez ici en magasin.

— Qu'il rugisse si cela lui plaît, rétorqua le vieil accapareur jetant un regard sournois sur la prison. Comme tant d'autres créatures que j'ai rencontrées, il criera plus qu'il ne mordra.

— Je ne sais pas, voisin Mille-Acres, ça n'est pas sûr du tout. Le major Littlepage est un gentilhomme courageux et déterminé. Il m'a repris la place d'intendant que j'occupais depuis longtemps, pour la donner à un jeune homme qui n'a d'autre qualité que d'être un assez bon géomètre, mais qui n'a pas été dans l'établissement plus d'une année.

— Il l'a donnée à un géomètre! C'est donc l'un des calculateurs endiablés du Porte-Chaîne?

— Justement; c'est ce même jeune homme qu'il a pris avec lui depuis une année environ pour tirer des lignes et mesurer la terre de cette propriété.

— Ce vieux gars de Porte-Chaîne fera bien de prendre garde à lui. Il a traversé mes projets deux ou trois fois dans le cours de sa vie, et il devient diablement vieux; je crois qu'il n'a plus longtemps à vivre.

Le squire Newcome me parut mal à l'aise. Il voulait bien voler du bois tout en restant autant que possible dans les limites de la loi, mais il n'aimait pas à se mêler de complots qui fussent assez compromettants pour le faire tomber sous le coup des pénalités de la justice. L'objet de sa visite à la clairière de Mille-Acres, comme le lecteur a pu le prévoir, était de profiter de mon apparition dans le pays pour effrayer l'accapareur sur les conséquences qui résulteraient pour lui si l'on découvrait en sa possession une aussi grande quantité de bois, et pour le déterminer à le lui vendre à vil prix pour le faire disparaître lorsqu'il en était encore temps. Malheureusement pour la réussite de ce projet équitable, ma présence si près du lieu où il espérait obtenir une transaction avantageuse nuisait par cela même à la réussite; et il était loin de se douter que, placé à vingt pieds de distance, j'entendais tout ce qui lui échappait dans son épanchement confidentiel.

— Le Porte-Chaîne doit avoir soixante-dix ans, reprit Newcome après avoir réfléchi un instant sur l'observation de son compagnon. C'est un grand âge, mais il y a des gens qui vivent encore des années après cet âge. Vous devez être approchant du même âge, Mille-Acres?

— Soixante-treize, jour pour jour, squire; mais je ne suis pas un porte-chaîne, moi. Nul homme ne saurait dire de moi que j'aie jamais été un voisin incommode, que j'aie jamais dérangé ses lignes, ou que j'aie été en justice servir de témoin sur la possession de tel ou tel lot de terre pour entretenir une querelle entre d'autres voisins.

Il est probable que Jason Newcome, squire, ne portait pas aussi loin ses notions des droits des accapareurs et du caractère sacré de la possession que son ami Mille-Acres. Newcome était excessivement égoïste, mais il était également très-rusé. Le terme d'adroit coquin lui convenait parfaitement. La grossière franchise de Mille-Acres et ses allusions sanguinaires à la fin probable du Porte-Chaîne ne pouvaient donc lui convenir, en ce qu'elles sentaient de trop près la corde et la potence. Je ne puis dire que je m'inquiétais davantage ; car je savais que le grognement du vieux vagabond ferait plus de bruit que sa morsure, et qu'il n'oserait aussi aisément qu'il paraissait le donner à entendre, attenter aux jours de son excellent ami le Porte-Chaîne.

Il serait oiseux de rapporter la suite de la conversation entre ces deux hommes, bien que dans le moment les efforts du squire pour effrayer l'accapareur et l'amener à lui céder son bois à bas prix, et la sécurité sournoise de celui-ci, fussent pour moi un sujet de divertissement.

Après beaucoup de bavardages et de discussions inutiles, la conférence prit fin sans que rien eût été résolu de part ni d'autre, le magistrat concluant par ces mots :

— Enfin, Mille-Acres, je souhaite que vous n'ayez pas de raison pour vous repentir, mais j'en ai bien peur.

— La perte sera pour moi et pour mes fils, voilà tout ! répliqua l'accapareur. Je sais que je puis lancer toutes ces planches dans la crique avant que le jeune Littlepage puisse me faire du mal, quoiqu'une certaine circonstance pût me faire changer d'avis.

L'accapareur se tut ; et Newcome, qui s'était déjà levé, se retourna subitement, cherchant à sonder le doute qui se présentait à l'esprit du charpentier.

— J'ai cru que vous réfléchissiez plus mûrement, dit-il ; car il est hors de doute que si le major Littlepage découvre votre campement, il le déracinera comme le vent déracine les arbres de la forêt.

— Non, squire, ma résolution est prise, reprit froidement Mille-Acres ; je vendrai volontiers, mais non pas aux conditions que vous avez proposées. Deux livres huit schellings les mille pieds sans frais de magasinage.

— C'est trop, Mille-Acres, beaucoup trop, si vous considérez les risques personnels. Je ne suis pas bien sûr de pouvoir saisir le bois lorsqu'il sera dans la rivière. Car une main levée est une chose terrible devant la loi, je vous assure. Une livre seize schellings, un tiers du magasinage payé, voilà tout ce que je puis offrir.

— Dans ce cas, le marché est rompu..... Vous avez, je suppose, squire, toujours la même crainte d'être vu dans mon établissement?

— Certainement, répondit vivement Newcome; mais il n'y a pas de danger, n'est-ce pas? Vous n'avez pas d'étrangers parmi vous?

— Je n'en répondrais pas. Je vois les gars là-bas qui sortent de la forêt en compagnie, je crois, d'un quatrième homme... C'est vrai, et je reconnais Susquesus, l'Onondago. Le camarade est assez bouche close, comme presque tous les Peaux Rouges; mais c'est à vous de juger si vous devez ou non vous laisser voir par lui. J'ai entendu dire que c'était un grand ami du Porte-Chaîne.

Il était évident que le magistrat se décidait pour la négative. Il disparut derrière une énorme pile de bois, et je ne l'aperçus de nouveau que lorsqu'il était déjà loin sur la lisière du bois, où l'un des fils de Mille-Acres lui amenait son cheval, et il disparut presque aussitôt dans les profondeurs de la forêt.

Le vieux Mille-Acres montrait un visage sévère; mais il avait trop d'expérience du caractère vindicatif d'un Indien pour accroître le ressentiment de celui qu'il avait en ce moment prisonnier devant lui.

— Sans-Traces, dit-il avec un air de considération, vous êtes un vieux guerrier, et vous devez savoir qu'en temps de troubles tout homme doit veiller à sa sûreté. Je suis bien aise que les gars n'aient pas été contraints d'en venir aux extrémités avec vous.

Mille-Acres se fit ensuite rendre compte par ses fils de la manière dont ils étaient parvenus à s'emparer du captif, ce que je vais avoir l'occasion de reproduire dans le langage naïf de l'Indien. La porte de ma prison s'ouvrit et l'Onondago y fut introduit dégagé de ses liens, ne manifestant ni regret ni intention de faire résistance. La porte se referma bientôt sur nous deux, et j'entamai le dialogue suivant avec mon ami.

— Je suis très-contrarié de tout ceci, Sure-Flint. J'espérais que votre connaissance des bois et votre expérience dans la manière de dépister l'ennemi vous eussent permis d'échapper à ces jeunes gens et de porter à nos amis la nouvelle de ma séquestration. C'est pour moi un grand désappointement que vous n'ayez pas pu faire savoir au Porte-Chaîne que je suis retenu ici.

— Pourquoi penser autrement?... Eh! suppose Indien prisonnier pas pouvoir aider lui-même?

— Vous ne voulez pas dire sans doute que vous êtes ici par le seul fait de votre volonté?

— Certain... Si pas besoin de venir... serais pas venu... Vous croire fils à Mille-Acres prendre Susquesus dans le bois quand lui veut pas? Certain... cheveux gris sont venus un peu... Hiver, été, viennent aussi. Sans-Traces sera vieux, un jour; mais mocassin à lui pas encore laisser de trace.

— Comme je ne puis comprendre pourquoi vous vous êtes sauvé d'abord pour vous laisser reprendre, je vous prierai de vous expliquer plus clairement. Dites-moi donc tout ce qui s'est passé, Sure-Flint, où, comment, dans quel lieu et pourquoi? Dites à votre manière, mais dites-moi tout.

— C'est certain... Pourquoi pas le dire?... Pas de mal... tout bon... quelque chose capital... Jamais plus de chance!

— Vous excitez ma curiosité, Sure-Flint; voyons, racontez-moi en détail tout ce qui vous est arrivé depuis que vous avez disparu d'ici jusqu'à votre retour.

Là-dessus, Susquesus me regarda d'un air significatif, tira sa pipe de sa ceinture, l'emplit, l'alluma, et se mit à tirer quelques bouffées avec ce calme qu'il était difficile de troubler. Cependant, aussitôt qu'il se fut assuré que sa pipe était en bonne voie, il commença paisiblement son histoire.

— Présent, écoutez, vous... Sauver, parce que pas bon rester ici, et fait prisonnier... voilà pourquoi.

— Mais vous êtes prisonnier comme moi, actuellement, et d'après ce que vous dites, prisonnier par votre propre volonté.

— Certain... Jamais aurait fait prisonnier, si pas vouloir... Suppose tué, alors pas pouvoir empêché; mais, dans les bois, Indien jamais prisonnier... à moins paresseux ou ivre. Blancs font beaucoup de prisonniers

— Je crois tout cela. Mais dites-moi d'abord pourquoi vous avez fui

— Suppose vouloir pas faire savoir à Porte-Chaîne où vous êtes... Eh! vous croire peut-être Mille-Acres vous laisser partir quand bois est dans rivière? Quand bois parti, lui parti pas plus tôt. Vous vouloir rester dans grange magasin tout l'été, eh?

— J'attends que vous me le disiez.

— Rencontré Jaap... Oui, rencontré le nègre cherchant jeune maître... Tout le monde triste... pas savoir où jeune chef... Quelques cherchent par ici, autres là-bas... Tous cherchent quelque part. Jaap cherche par ici.

— Et vous avez tout raconté à Jaap, et vous l'avez renvoyé aux cases pour tout dire?

— Certain, justement. Bien deviné cette fois. Alors, pensez que moi faire ensuite? Vouloir revenir, et aider jeune ami Visage Pâle... Alors, penser à faire prendre Susquesus prisonnier... Ainsi savoir comment la prison pour une fois. Pas trouver trop mal. Accapareur pas dur pour prisonniers.

— Mais comment tout cela s'est-il fait? Comment vous y êtes-vous pris pour donner le change aux jeunes gens?

— Pas difficile du tout.... Après Jaap informé et parti... laissé voir trace large... Venir au bord de la rivière... Mille-Acres prendre Indien par ce que Visages Pâles appellent surprise!... Garantis jeunes gens vantent leur adresse à prendre vieux Sans-Traces.

Tel fut le récit de l'Onondago sur tout ce qui s'était passé. S'enfuyant pour faire connaître ma situation à mes amis, il avait rencontré Jaap à la recherche de son maître, lui avait raconté les circonstances de mon arrestation, et était revenu se constituer prisonnier, en ayant soin d'éviter une lutte afin d'être enfermé dans la même prison que moi. Par ce moyen l'accapareur devait croire son secret bien gardé, et j'avais auprès de moi un ami sûr et dévoué pour me secourir en cas de nécessité.

Ce résumé sommaire du raisonnement de l'Indien démontre l'admirable sagacité dont il avait fait preuve en prévoyant toutes les circonstances de la situation, et n'en laissant aucune sans avoir pourvu à lui donner une solution favorable.

J'étais enchanté de son habileté, et touché de ce témoignage de dévouement de sa part. Dans le cours de notre conversation, il me donna à entendre que ma disparition et mon absence pendant tout une nuit avaient causé une consternation générale parmi les habitants des cases, et que tout le monde s'était mis à notre recherche, lorsque le hasard lui fit rencontrer Jaap.

— Fille cherche aussi, ajouta l'Onondago d'un air significatif. Suppose bonne raison pour ça.

Cet aveu me surprit ; j'avais déjà un soupçon que Susquesus avait été témoin invisible de mon entrevue avec Ursule Malbone, et que, remarquant la manière brusque avec laquelle je m'étais éloigné de sa case, il m'avait suivi, comme je l'ai dit plus haut. Le lecteur ne croit pas, sans doute, que mes récentes aventures aient effacé l'image de Duss de mon esprit.

Lorsque l'Indien eut achevé son récit, je le consultai sur ce qui nous restait à faire. Il était d'avis de laisser agir nos amis, qui trouveraient moyen de nous faire connaître leurs intentions à l'approche de la nuit ou le matin du jour suivant. Nous étions en peine de conjecturer la marche que Porte-Chaîne trouverait opportun de suivre, mais nous ne doutions pas qu'il n'eût aucun repos tant que deux amis aussi chers demeureraient prisonniers. Ma plus grande inquiétude était qu'il crût devoir recourir à la violence, car le vieil Andries était fougueux et habitué dès son enfance à brûler de la poudre. D'un autre côté, s'il préférait recourir aux moyens légaux et s'adresser à M. Newcome pour obtenir de lui des mandats contre nos geôliers, que n'avais-je pas à redouter de l'accord qui existait entre ce magistrat et un homme capable de violence illégale, qui, averti à temps, pouvait me transporter dans un autre repaire inaccessible, comme ils s'en étaient ménagés dans plusieurs coins reculés de la forêt !

Les accapareurs ne se montrèrent pas trop sévères à notre égard en fait de traitement général. J'avais certes tous les droits possibles de me plaindre de l'illégalité de ma détention ; mais autrement, pendant toute cette journée, ils ne nous laissèrent manquer de rien. Notre nourriture fut exactement la même. Lowing vint renouveler notre eau cinq fois de suite dans l'espace de quelques heures. Cette jeune fille se montra particulièrement attentive à suppléer à tout ce dont j'avais besoin ; elle m'apporta même tous les livres qui composaient la bibliothèque de la maison. Il y en avait trois : un fragment de Bible, *les Progrès du Pèlerin*, et un almanach qui avait déjà cinq ans d'existence.

CHAPITRE XIX.

Ainsi s'écoula cette longue et ennuyeuse journée; je pris un peu d'exercice en me promenant tout autour de l'intérieur de ma prison. L'Indien demeura presque toujours à la même place qu'il avait occupée depuis son entrée. Quant à l'accapareur, je l'aperçus deux ou trois fois dans la journée en grande conférence avec ses fils; mais il ne s'approcha plus de la grange. A plusieurs reprises, ils me parurent prendre une attitude sérieuse et presque menaçante pour nous.

On avait étendu dans un coin de la grange quelques bottes de paille pour nous servir de couche. Un soldat ne pouvait guère s'effrayer de passer une nuit couché sur la paille, et l'Indien se fût contenté de coucher sur un quartier de roche, et n'eût exigé que la place nécessaire pour s'étendre.

Je dormis profondément la première partie de la nuit, et l'Indien, je crois, en fit autant. Je confesse qu'une méfiance assez peu agréable s'était emparée de mon esprit, et me tint quelque temps éveillé; mais la fatigue l'emporta bientôt sur l'inquiétude, et le sommeil s'appesantit sur mes paupières. Je n'étais pas bien sûr qu'il ne prît fantaisie à Mille-Acres de profiter de la nuit pour chercher à se défaire de ma personne et de celle de l'Indien, comme le plus sûr moyen de se garantir contre les conséquences de leurs rapines passées, et de s'assurer la possession de celles qu'ils projetaient pour l'avenir Nous étions complètement en leur pouvoir, et l'accapareur pouvait croire que le secret de notre visite mourrait avec nous. Je dormis néanmoins sans m'éveiller une seule fois jusqu'à trois heures environ du matin, c'est-à-dire une heure avant le jour.

Je ne suis pas bien sûr qu'une cause extérieure ne contribua pas à me tirer de mon sommeil; mais je me souviens que j'étais étendu sur ma paille, méditant entre le sommeil et le réveil, lorsqu'il me sembla entendre la voix musicale d'Ursule murmurer mon nom à mon oreille. L'illusion dura quelques instants; peu à peu mes facultés devenant plus lucides, j'acquis la conviction que l'on m'appelait réellement par mon nom, et tout près de mon oreille. Je ne pouvais plus me tromper, et c'était une voix de femme qui m'appelait. Je m'élançai sur mes pieds.

— Qui va là? m'écriai-je. Au nom du ciel, est-ce bien miss Malbone... Duss qui m'appelle?

— Mon nom est Lowing, répondit ma visiteuse, et je suis la fille de Mille-Acres; mais ne parlez pas si haut, car l'un des gars veille de l'autre côté de la grange, et il pourrait vous entendre.

— Lowing! est-ce vous, ma brave fille? Non contente d'avoir eu soin de nous pendant le jour, vous nous continuez la nuit votre sollicitude...

Je crus m'apercevoir qu'elle était embarrassée, sans doute un peu honteuse d'avoir outre-passé la réserve de son sexe. Il est rare qu'une mère, et surtout une mère américaine, quelle que soit sa position dégradée dans la société, oublie d'inculquer à ses filles les sentiments de pudeur et de réserve indispensables chez la femme. La vieille Prudence, malgré sa vie errante, était restée fidèle aux traditions natales, et elle avait enseigné à ses filles la pratique de modestie et de prévenances qui font le charme de la femme.

Lowing était assez agréable de sa personne, et possédait le double avantage de la jeunesse et de la santé. En outre de ces qualités de son sexe, elle avait manifesté pour mon sort un intérêt qui ne m'avait pas échappé, et le but de sa visite à cette heure avancée de la nuit ne pouvait être que pour notre bien. Mon observation la troubla, et elle resta quelques minutes à surmonter son émotion.

— Ce n'est pas de l'eau que je vous apporte, monsieur Littlepage; j'espère que vous avez fait un bon souper? Mais dans le cas contraire, reprit-elle enfin, je vous apporte pour vous et pour le Peau Rouge un pichet de lait et un plat de pudding tôt fait! le Peau Rouge mangera quand vous aurez fini.

Je remerciai ma nouvelle amie, et j'acceptai l'offre de son déjeuner, qu'elle me fit passer par une ouverture de la grange.

Ce repas matinal nous parut excellent, et nous eûmes lieu plus tard d'être satisfaits d'en avoir profité, les circonstances ultérieures ne nous ayant pas laissé le temps de faire un second déjeuner. J'étais curieux d'apprendre de cette jeune fille ce qu'avaient décidé ses parents sur le sort qu'ils nous destinaient; mais un sentiment insurmontable de fausse honte m'empêchait de lui adresser le premier la parole pour l'engager à trahir les secrets de la famille. Fort heureusement les dispositions bienveillantes et communicatives de Lowing vinrent suppléer à ma timidité, en lui faisant engager la conversation sur ce point.

— Je voudrais bien que mon père ne fît plus le métier d'accapareur, dit-elle avec une chaleur de conviction qui témoignait de la sincérité de ses sentiments. C'est triste d'être perpétuellement en guerre avec la loi.

— Il ferait beaucoup mieux de s'adresser à quelque propriétaire pour en obtenir une ferme à loyer ou par contrat de vente. La terre est si abondante dans cette contrée, qu'un homme peut très-bien tirer un bon profit d'une centaine d'acres, surtout s'il est sobre et laborieux.

— Mon père ne boit jamais jusqu'à l'ivresse, excepté le 4 juillet de chaque année, et les gars sont assez sobres. Ma mère a dit plus de cent fois à mon père qu'elle désirait vivement qu'il abandonnât la maraude pour acheter un titre légal de propriété. Mais mon père dit qu'il ne veut pas entendre parler de titres ni d'écritures. Il est très-embarrassé de savoir ce qu'il doit faire de vous, maintenant que vous êtes en son pouvoir.

— M. Newcome n'a-t-il donc pas trouvé un bon conseil à lui donner à ce sujet?

— Le squire Newcome! Mon père ne lui a pas dit un mot concernant votre séquestration. Il sait trop bien ce qu'il fait pour se mettre à la merci du squire Newcome, qui chercherait à lui prendre son bois pour rien. Quelle est votre opinion, monsieur Littlepage, sur nos droits à la propriété de ces planches que nous avons coupées, sciées et préparées de nos propres mains? Cela ne fait-il pas quelque différence?

— Quels droits vous croiriez-vous à une robe qu'une autre fille aurait faite avec un coupon de toile qu'elle aurait enlevé de votre tiroir pendant que vous lui tourniez le dos, pour l'emporter, la tailler et la coudre avec ses propres mains?

— Elle n'aurait pas le moindre droit de prendre mon calicot, ni de le couper et de le condre pour son usage personnel. Mais les charpentes sont extraites des arbres...

— Les arbres, comme la toile, ont leurs propriétaires. Abattre, scier et empiler ne donnent aucun droit à un homme qui travaille avec les blocs d'un autre homme.

— Je pensais bien qu'il en était ainsi, dit Lowing avec un soupir assez bruyant pour être entendu. Il y a quelque chose comme cela dans la vieille Bible que je vous ai prêtée ; quoique Tobit et les autres garçons affirment que cela ne signifie rien, et que la Bible ne parle pas d'arrhes ni de blocs de bois.

— Et que vous dit votre mère à ce sujet ?

— Ma mère ne dit rien du tout. Elle désire que mon père loue ou achète ; mais vous savez, monsieur Littlepage, les femmes discutent volontiers, mais les actes de leurs époux sont des lois pour elles et elles s'y conforment, qu'ils soient justes ou injustes. Ma mère ne nous dit jamais rien de l'illégalité des actes de mon père ; mais elle cherche à le déterminer à obtenir de vous un bail ou un contrat de vente, à présent que vous êtes ici en son pouvoir. Est-ce que vous ne consentiriez pas à nous donner un écrit, monsieur Littlepage, si nous promettions de payer quelque chose pour la rente ?

— Un écrit fait par moi n'aurait aucune valeur si je ne le passais en pleine liberté et au milieu de mes amis. Tout acte arraché par la violence est nul de plein droit.

— J'en suis fâchée, dit Lowing avec un nouveau soupir ; non que je fusse satisfaite de vous voir contraint de faire quelque chose, mais je pensais que si vous consentiez de votre plein gré à céder par contrat cette clairière à mon père, il vaudrait mieux le faire tout de suite. Si cela ne se peut pas, il n'y faut plus penser. Mon père croit pouvoir vous retenir ici jusqu'à ce que la rivière monte, et que ses fils aient eu le temps de faire descendre tout le bois jusqu'à Albany ; après quoi il ne tiendra pas autant à vous garder, et peut-être vous laissera-t-il partir.

— Me retenir jusqu'à ce que l'eau monte ! Mais cela n'aura lieu que dans trois mois.

— Trois mois ne me paraissent pas un temps bien long à passer, monsieur Littlepage, lorsque l'on est avec des amis. Nous vous traiterons aussi confortablement que nous le pourrons, allez !... Je vous assure que vous ne manquerez de rien tant que nous aurons quelque chose à vous donner. Mais il faut que je m'éloigne ; le jour commence à paraître, et je les entends remuer dans la case de Tobit. Il m'en coûterait cher s'ils savaient que j'ai quitté mon lit pour venir causer avec vous.

Après avoir achevé ces mots, la jeune fille disparut sans qu'il me fût possible de découvrir de quel côté elle s'était enfuie. Susquesus se leva quelques minutes plus tard ; mais il s'abstint de faire aucune allusion à la visite de la jeune fille. A cet égard, il se montra d'une délicatesse scrupuleuse, ne me laissant voir, ni par une allusion, ni par un sourire, ni par un regard, qu'il eût la moindre conscience de sa présence auprès de moi.

Le jour se leva comme d'habitude, sans trouver au lit aucun des accapareurs. Tous étaient déjà à l'ouvrage avant que le soleil parût au-dessus de l'horizon. Ils étaient occupés pour la plupart dans le lit de la rivière à empiler leurs chères planches. Mille-Acres seul demeura près de la maison, gardant auprès de lui deux ou trois des plus vigoureux garçons, jugeant sans doute d'assez haute importance de ne rien négliger pour la garde de ses prisonniers. J'eus l'occasion de lire sur la physionomie soucieuse du vieil accapareur qu'il ne savait trop à quel projet s'arrêter, et que son esprit flottait dans une cruelle indécision. Combien de temps cette perplexité eût-elle duré, ou à quelles conséquences eût-elle conduit le vieux Mille-Acres, c'est ce qu'il eût été difficile de prévoir, si un incident tout à fait inattendu ne fût venu le provoquer à prendre une décision immédiate et à agir suivant les circonstances que nous allons entreprendre de raconter en détail.

La journée était considérablement avancée, et tout le monde occupé, à l'exception de Mille-Acres et de la fille qui avait la garde de la grange. Susquesus lui-même avait ramassé un morceau de bouleau, dont il faisait un balai à l'aide d'une mauvaise lame de couteau qu'il avait ramassée dans l'intérieur. De mon côté, j'esquissais sur une feuille de mon livret le moulin et une partie de la montagne formant le fond du tableau. Pour la première fois depuis le matin, Mille-Acres s'approcha de la prison pour m'adresser la parole. Son visage était sombre ; il semblait embarrassé. Je sus plus tard que Tobit avait fortement insisté auprès de lui sur la nécessité de nous tuer, moi et l'Indien, comme le seul moyen probable de sauver leur cargaison de bois.

— Jeune homme, dit le vieil accapareur en s'approchant du magasin, vous vous êtes introduit chez moi comme le ferait un voleur, et vous devriez vous attendre à en subir le châtiment. Comment pouvez-vous croire que des hommes vous abandonneraient leur butin sans lutter et combattre pour le défendre? Vous me mettez à une dangereuse épreuve.

J'allais lui faire une réponse conforme à ces sentiments, lorsque, dirigeant mes yeux à travers les fentes de ma prison pour regarder fixement mon tyran, j'aperçus le Porte-Chaîne qui se dirigeait en droite ligne vers la grange, et déjà à cent pas de nous. La fixité de mon regard attira l'attention de l'accapareur dans la même direction, et lui fit découvrir Andries, qui, en un clin d'œil, fut à ses côtés.

— Ah! Mille-Acres! che fous troufe ici, hein? Voilà pien tes années de passées depuis que nous ne nous sommes fus, et che suis fâché que ce soit aujourd'hui pour une mauvaise affaire.

— C'est vous qui cherchez la rencontre.... pas moi, Porte-Chaîne. Je ne vous ai pas invité à venir me voir.

— Che le crois de tout mon cœur. Non, non, vous n'aimez pas foin le Porte-Chaîne, ni les inspecteurs, ni les compas, ni les partages, ni les propriétaires non plus; mais vous aimez les accapareurs. Nous ne faisons pas connaissance pour la première fois, après safoir ce que nous falons depuis cinquante ans.

— Oui, nous nous connaissons depuis cinquante ans, et comme tant d'années n'ont pu servir à nous mettre de la même opinion, sur aucune chose, nous eussions mieux fait de rester chacun de notre côté, plutôt que de nous rencontrer aujourd'hui.

— Che suis fenu pour mon garçon, entendez-vous, accapareur! mon noble garçon, que fous afez arrêté illégalement, et fait prisonnier au mépris de toute loi et de toute justice. Rendez-moi Mordaunt Littlepage et vous serez bientôt débarrassé de ma présence.

— Comment savez-vous si j'ai jamais vu votre Mordaunt Littlepage? Qu'ai-je à démêler avec votre garçon, comme vous l'appelez, pour que vous veniez le chercher ici? Passez votre chemin, vieux Porte-Chaîne, et laissez moi et les miens en repos. Le monde est assez grand pour nous. Ne vous exposez pas ainsi en venant vous mettre à la traverse d'une progéniture qui est issue d'Aaron et de Prudence Timberman.

— Che me moque pien te fous et te fotre prochéniture, répliqua sévèrement Andries. Fous avez osé arrêter mon ami, contre le droit et la loi, et che viens fous tire de le mettre en liberté, ou fous subirez les conséquences de fotre refus.

— Ne me poussez pas à bout, Porte-Chaîne. Il y a dans cette clairière une réunion de gens désespérés qui ne se laisseront pas dépouiller du fruit de leurs travaux par tout ce qui porte chaîne, triangle ou compas. Passez votre chemin, vous dis-je, et laissez-nous récolter la moisson du grain que nous avons semé.

— Fous la récolterez, fous la récolterez, Mille-Acres, fous et les fôtres. Fous avez déchaîné les vents, fous récolterez la tempête, comme ma nièce Duss m'a souvent lu dans la Piple. Fous ramasserez tans fotre moisson ifraie et mauvaise graine, et ça plus tôt que fous ne croyez.

— Je voudrais n'avoir jamais vu la figure de cet homme! Allez-vous-en, Porte-Chaîne; partez, et laissez-moi en repos avec mes produits.

— Fos produits! Appelez-fous donc produits, de piller, d'abattre, de ravager sur les terres d'un autre, de couper ses arbres en morceaux, de les scier en planches, et de les fendre à des spéculateurs, sans rendre compte de fos produits au féritable propriétaire de tout? Appelez-fous un pareil prigandage tes profits légaux?

— Brigand vous-même, vieil arpenteur! Est-ce que la sueur qui coule du front, de longues journées, de rudes travaux, et des estomacs affamés ne donnent pas droit aux bénéfices du travail?

— C'a toujours été fotre faible, Mille-Acres; c'est comme cela que fous afez toujours descendu. Fous avez mal commencé la vie, vieillard, fous la finirez mal.

Je vis s'amonceler peu à peu le nuage sur le visage de l'accapareur, présageant l'éclat de l'orage qui s'ensuivit. La rencontre de deux caractères fougueux, divisés d'opinions et d'habitudes par l'abîme qui sépare les principes des expédients, le juste de l'injuste, l'honnêteté de la fraude, l'intégrité et l'abnégation d'un esprit élevé et généreux du renversement de toutes les lois de l'humanité et de bon droit, ne pouvait amener qu'une violente confusion. Incapable de répondre au raisonnement du Porte-Chaîne, l'accapareur recourut à l'argument de la force brutale. Il saisit mon vieil ami à la gorge, et fit un violent effort pour le terrasser. Je dois rendre justice à cet homme vindicatif et brutal, qu'il ne chercha pas dans le moment à appeler à son aide; cependant, dès que la lutte fut engagée, la conque marine se fit aussitôt entendre, et il était aisé de prévoir que les fils de Mille-Acres allaient accourir à son secours. J'aurais donné ma fortune pour pouvoir jeter bas les murs de ma prison et voler à l'aide de mon fidèle ami. Susquesus devait, lui aussi, prendre un vif intérêt à la lutte ; mais il restait immobile et cloué à sa place comme un rocher.

Andries Coejemans, tout vieux qu'il fût, n'était pas homme à se laisser saisir impunément à la gorge. Une lutte égale en adresse et en vigueur s'engagea entre les deux combattants ; mais bientôt Mille-Acres put se convaincre qu'il avait rencontré son maître. Le Porte-Chaîne fléchit un instant pour mieux rassembler ses forces, et dans un effort désespéré il terrassa son adversaire avec une telle violence qu'il resta quelques minutes privé de sentiment. Andries se redressa comme un pin vigoureux, le sang au visage, sombre et sévère comme je ne l'avais jamais encore vu, même dans une bataille.

Au lieu de chercher à profiter de l'avantage qu'il venait de conquérir, il ne bougea pas de l'endroit où était étendu son ennemi vaincu.

— Fuyez!... sur votre existence, fuyez par la forêt, mon ami ! lui criai-je à travers les jointures. Cette conque que vous venez d'entendre va vous mettre sur les bras toute la tribu des accapareurs ; les jeunes gens sont près d'ici dans le lit de la rivière, ils n'ont qu'à gravir le bord pour arriver jusqu'à vous !

— Dieu soit loué! Mortaunt, mon fils ! vous êtes sain et sauf. Che fais ouvrir la porte te fotre prison, et nous battrons en retraite tous les deux.

Toutes mes remontrances furent vaines. Andries fit le tour vers la porte de la grange pour l'enfoncer, mais ce n'était pas chose facile ; car ouvrant en dehors elle était assujétie par une forte barre de fer, fermée à clef et cadenassée. Le Porte-Chaîne, ne trouvant rien autour de lui pour faire sauter le cadenas, s'élança vers le moulin, me laissant au désespoir et prévoyant les plus terribles conséquences de sa persistance à vouloir me délivrer.

Il eut bientôt trouvé un levier en fer pour l'accomplissement de son dessein, et il se dirigeait précipitamment vers la grange, lorsque Tobit le premier mit la main sur lui, et les choses se passèrent avec tant de rapidité, attendu qu'il avait la clef de la grange, et que la porte fut dégarnie de la barre, ouverte, et Andries jeté dans notre cage, le tout dans l'espace d'un clin d'œil.

Les fils de Mille-Acres, après avoir assuré leur prise contre toute évasion, s'empressèrent de relever leur père évanoui, et de le transporter dans sa propre case, qui n'était située qu'à quelques pas de la grange.

— Je me réjouis, mon brave ami, que vous ne soyez plus dans les griffes de cette bande de loups, m'écriai-je après un échange multiplié de poignées de main. Ils sont capables de tout, et j'ai craint que la vue de leur père évanoui ne les portât à quelque acte de violence. Nous avons le temps de nous concerter, et j'ai, fort heureusement, été témoin de tout ce qui s'est passé.

— Rien à craindre pour vieux Mille-Acres, dit le Porte-Chaîne. Il est solide... Je l'ai un peu étourdi parce qu'il se croyait plus fort que moi. Dans une demi-heure il sera sur pied. Mais Mortaunt, mon garçon, comment êtes-vous ici, et pourquoi errer la nuit dans les bois avec Sans-Traces, lui qui est un simple Peau Rouche, et qui aurait dû vous donner un meilleur exemple?

— J'avais la fièvre, je ne pouvais dormir; j'ai voulu faire un tour dans la forêt... et je me suis perdu. Heureusement pour moi, Susquesus veillait, et ne me perdit pas de vue. Je fus obligé de chercher un abri pour la nuit dans le creux d'un vieil arbre; et lorsque je m'éveillai le lendemain matin, l'Onondago me conduisit ici pour trouver à déjeuner: car j'avais faim comme un loup à l'époque des neiges.

— Susquesus savait donc que des accapareurs avaient planté leur tente sur cette propriété? demanda Andries un peu surpris, et d'un ton de voix légèrement sévère.

— Du tout. Il avait entendu dans le silence de la nuit la scie du moulin, et nous suivîmes la direction du bruit, qui nous amena d'une manière tout à fait inattendue sur cet établissement. Aussitôt que Mille-Acres eut découvert qui j'étais, il m'a enfermé dans cette grange. Quant à Susquesus, Jaap vous a sans doute raconté tout ce qu'il avait mission de dire?

— Très-frai, tout cela! très-frai, mon fils. Mais je ne comprends pas pourquoi vous nous afez quitté brusquement après avoir eu avec Duss une longue conversation. Je ne peux lui arracher une parole qui ait l'ombre d'une explication. Je fous demanderai de me raconter tout cela fous-même, mon fils. J'ai essayé de tirer quelque chose de Duss à moitié chemin ici.

— Comment! interrompis-je, Duss à moitié chemin d'ici... Vous ne voulez pas dire qu'elle soit venue avec vous?

— Chut! chut! fous parlez trop haut. Prenez garde!... Je ne foudrais pas l'exposer avec ces coquins d'accapareurs; mais elle est làpas dans les bois, à surveiller ce qui se passe. Je crains bien qu'elle ne soit tourmentée de me safoir prisonnier aussi.

— Comment, mon ami, avez-vous pu exposer ainsi votre nièce en l'amenant si près du repaire de ces brigands?

— Il n'y a pas te tanger qu'elle soit insultée, Mortaunt. C'est bon à lire dans les livres, ça; mais une femme n'est jamais insultée en Amérique. Il n'y a pas un de ces coquins de Mille-Acres qui oserait blesser l'oreille te Duss par un mot inconvenant. Personne que nous ne sait, tu reste, qu'elle était afec moi. Elle a foulu fenir, et pas moyen te l'en empêcher. Duss est une excellente créature, Mortaunt; mais pas possible te la retenir quand ceux qu'elle aime courent quelque tanger.

L'idée que cette noble fille affrontait les dangers de la forêt pour avoir voulu accompagner son oncle me la rendait aussi chère que si elle eût été ma fiancée, et j'éprouvais une mortelle inquiétude de savoir qu'elle était actuellement privée de la protection de son oncle. J'eus, néanmoins, assez d'empire sur moi pour questionner de nouveau le Porte-Chaîne, afin d'en savoir davantage sur ce qui s'était passé pendant mon absence.

J'appris que Jaap avait rempli fidèlement le message que Susquesus lui avait confié. Andries, aussitôt qu'il eut connaissance de la manière dont j'avais été pris, réunit en conseil Duss et Frank Malbone. Ceci se passait dans l'après-midi du jour précédent, et le même soir Malbone se rendait à Ravensnest pour obtenir des mandats d'arrestation, comprenant Mille-Acres et toute sa bande, et pour requérir main forte, afin de les transporter dans la prison de Sandy Hill. Or, comme les mandats ne pouvaient être délivrés que par M. Newcome, je pressentis que notre messager serait retenu longtemps au Nid par l'absence du magistrat et par son mauvais vouloir lorsqu'il serait de retour. Je jugeai prudent, toutefois, de taire cette circonstance à mon ami le Porte-Chaîne, afin de ne pas augmenter son inquiétude.

Le matin même de notre réunion, Andries, Duss et Jaap étaient partis des cases de Mooseridge pour prendre la route la plus directe vers l'établissement de Mille-Acres. A l'aide de compas et de la connaissance parfaite qu'il avait de s'orienter au milieu des forêts, Andries et ses compagnons découvrirent la clairière où s'élevait l'établissement des accapareurs. Ils choisirent un endroit couvert, pour se donner le temps de prendre connaissance des localités; puis le Porte-Chaîne prit la résolution de tenter l'aventure dont nous venons de raconter l'issue, laissant sa nièce pour surveiller ses mouvements, et avec l'injonction d'aller rejoindre son frère, dans le cas où il serait lui-même détenu par les accapareurs. Je fus un peu plus tranquille en apprenant la présence de Jaap, dont je connaissais assez la fidélité pour être sûr qu'il n'abandonnerait pas Duss; mais ma prison me devint bien plus insupportable après le récit du Porte-Chaîne, qu'elle ne l'avait été avant son apparition sur l'établissement des accapareurs.

CHAPITRE XXI.

— La fille a foulu fenir, Mortaunt, reprit de nouveau le Porte-Chaîne; et si fous connaissez Duss, fous savez que rien ne l'arrête quand elle aime. Dieu me bénisse! quelle femme elle fera pour l'homme qui saura la mériter! J'ai ici un fragment de lettre que la chère créature écrivit à l'un des fils de ce Mille-Acres, qui a été souvent parmi nous, quoique je n'eusse chamais pu croire que le vieux coquin de père se fût établi sur notre propriété. Enfin Zephaniah, comme on appelle ce garçon, est resté longtemps à Ravensnest, trafaillant aux champs, et quelquefois pour nous; et pour fous tire la vérité, Mortaunt, je crois que le jeune gars en tient un peu fort pour Duss, et qu'il serait assez content s'il poufait l'obtenir pour sa femme.

— Lui, Zephaniah Mille-Acres, ou quel que soit son nom, il aurait un attachement pour Ursule Malbone!... il oserait prétendre à sa main!... il aurait l'effronterie d'aimer un être aussi parfait!

— Ta, ta, ta! s'écria Andries se retournant vers moi d'un air tout surpris; pourquoi tonc ce garçon n'aurait-il pas ses sentiments tout fils d'accapareur qu'il pourrait être? Les fils te Aaron ne sont pas si coupables que leur père; ils ont été élevés dans cette croyance qu'il n'y a pas de mal à fifre sur les terres d'un autre, tandis que le vieux coquin a été élevé dans le *sanctum sanctorum* de la sainteté, parmi les puritains qui croient qu'ils n'ont pas leurs égaux en dévotion. Questionnez Aaron sur son âme, il fous tira qu'elle est meilleure qu'une âme hollandaise, et qu'elle ne prûlera pas du tout.

Je connaissais trop bien les préjugés d'Andries en fait de religion pour entamer avec lui une discussion théologique; j'étais, au reste, beaucoup plus curieux d'en savoir plus long sur le compte de ce Zephaniah.

— Et vous dites, Porte-Chaîne, continuai-je, qu'Ursule a réellement écrit une lettre à ce jeune homme?

— Sans toute, la foici, et une cholie pièce t'écriture, Mortaunt Duss fait si bien tout ce qu'elle fait, que c'est un plaisir t'avoir une lettre d'elle. Tenez, voilà le gars là-bas; che fais l'appeler et lui tonner ce qui lui revient.

Andries, fidèle à sa parole, eut bientôt attiré Zephaniah du côté de la grange.

— Eh bien! vous confiendrez, Zeph, continua le brave homme, que nous ne fous afons pas mis en cage comme une pête féroce ou comme un coquin qui s'est mêlé de ce qui ne le regardait pas, lorsque fous êtes fenu parmi nous. Il y a cette différence dans le traitement; mais n'importe. Foici une lettre pour vous, puisse-t-elle fous faire tu pien! elle vient t'une personne habituée à tonner te bons conseils; sachez en profiter. Je ne sais pas un mot de ce qu'il y a tetans; mais vous la trouferez bien, ch'en réponds.

Je pouvais à peine en croire mes sens. Ursule Malbone écrivant une lettre confidentielle au fils de Mille-Acres l'accapareur, et ce fils avoué pour son admirateur. Je regardais avec envie ce rustre, dépourvu d'éducation, appartenant à une famille réprouvée par les lois du pays, et je ne pouvais m'empêcher de reconnaître que pour la forme extérieure, c'était un beau garçon, bien bâti, quoique d'une beauté vulgaire, et que toute fille de la même classe eût été fière d'accepter pour époux. Mais Ursule Malbone, bien que réduite par la fortune, appartenait par sa naissance et par son éducation à la meilleure société. J'avais entendu dire, sans y croire, que les jeunes filles de sa classe se laissaient quelquefois séduire par les seuls avantages extérieurs, et je ne connaissais Duss que depuis quelques semaines. Il n'était pas impossible que cette étrange fille se fût créé en imagination un bonheur plus parfait au milieu des forêts et de la solitude que dans le séjour du monde civilisé. Enfin toutes les suppositions les plus extravagantes obstruaient tour à tour mon cerveau et me rendaient le plus malheureux des hommes.

Quant à Zephaniah, le jeune favori d'Ursule Malbone reçut sa lettre, à ce qu'il me parut, avec un étonnement stupide et embarrassé, tournant autour de la grange, sans doute pour avoir le plaisir de la lire sans interruption.

Ouvrir une lettre pliée par les mains d'Ursule Malbone et la lire étaient pour Zephaniah deux opérations bien différentes. Son éducation était tellement bornée, qu'après plusieurs tentatives inutiles il lui fut impossible de continuer. Dans sa perplexité, ses yeux rencontrèrent les miens, qui suivaient tous ses mouvements avec la vigilance du tigre séparé de sa proie par les barreaux d'une cage. L'Indien ne paraissait prendre aucun intérêt à ce qui se passait autour de lui, bien que j'eusse tout lieu de croire que rien n'échappait à la sagacité de ses sens. Andries se trouvait dans la partie la plus reculée de la prison, occupé à reconnaître la disposition du moulin et de ses dépendances. Zephaniah jugea le moment opportun pour approcher de moi et pour m'adresser à voix basse cette question indirecte :

— Je ne sais pas comment cela se fait ; mais pour vous dire la vérité, major Littlepage, l'enseignement de York et celui de Vermont sont si différents, que je ne trouve pas aussi facile de lire cette lettre que je l'aurais cru.

Sur cette seule insinuation, je m'emparai de l'épître, que je commençai à lire à voix basse à la prière de Zephaniah, qui montra dans cette occasion une délicatesse de sentiment dont je l'aurais cru incapable. Comme le lecteur peut être curieux de savoir ce qu'Ursule Malbone écrivait à Zephaniah Mille-Acres, je lui transcrirai tout au long le contenu de cette étrange lettre, ainsi conçue :

A monsieur Zephaniah Timberman.

« Mooseridge.

» Monsieur,

» Comme vous m'avez souvent témoigné une attention particulière, je saisis l'occasion de mettre à l'épreuve la sincérité de vos protestations. Mon cher oncle se rend auprès de votre père pour lui demander la liberté du major Littlepage, que votre famille retient prisonnier au mépris de la loi et du droit des gens. Comme il est possible que la démarche de mon oncle soit désagréable à M. Mille-Acres, et que des paroles désagréables s'ensuivent entre eux, je réclamerai de votre amitié de faire quelques efforts pour les calmer; et que si quelque circonstance empêchait le retour de mon oncle, vous vinssiez m'en donner avis sur la lisière de la forêt où je dois l'attendre. Vous me trouverez là en compagnie du nègre.

» Laissez-moi, Zephaniah, vous prier aussi tout particulièrement de veiller à la sûreté du major Littlepage; car s'il arrivait malheur à ce gentleman, ce serait la destruction de toute votre famille. La loi est puissante, elle saurait vous atteindre jusque dans la solitude de votre établissement. La vie d'un être humain est d'une toute autre importance que la possession de quelques acres de bois, et le général Littlepage tient autrement à la sûreté de son fils qu'à tous les arbres que vous avez abattus et lancés sur la rivière pour les vendre au marché.

» Je ne saurais donc trop vous recommander de protéger ce gentilhomme, si vous voulez conserver ma considération, même pour votre propre tranquillité d'esprit. J'ai appris par hasard quelques détails sur les circonstances qui ont fait tomber M. Littlepage entre vos mains, et je n'aurais plus de repos en ce monde s'il lui arrivait malheur. Retenez bien ceci, Zephaniah, et réglez votre conduite en conséquence; je me dois à moi-même, et je vous dois aussi d'ajouter ici que la réponse que je vous ai faite le soir de l'édification à Ravensnest restera pour toujours la même; mais si vous avez réellement pour moi la considération que vous professiez, vous ferez tout ce que vous pourrez pour être utile au major Littlepage, qui est un vieil ami de mon oncle, et dont la sûreté, en raison de circonstances que vous comprendriez parfaitement si elles vous étaient exposées, est désormais absolument indispensable à la paix de mon cœur.

» Ursule Malbone. »

Quelle étrange fille que Duss! J'eus honte de ma jalousie passagère, qui me parut plus absurde que je ne l'avais auparavant trouvée plausible. Dieu préserve toute malheureuse victime de cette aveugle passion et l'homme jaloux par circonstance, qui, dans les transactions ordinaires de la vie, voit un millier de faits qui n'existent que dans son cerveau! Comment avais-je pu un seul instant croire à la possibilité de l'amour d'Ursule Malbone pour Zephaniah Mille-Acres? J'ai eu envie de m'arracher les cheveux chaque fois que cet acte de folie s'est représenté à ma mémoire.

— Elle écrit fièrement une lettre! dit le jeune accapareur redressant sa large corpulence comme après une suspension accidentelle de mouvement produite par l'anxiété. Je ne crois pas, major, que l'on puisse rencontrer sa pareille dans York, ville, Etat ou colonie.

Comment ne pas sourire à ce débordement de sentiments, qui m'eût moins surpris si le jeune homme eût appartenu à une classe plus éclairée de la société? La grande égalité de condition et d'éducation qui règle toute la population rurale de la Nouvelle-Angleterre produit souvent des alliances qui paraîtraient monstrueuses partout ailleurs par cette seule opposition de mœurs, d'éducation et de différence de fortune. C'est ainsi que Zephaniah, sans faire violence à ses sentiments, se croyait parfaitement en droit d'aspirer à la main d'Ursule Malbone. Je ne pouvais m'empêcher, du reste, de rendre hommage au goût du jeune homme, surtout depuis que je n'avais plus à redouter le fantôme absurde de son succès.

— Puisque vous avez tant de respect pour Duss, lui dis-je, j'espère pouvoir compter que vous obéirez à ses injonctions?

— Comment puis-je vous être utile, major? Je vous jure que j'ai le plus vif désir d'accomplir ce qu'Ursule Malbone désire de moi, si je sais seulement comment.

— Tirez les verrous de notre prison, et laissez-nous fuir dans les bois, vous pouvez être certain que nous ne nous laisserons pas reprendre : rendez-nous ce service, et je vous cède cinquante acres de terre, où vous pourrez vous fixer et devenir un honnête homme; c'est déjà très-honorable d'être légitime possesseur de cinquante acres de bonne terre.

Zephaniah réfléchit quelques instants : il semblait hésiter; mais la décision fut contraire à mes souhaits. Il secoua la tête, jeta un coup d'œil vers la forêt, du côté où Duss pouvait être; mais il ne céda pas.

— Si un père ne peut pas se fier à ses propres enfants, dit-il, à qui pourra-t-il donc accorder sa confiance?

— Il n'y a pas de justice à soutenir une mauvaise action, et votre père n'a pas le droit de nous enfermer ici comme il l'a fait; cet acte est tout à fait contraire à la loi, et tôt ou tard il sera appelé à en rendre compte.

— Oh! pour ce qui est de la loi, il s'en moque pas mal... Toute notre vie nous avons été contre la loi, et la loi a été contre nous. Que peut la loi lorsqu'il y a mort d'homme?

— Mais il n'en sera pas ainsi, je l'espère; votre père serait-il donc dangereusement blessé?

— Pas trop! répliqua froidement le fils, dont les yeux restaient toujours attachés sur la lisière du bois; un peu étourdi, mais il en revient vite, il est habitué à ces sortes de chutes. Mon père a la tête solide, elle résisterait à des coups de marteau. Tobit est assez robuste aussi; et il en a besoin, car il attrape toujours des horions à la tête et aux yeux.

— Et lorsque votre père aura repris ses sens, quelles seront ses dispositions à notre égard, pensez-vous?

— Rien de bon en fait d'amitié, je vous assure! Le vieillard est têtu, et alors il faut qu'il ait raison, en dépit de tous les juges et de tous les gouverneurs de la terre.

— Pensez-vous donc qu'il médite quelque sérieuse injure contre ses prisonniers?

— Un homme qui vient de recevoir un tel coup n'est pas très en état de méditer. La grande difficulté pour ce qui vous concerne est relative aux planches qui flottent dans la crique. L'eau est basse, et tout ce que l'on pourrait faire avant novembre serait de les faire descendre jusqu'au plus prochain confluent pour attendre l'élévation de l'eau. C'est très-chanceux de vous garder en prison, vous et le Porte-Chaîne, pendant trois ou quatre mois; et il n'y a pas moyen de vous laisser partir, puisque vous mettriez à nos trousses les hommes de loi. Si nous vous gardons, on vous cherchera en offrant une récompense. Or, beaucoup de vos tenanciers connaissent cette clairière, et ne résisteront pas à l'appât d'une récompense. Le vieillard sait cela, et c'est ce qui l'inquiète le plus.

La simplicité de ce jeune homme m'amusait et m'instruisait en même temps; j'eusse volontiers prolongé la conversation, si Lowing ne fût venue nous interrompre pour informer son frère que le vieux Mille-Acres se trouvait assez rétabli pour convoquer tous ses fils en conseil. Le frère nous quitta aussitôt; mais la sœur rôdait autour de la grange comme pour me dire quelque chose.

— J'espère, dit-elle enfin, que vous avez trouvé le pudding bon?

— Il était excellent, et je vous remercie, ma bonne fille, pour tant d'attention. Avez-vous le temps de rester un moment et d'écouter une requête que je veux vous faire?

— Oh! j'ai le temps, il n'y a rien à faire pour nous autres femmes, puisque les hommes se concertent ensemble.

— Promettez-moi d'abord de me garder le secret.

— Je vous le jure, répondit-elle avec assurance. Nul mortel au monde ne le saura ; je n'en parlerai même pas pendant mon sommeil, comme cela m'arrive quelquefois, si je puis m'en empêcher.

— Le Porte-Chaîne a une nièce qui lui est chère et qui lui porte une grande affection. Son nom est...

— Duss Malbone, interrompit la jeune fille avec un faible sourire. Zeph m'a tout dit sur son compte, car Zeph et moi nous sommes bons amis. Il me dit tout et je lui dis tout. C'est si consolant d'avoir quelqu'un à qui confier ses secrets! Mais qu'avez-vous à me dire concernant Duss Malbone?

— Elle est ici.

— Ici! Je ne la vois pas, objecta-t-elle regardant autour d'elle inquiète et agitée.

— Je ne veux pas dire qu'elle est ici dans la grange, mais ici près dans les bois. Elle a accompagné son oncle jusqu'à la clairière. Retournez-vous et regardez là-bas à l'est. Voyez-vous ce tronc noir dans le champ de blé, derrière la case de votre père?

— Sans doute, c'est assez distinct. Je voudrais bien voir Albany aussi aisément.

— Un peu à gauche de ce tronc, vous apercevez un large noyer qui paraît sortir de la forêt pour projeter son ombre en avant sur la clairière.

— Je le vois aussi, et je le connais bien; une source d'eau pure coule tout près de ses racines.

— Le Porte-Chaîne a quitté sa nièce au pied de ce noyer; elle doit se tenir cachée dans les alentours. Voulez-vous vous hasarder à rôder jusque-là sans y aller en ligne directe, et lui porter un message ou lui remettre une lettre?

— Je le pourrais très-bien. Nous autres filles, nous avons coutume de courir au milieu des lots autant qu'il nous plaît, et nous sommes à l'époque des cerises. Je cours chercher un panier; pendant ce temps, vous écrirez votre lettre. Personne ne trouvera extraordinaire que j'aille chercher des cerises. J'ai une furieuse envie de la connaître, cette Duss! Croyez-vous qu'elle épousera Zeph?

Je ne perdis pas de temps et j'écrivis à Duss un petit billet dont je trouvai le papier dans mon portefeuille. Je m'approchai du Porte-Chaîne pour l'instruire de mon intention, et pour savoir de lui s'il ne désirait pas faire dire quelque chose de particulier à sa nièce.

— Envoyez à la chère fille ma bénédiction. Dites-lui que le Porte-Chaîne prie Dieu te la bénir. Voilà tout. Je vous laisse à lui dire le reste.

En effet, j'achevai le reste après lui avoir adressé la bénédiction de son oncle. Je lui expliquai en peu de mots notre situation, la suppliant de retourner vers son frère, et de ne plus s'exposer ainsi sans protection. Mon billet était terminé comme Lowing reparut pour le prendre. Elle nous apportait une cruche de lait comme une sorte de prétexte pour son retour du côté de la grange. Je lui donnai ma lettre en échange, et elle se dirigea à travers champs. En passant devant une des cases, je l'entendis crier à une sœur qu'elle allait cueillir des mûres pour les prisonniers.

J'épiai les mouvements de cette jeune fille avec le plus vif intérêt. Le Porte-Chaîne, qui avait peu dormi depuis ma disparition, réparait le temps perdu. L'Indien ne faisait pas autre chose que de manger et dormir, occupation habituelle des gens de sa race lorsqu'ils ne vont pas en guerre ou à la chasse.

Lowing disparut bientôt derrière un taillis, ramassant des mûres en chemin, afin de pouvoir en montrer à son retour. Mes yeux ne pouvaient se détacher du point de la forêt où Duss devait se tenir cachée. Ma persévérance fut couronnée d'un demi-succès. J'aperçus l'ombre d'une forme se glisser dans la pénombre des arbres J'aperçus ensuite Lowing tourner derrière le noyer et disparaître dans les profondeurs du bois, où elle demeura plus d'une heure.

Cependant Zephaniah se dirigea de nouveau vers la grange, en compagnie cette fois de deux de ses frères. Comme il tenait à la main la clef de notre prison, je lui supposai d'abord l'intention de me conduire devant la haute cour de Mille-Acres. Je me trompais. Dès qu'il eut ouvert la porte, il invita l'Onondago à s'approcher de lui pour entendre ce qu'il avait à lui dire.

— Ça doit être bien triste pour un Peau-Rouge d'être enfermé comme un porc que l'on va saigner, dit le jeune paysan prenant son langage figuré dans les habitudes agrestes de la famille. Je suppose que vous aimeriez mieux sortir et vous promener comme une créature libre et raisonnable. Qu'en dites-vous, Indien ? est-ce là votre désir ?

— Certain, répliqua paisiblement l'Indien. Beaucoup préférer être dehors que dedans.

— C'est ce que je pensais. Eh bien ! le vieillard dit que vous pouvez sortir sur parole si vous êtes disposé à la donner. Ainsi, vous êtes le maître de votre liberté.

— Quoi lui vouloir moi faire ? quoi dire ? hein ?

— Pas grand'chose, après tout. Vous donnerez d'abord votre parole de ne pas fuir, mais de rester dans la clairière, et de venir vous rendre prisonnier lorsque la conque sonnera trois notes brèves. Y consentez-vous ?

— Bon ! pas difficile, ça.

— Vous n'apporterez pas d'armes dans l'établissement, et vous ne communiquerez avec les prisonniers que pour causer avec eux et leur donner à manger. Acceptez-vous cette condition ?

— Certain, veux bien faire cela aussi.

— Vous ne ferez la guerre à aucun de nous avant que votre parole vous soit rendue, et que vous soyez libre de nouveau. Que répondez-vous à cela ?

— Tout bien ; consens à tout.

— C'est là tout ce que le vieillard exige ; mais ma mère exige encore une ou deux promesses. Si les choses en venaient au pire et que les gens de cet établissement en vinssent aux coups avec ceux du dehors, vous devez promettre de n'enlever les chevelures ni des femmes, ni des enfants, ni d'autres hommes que de ceux que vous aurez vaincus en combat corps à corps.

— Plus besoin prendre chevelure, répliqua l'Indien avec une émotion mal déguisée. Susquesus plus de tribu, plus de jeunes gens ; quoi bon chevelure ? plus de femme, plus de vieux père pour compter ses trophées à sa ceinture. Tout cela oublié depuis longtemps.

— C'est votre affaire, non la mienne. En ce cas, comme toutes les conditions sont acceptées, vous pouvez sortir et aller à vos affaires. Rappelez-vous trois sons brefs de la conque, c'est le signal pour vous de rentrer dans votre prison.

Susquesus fut mis en liberté à ces conditions, que j'écoutai dans le plus grand étonnement. J'avais entendu dire que la parole d'un Indien, dans de semblables circonstances, était considérée comme sacrée, et je ne pus m'empêcher, pendant que Susquesus sortait d'un pas paisible et grave hors de sa prison, de mettre en question si aucun potentat de la chrétienté consentirait, dans une affaire où ses plus graves intérêts se trouveraient engagés, à accorder à son ennemi une confiance aussi absolue dans sa seule parole. J'étais curieux de connaître le fond de la pensée de mes maîtres actuels sur ce sujet, et je leur posai ainsi la question, m'adressant à Zephaniah :

— Vous rendez à l'Indien la liberté sur parole, refuserez-vous à nous autres blancs le même privilége?

— Un Indien est un Indien, me répliqua-t-il. Il a sa nature comme nous avons la nôtre. Il a été question de vous laisser aussi sortir, major; mais le vieillard n'a jamais voulu y consentir. Il connaît l'espèce humaine, nous a-t-il dit. Si nous relâchons les liens d'un blanc, il mettra son esprit à la torture pour échapper, par un cas imprévu, à la parole donnée. Le major dira : J'ai été renfermé contrairement à la loi, je ne suis pas tenu, maintenant que je suis dehors, de tenir une promesse faite sous la contrainte morale. Nous l'avons mis en sûreté, il vaut mieux le garder ainsi. Ce sont là ses idées, major, et vous devez croire qu'il n'est pas près d'en changer.

Il n'y avait rien à opposer à cette logique, que je savais fondée sur des précédents; je n'insistai donc pas davantage pour obtenir un peu de liberté. Il parut néanmoins que Mille-Acres s'était montré assez disposé à faire une concession de cette nature en faveur du Porte-Chaîne. Je fus frappé de cette singularité après la lutte que ces deux hommes avaient soutenue l'un contre l'autre. Mais il y a de certains points d'honneur inhérents avec chaque classe de la société, que les hommes qui en font partie affectent une sorte d'orgueil à faire respecter et à respecter eux-mêmes.

— Mon père avait eu l'idée de demander aussi votre parole, Porte-Chaîne, ajouta Zephaniah; mais il craint que depuis vos longues relations avec les autres établissements il n'y ait plus à compter aussi fermement sur un engagement pris par vous. Un homme, dit-il, qui passe la majeure partie de son temps à poser des bornes et des limites doit être mieux porté que d'autres à sauter par-dessus.

— Votre père fait bien de garder son opinion, répondit froidement Andries. Il n'obtiendra aucune parole te moi, et je n'implore te lui aucune faveur. Nos couteaux sont tirés, jeune homme, qu'il tâche te sauver sa peau et ses planches comme il pourra.

— Ah ! si vous parlez comme cela, répondit Zephaniah se redressant avec fierté, bien qu'il parlât à l'oncle de Duss et qu'il s'exposât ainsi à compromettre ses propres intérêts, nous verrons qui sera le plus fort. Nous sommes assez nombreux et vigoureux pour nous défendre et pour ne pas nous laisser effrayer par le crieur d'une cour de justice, ni nous faire chasser de notre établissement comme des moutons. Il faudra que vos chats-tigres s'abattent sur nous en grand nombre avant de nous faire céder un pouce de terrain.

— Allez ! allez ! jeune écervelé, vous êtes le fils de fotre père, c'est tout ce qu'il est nécessaire de tire sur fotre compte. Je ne veux aucune faveur te la part d'accapareurs; c'est une race que j'aphore et que che méprise.

J'étais un peu surpris d'entendre cette réponse et cette manifestation d'indignation de la part du Porte-Chaîne, qui d'ordinaire conservait son sang-froid et se montrait toujours uniformément indulgent. Mais en y réfléchissant un peu, je reconnus qu'il n'avait pas tort. Le moindre échange de civilités entre nous et nos oppresseurs n'eût servi qu'à leur donner prise sur l'indépendance absolue de nos principes, tandis qu'en demeurant renfermés dans notre droit, nous avions sur eux, au moral du moins, tous les avantages. Sur cette rebuffade d'Andries, Zephaniah et ses frères nous quittèrent. Mais Susquesus continuait à rôder autour de la grange, paraissant embarrassé de la liberté qu'on venait de lui rendre, oisif comme ceux de sa race lorsqu'ils n'ont pas occasion de déployer cette énergie qui les rend si redoutables.

Peu de temps après cet entretien, nous reçûmes la visite d'une autre fraction de la famille de Mille-Acres, conduite cette fois par Tobit, qui venait nous chercher pour nous escorter, Andries et moi, jusqu'à la case de Mille-Acres, devant laquelle tous les membres de la famille se trouvaient rassemblés. Je consultai le Porte-Chaîne sur l'accueil que nous devions faire à cette injonction ; mais je le trouvai très-disposé à affronter toute la couvée des accapareurs, et à leur dire sa façon de penser coûte que coûte. Je n'avais pas d'objection personnelle à faire; en conséquence, nous sortîmes de notre prison sous la garde des quatre jeunes gens armés jusqu'aux dents, pour comparaître dans cette cour de justice improvisée par ce petit gouvernement arbitraire.

CHAPITRE XXII.

Mille-Acres n'avait pas entièrement négligé les formes de cette loi qu'il affectait tant de mépriser. Nous le trouvâmes assis devant la porte de sa case, entouré de ses fils, l'intérieur n'étant occupé que par Prudence et deux de ses filles. Je fus surpris de reconnaître dans l'une d'elles Lowing, que je n'avais pas vue revenir de son excursion dans la forêt, dont je n'avais cessé de surveiller les abords.

Tobit nous introduisit dans la case, nous plaçant près de la porte en face de son père. Cette disposition semblait réclamer de nous la plus grande circonspection, attendu que nous n'avions d'autre moyen de fuir qu'en forçant le groupe qui nous barrait le passage du dehors, expédient à peu près impraticable. Mais le Porte-Chaîne ne paraissait nullement préoccupé de l'idée de fuir. Il traversa le cercle de cette réunion de jeunes athlètes avec une parfaite insouciance. Je retrouvai en lui dans ce moment solennel l'air de gravité digne et le sang-froid qu'il avait montré au régiment la veille d'un engagement sérieux.

Nous nous assîmes près de la porte sur des siéges qui nous avaient été préparés, tandis que Mille-Acres, assis au-dehors sur le gazon, était entouré de ses fils debout et dans une attitude respectueuse qui ne manquait pas de donner à cette scène quelque chose d'imposant comme les abords de la justice.

Un assez long silence, prémédité sans doute pour rehausser l'effet imposant de cet appareil judiciaire, suivit notre introduction. J'eus le temps d'observer la physionomie de Mille-Acres, et de remarquer qu'elle n'exprimait aucun ressentiment contre le Porte-Chaîne par suite de la lutte récente dans laquelle il avait été vaincu par lui. Loin de là, le Porte-Chaîne était devenu aux yeux de ces accapareurs un homme beaucoup plus important que le fils de l'un des propriétaires du sol contesté; et je reconnus bientôt que mon rôle n'était que secondaire dans cette grave discussion d'intérêts dont la vie des intéressés formait l'enjeu.

— Porte-Chaîne, commença enfin Mille-Acres avec toute la dignité que lui donnait l'intensité de son exaltation, vous vous êtes déclaré mon ennemi depuis longtemps et pourtant vous avez eu la témérité de venir me relancer jusque dans ma maison.

— Je suis l'ennemi juré de tous fripons, répliqua Andries. Quant à être par mon état fotre ennemi, che puis en tire autant de vous, puisqu'il n'y aurait pas moyen de mesurer les terres si tous les hommes accaparaient tout ce qu'ils trouferaient à leur confenance.

— Je suis prêt à raisonner avec vous sur ce point, dans l'espoir que ce conflit sera le dernier entre nous. Nous commençons à devenir vieux, Porte-Chaîne, et nous devons bientôt songer à notre fin.

— Tout cela n'a rien à faire ici, Mille-Acres ! s'écria Andries ; non pas que la religion ne soit une bonne chose ; mais tans la pouche t'un accapareur, c'est un plasphème. Poufez-fous me tire, Mille-Acres, pourquoi fous, Yankee, affectez t'être si défot le dimanche, pour aller le lundi marauder, piller, foler ?

— Je ne veux pas justifier ma conduite avec votre religion ; ce qui est écrit est écrit ; mais mettant de côté tout sujet de religion.....

— Ah ! fous ferez pien, en vérité, grommela le Porte-Chaîne.

— Je dis, répliqua Mille-Acres haussant la voix que je suis prêt à discuter avec vous sur le pied de la raison.

— Je vous avoue, Porte-Chaîne, interrompis-je, que j'éprouve un vif désir d'entendre ce que Mille-Acres peut avoir à dire pour sa défense, et que vous m'obligerez de vouloir bien l'écouter patiemment.

Andries accéda à ma prière, non sans laisser échapper quelques gestes d'impatience.

— En traitant cette question, jeune homme, j'ai l'intention de commencer par le commencement ; car j'admets que si vous donnez de la valeur aux titres, mes droits ici ne seront pas appréciés par vous. Mais vous admettrez que le Seigneur a créé le ciel et la terre, et qu'il a créé l'homme pour être le maître de cette terre.

— Qu'est-ce que cela signifie ? objecta vivement le Porte-Chaîne. Qu'est-ce que cela feut dire, vieux Mille-Acres ?

— Laissez-moi parler je vous écouterai à mon tour. L'homme fut mis en possession de la terre pour en disposer, tout comme il lui conviendrait. Adam fut le père de tous les hommes, et la possession de la terre transmise à sa postérité par celui dont le titre domine ceux de tous. Adam légua tout à sa postérité, qui s'est per-

— Il respire encore! s'écria Duss; Dieu soit loué, Mordaunt, il respire!... (page 197)

pétuée de père en fils jusqu'à notre génération, selon la loi de Dieu, mais pas suivant la loi des hommes.

— Admettant tout ce que fous tites là, Mille-Acres, comment cela se fait-il que fos droits seraient meilleurs ici que ceux t'un autre homme? demanda Andries d'un air de dédain.

— La raison nous dit où commencent les droits d'un homme, vous allez voir, Porte-Chaîne. Voilà donc la terre donnée à l'homme pour ses besoins. Quand vous et moi nous venons au monde, certaine partie du monde est occupée, certaine autre ne l'est pas. Nous avons besoin de terre quand nous sommes assez grands pour la labourer, et je plante ma tente dans ces bois, où nul homme n'est encore venu se fixer. Maintenant, à mon jugement, c'est le meilleur titre, celui du Seigneur.

— Pien, pien, vous tenez fotre titre tu Seigneur, répondit le Porte-Chaîne, et fous avez votre terre. Je suppose que fous ne prenez pas pour fous toute la terre qui n'est pas habitée, et je voutrais savoir comment fous tirerez une ligne te témarcation entre fotre bien et celui de votre voisin. Admettant que vous êtes ici tans les bois, compien d'acres prentrez-vous pour fotre religieux usage, et compien laisserez-vous pour celui qui fiendra ensuite?

— Chaque homme en prendrait la quantité nécessaire à ses besoins, Porte-Chaîne, et en garderait autant qu'il pourrait en posséder.

— Mais qu'est-ce que ses pesoins? qu'est-ce que sa possession? Regardez autour de fous, Mille-Acres, et tites-moi combien d'étendue de cette terre fous avez envie de réclamer sous le titre de votre Seigneur.

— Combien? mais autant que j'en ai besoin.... assez pour me nourrir moi et les miens... et assez de bois pour occuper les garçons. Cela dépendrait un peu des circonstances; je pourrais avoir besoin de plus à une époque qu'à une autre, à mesure que les garçons grandissent et que la famille s'accroît en nombre.

— Assez te bois, pour combien de temps... pour occuper les garçons, pour quelle durée? pour un jour, une semaine, une existence, ou pour un grand nombre de fies? Il faut me répondre à cela, Mille-Acres, avant que je fous accorde votre titre.

— Ne soyez pas déraisonnable dans vos questions, Porte-Chaîne, et je vous répondrai de manière à vous satisfaire. Combien de temps j'ai besoin de bois? aussi longtemps que j'en ai l'emploi; combien pour occuper les garçons? jusqu'à ce qu'ils soient fatigués et qu'ils aient envie de changer de travail. Quand un homme est las de travailler dans le même endroit, qu'il l'abandonne pour un autre en vendant ses produits à celui qui lui en offre le plus d'avantages.

— Ah! vous ne comprenez pas Aaron, dit Prudence intervenant dans le débat pour tirer son homme d'embarras... Son idée est que le Seigneur a créé la terre pour ses créatures; que quiconque a besoin de terre a le droit d'en prendre autant qu'il veut, et d'en faire l'usage qu'il lui plaît; et quand il a fini, de vendre ses produits pour tel prix qu'il lui convient de les vendre.

— C'est cela, je m'en tiens à cela, ajouta l'accapareur toussant fortement comme un homme qui vient de recevoir un secours inespéré; c'est mon idée, et je suis décidé à vivre et à mourir avec.

— Vous avez vécu avec, je le sais bien, Mille-Acres, et à présent que vous êtes fieux, il est probable que vous mourrez avec elle. Pour ce qui est te comprendre, fous ne fous comprenez pas vousmême... Supposez que teux hommes veulent afoir le même morceau de terre.

— Premier pris, premier sauvé, c'est ma maxime. La possession est le meilleur titre que l'on puisse faire valoir.

— Pien, pour fous plaire, Mille-Acres, nous laisserons l'un afant l'autre; combien de terrain occupera-t-il?

— Autant qu'il en aura besoin, je vous l'ai déjà dit.

— Oui; mais celui qui est plus lent vient planter sa tente auprès te son plus vieux voisin : où trouver la limite entre leurs deux propriétés?

— Qu'ils la déterminent d'un commun accord, dit Tobit, qui commençait à se lasser de la longueur de la discussion : ce sont de bien pauvres voisins s'ils ne s'entendent pas sur une chose aussi simple que celle-là.

— Tobit a raison, ajouta le père, qu'ils conviennent de leur ligne et qu'ils la tracent à l'œil. Les chaînes et les compas sont de vraies causes de discorde entre voisins, l'entretien des dissensions, lorsque nos Bibles nous disent de vivre en paix avec nos semblables.

— Je fous gomprends, rétorqua le Porte-Chaîne d'un ton dédaigneux. Une Piple de Yankee est un livre très-commode, tous les chapitres et versets mêlés ensemble; mais tout cela ne met pas t'ac-

deux accapareurs qui veulent posséder tous deux les arbres d'une même colline; qui tes teux toit l'afoir?

— Celui qui arrive le premier; je vous l'ai déjà dit, vieux Porte-Chaîne, et je vous le répéterai mille fois. Si le premier venu a dit : Cette colline est à moi, elle lui appartient.

— J'appelle cela se faire bien fîte propriétaire. Est-ce ainsi, Mille-Acres, que fous fous êtes établi sur la propriété te Mooseridge?

— Certainement... je n'ai pas besoin d'autres titres. Je suis venu ici le premier, j'ai labouré le sol et je continuerai à le labourer tant que j'en aurai besoin. Il n'est pas nécessaire de craindre de parler; j'aime que l'on m'entende, quand même le fils du propriétaire serait là.

— Oh! fous parlez assez fort; ce n'est pas par là que vous péchez. Ainsi fous prenez possession d'un terrain rien qu'en jetant les yeux tessus?

— Regarder n'est pas nécessaire. C'est assez pour un homme qu'il ait besoin de la terre pour qu'il ait le droit de s'en emparer. La possession vaut toute espèce de titre; cela lui donne le droit d'abattre et de faire un champ où il sème pour récolter, et tout le monde conviendra qu'il a le droit de vendre la récolte.

— Che fois que nous commençons à nous comprendre; mais il reste encore une petite difficulté. Un certain général Littlepage et un colonel Follock eurent la fantaisie de posséder cette terre longtemps avant la guerre française; mais pour en avoir la possession léchitime, ils achetèrent le troit des Indiens d'abord, puis ils achetèrent le domaine au roi, qui était propriétaire te tout le pays à cette époque. Ensuite ils envoyèrent tes arpenteurs pour mesurer la terre et la tiviser en tifférents lots; puis, t'autres arpenteurs sont fenus pour tiviser en plus petits lots; ensuite ils ont payé les contributions à l'Etat pentant pien des années, et fait toutes sortes d'autres choses pour prouver qu'ils avaient pesoin de cette propriété autant que fous. Il y a plus t'un demi-siècle qu'ils sont en possession et qu'ils y exercent leurs troits te propriétaire; et ils commencent un nouveau quart te siècle ayant touchours pesoin te la terre qu'ils ont payée teux fois, qu'ils ont fue avant vous, et qui leur appartient par toutes les lois t'équité et te chustice. Que me répondrez-vous là-dessus?

Une longue pause suivit cette exposition claire et précise des faits, chaque membre de la famille cherchant un soutien qui lui échappait par la logique du Porte-Chaîne.

— Je ne m'étonne pas que l'on fous appelle Mille-Acres, Aaron Timberman, continua le Porte-Chaîne profitant de ses avantages, car avec un pareil titre vous pourriez tout aussi pien fous appeler Tix-Mille-Acres, et plus même; che m'étonne que fous fous soyez montré si motéré pentant que vous étiez en train.

Mais Mille-Acres avait pris la résolution de ne pas prolonger la dispute, de laquelle il avait espéré tirer d'autres résultats. Il eut de la peine à contenir le volcan qui bouillonnait dans son sein, et menaçait de faire irruption au-dehors; mais il se contint, et donna l'ordre à Tobit de reconduire son prisonnier dans sa prison.

— Emmenez-le, mes gars, reconduisez-le dans la grange, dit-il en se levant pour laisser passer Andries, et comme s'il eût craint de se trouver trop rapproché de lui... il est né le domestique des riches, il mourra leur domestique. Les chaînes sont bonnes pour lui, et je ne lui souhaite d'autre mal que d'en porter toute sa vie.

— Oh! fous êtes un frai fils de la liberté! s'écria le Porte-Chaîne reprenant paisiblement le chemin de sa prison... un frai fils de la liberté, selon fotre manière de foir. Fous foulez que tout marche à fotre gré, et que tous les profits rentrent tans fotre poche. La loi du Seigneur est la loi de Mille-Acres; mais sa loi à lui ne prend aucune force te Cornélius Littlepage ou te Dirck Follock.

Mon vieil ami fut reconduit à sa prison; et par une étrange préoccupation, je fus oublié et laissé seul dans la case, Prudence, ses fils et ses filles ayant suivi Mille-Acres jusqu'à l'entrée de la grange. Je me crus un moment tout à fait seul; mais un léger bruit attira mon attention vers l'angle le plus reculé de la case, et j'aperçus Lowing, se tenant sur la pointe du pied, un doigt sur la bouche pour m'inviter au silence, et me faisant signe de l'autre main d'entrer dans un couloir qui communiquait au moyen d'une échelle avec le toit de la case. J'appréciai dès lors l'avantage de mes chaussures de mocassin. Sans m'arrêter pour réfléchir aux conséquences, ou pour regarder en arrière, je suivis son indication, et tirai la porte sur moi. Je trouvai sur mon passage, lorsque je me fus engagé dans le couloir avec la jeune fille, une fenêtre basse qui donnait sur la campagne, et mon premier mouvement fut d'y chercher une issue pour fuir, car elle n'avait ni verre ni châssis; mais Lowing me saisit par le bras.

— Le Seigneur ait pitié de nous! dit-elle à voix basse; on vous verrait, vous seriez repris et tué indubitablement. Si vous tenez à votre vie, ne sortez pas par là maintenant. Voici une trappe qui conduit à la cave... Descendez par là, et attendez que je vienne vous prévenir.

Le moment n'était pas opportun pour délibérer, et la vue de l'escorte du Porte-Chaîne, que l'on reconduisait en prison, me prouva que la fille avait raison. Elle souleva la trappe et je descendis dans une sorte de trou qui servait de cave. J'entendis Lowing, qui traînait un coffre pour couvrir la trappe qu'elle avait laissé retomber; puis le craquement des traverses de l'échelle me fit penser qu'elle remontait au grenier qui lui servait de chambre à coucher. Tout ceci fut l'affaire d'une minute, et je n'avais pas été plus d'une seconde minute dans ma cachette, quand j'entendis le pas lourd de Mille-Acres au-dessus de ma tête, et les clameurs de voix nombreuses qui parlaient toutes à la fois. Il était évident que l'on s'était aperçu de ma disparition, et que les recherches commençaient. Je ne compris rien de ce qui se passait jusqu'au moment où la voix aigre de Prudence appela Lowing.

— Lowing! Lowing! où est-elle donc passée, cette drôlesse?

— Me voici, mère, répondit mon amie du haut de son grenier; vous m'aviez dit de monter chercher votre nouvelle Bible.

Le fait était vrai, sans doute, et suffisant pour étouffer tout soupçon contre elle de connivence avec moi. Le bruit des pas au-dessus de ma tête redoubla; j'entendis dans la confusion des voix celle de Lowing, qui sans doute était descendue de son échelle pour se mêler à ses frères et sœurs.

— Il ne faut pas le laisser échapper, dit à haute voix Mille-Acres, ou nous sommes perdus. Tout ce que nous possédons deviendra sa proie; moulin, maison, cargaison de bois, tout sera perdu pour nous. Nous n'aurons même pas le temps d'enlever le matériel et les meubles.

— Il doit être au grenier, dit l'un. — Non, à la cave, dit l'autre. Des pas firent crier l'échelle; j'entendis déranger le coffre qui couvrait la trappe, et le rayon de lumière qui vint éclairer mon obscurité m'indiqua que l'on s'apprêtait à descendre. Le lieu dans lequel je me trouvais était un trou de vingt pieds carrés, grossièrement recrépi avec des cailloux et de la terre, presque vide, car il ne contenaît qu'une ou deux tonnes de viande salée, et quelques vieilles barriques. Il n'y avait pas possibilité de se cacher, je me retirai seulement dans le recoin le plus obscur; mais je me crus perdu en apercevant deux jambes qui descendaient les degrés. Presque au même moment, deux hommes et trois femmes pénétrèrent dans la cave; une quatrième personne, que je sus plus tard avoir été Lowing, se tenait au-dessus de la trappe afin d'entretenir l'obscurité de la cave. Le premier homme qui descendit commença par remuer et déranger les barriques de place et fouiller tous les coins. J'eus aussitôt l'heureuse idée de faire comme lui, et de paraître aussi occupé que les autres à fouiller et remuer partout; j'échappai par ce stratagème à leurs recherches, et Tobit s'élança de nouveau le premier en haut de la cave en criant : A la fenêtre! à la fenêtre! il n'est pas ici. La cave fut abandonnée, et je restai seul.

J'eus de la peine pendant quelques instants à croire à tant de chance; mais la trappe retomba, et la solitude profonde du lieu ne me laissa plus de doute; j'avais du moins échappé à ce premier danger. Je m'assis sur l'une des barriques, et je ne pus retenir mon envie de rire de la manière singulière dont j'avais été sauvé, me tenant les côtés pour ne pas laisser monter au-dessus de moi les éclats de ma gaieté. Il me parut que l'effet s'était communiqué à Lowing, qui donnait un libre cours à sa joie, pendant que ses frères remuaient et dérangeaient tous les meubles des étages supérieurs, comme ils l'avaient fait pour les barriques. Cette gaieté intempestive de la pauvre enfant lui attira de la part de sa mère un soufflet dont le son vint me frapper au cœur. Après quelques instants de ce remue-ménage pour me découvrir, le bruit cessa tout à coup, et la case me parut désertée pour le moment.

Ma situation était loin de me paraître agréable. Confiné dans une sombre cave, et n'ayant d'autre chance de sortir que par la trappe, où j'avais la presque certitude de retomber aux mains de mes oppresseurs, je commençai à regretter d'avoir adopté le plan de Lowing sans assez réfléchir aux conséquences. Si j'étais pris de nouveau, je perdais beaucoup de la considération que l'on avait eue pour moi dans ma première arrestation, et je donnais une sorte de prétexte aux mauvais traitements que dans leur fureur ils pouvaient être tentés de me faire subir.

J'étais absorbé dans ces méditations, assez conformes à la sombre obscurité du lieu, lorsque le rayon lumineux vint m'éclairer de nouveau. La trappe se souleva, et je m'entendis appeler à voix basse par mon nom. Je m'approchai des marches; Lowing tenait la trappe; elle me fit signe de monter. En deux bonds je fus à côté de la généreuse enfant, qui tremblait à la fois de terreur et de la gaieté convulsive dont elle n'avait pu contenir les élans.

— N'était-ce pas drôle, murmura-t-elle, que pas un d'eux ne vous ait reconnu? — Mais, chut! ne dites rien, car ils sont par ici autour à chercher, et l'un d'eux pourrait bien rentrer. J'avais hâte de vous faire sortir de la cave, parce que les jeunes gars vont bientôt y descendre pour chercher du porc pour notre souper, et ils ont des yeux de lynx. Croyez-vous pouvoir ramper jusqu'au moulin? Il est arrêté dans ce moment, et on ne le fera marcher que quand tout ce tumulte aura cessé.

— Je serai découvert, ma pauvre enfant, si vos gens rôdent dans les environs.

— Je ne le pense pas. Venez jusqu'à la porte, vous verrez qu'il y a moyen d'y parvenir sans être vu. Ils sont tous à chercher du côté droit des cases, et si vous pouvez seulement gagner ces blocs de bois, vous êtes sauvé. Lorsque vous aurez atteint le moulin, grimpez sous la toiture.

Je pris un moment pour calculer mes chances. A la distance d'une centaine de pas de la case où j'étais, on voyait, empilées et rangées par ordre, une quantité de poutres sciées de deux à quatre pieds d'épaisseur; il n'était pas impossible de se faufiler entre ces planches et de gagner le moulin sans être découvert. La grande difficulté était de traverser un espace entièrement découvert pour arriver au chantier. La case me cachait momentanément à la vue de presque toute la famille, qui fouillait les bosquets et les taillis situés de l'autre côté. Mais les filles et les jeunes garçons circulaient dans toutes les directions, rendant tout à fait incertain le temps qu'ils resteraient dans un endroit, ou combien de minutes leurs yeux ne viendraient pas se fixer sur le chemin que j'avais à parcourir.

Il fallait néanmoins prendre un parti. Je résolus de courir l'aventure. Je me couchai à plat ventre, et je m'avançai lentement en rampant des pieds et des mains jusqu'au chantier sans qu'aucun cri d'alarme vînt révéler que je fusse découvert. Ma tâche devenait comparativement plus facile. Mais j'avais un nouveau danger à courir en me mettant une seconde fois à découvert pour grimper extérieurement jusqu'à la toiture; il fallait donc agir avec la plus grande circonspection. Je levai lentement la tête au-dessus des planches pour voir ce qui se passait autour de moi. La case principale était toujours entre moi et mes ennemis, quoique les enfants apparussent d'un côté et d'autre pour disparaître aussitôt. Je cherchai l'endroit le plus convenable pour grimper, et je me retournai une seconde fois avant de tenter l'entreprise. Lowing était restée sur le seuil de la case, les mains jointes, et témoignant l'anxiété la plus vive. Elle m'avait aperçu; je lui adressai un signe d'intelligence, et je commençai mon ascension périlleuse vers le toit, m'aidant des pieds et des mains aux saillies et aux inégalités des parois extérieures. Je restai ainsi suspendu et exposé à tous les dangers l'espace de dix mortelles minutes, et j'atteignis le toit sans entendre le moindre cri d'alarme. Disparaissant sous les charpentes qui formaient la toiture du moulin, je commençai à croire que j'avais en effet quelques chances de plus d'échapper à la meute des accapareurs. Je laisse à penser au lecteur si j'étais satisfait.

CHAPITRE XXIII.

J'eus encore un instant de terrible anxiété, retenant ma respiration oppressée pour écouter le moindre bruit qui pourrait annoncer que j'étais découvert, dans le cas où j'aurais réellement été malheureux à ce point. Je crus entendre un cri lointain, mais il n'eut pas de suite. Un autre moment je me crus perdu, persuadé que j'étais que des pas précipités s'avançaient du côté du moulin pour s'emparer de moi; ce n'était que le bruit de l'eau roulant à mes pieds qui trompait ainsi mon imagination troublée. Enfin, réussissant à calmer mes craintes, je respirai plus librement. J'eus alors le loisir de m'orienter dans ma nouvelle cachette.

Le moulin était très-grossièrement construit; l'espèce de grenier où je m'étais réfugié n'était en réalité qu'une rangée de poutres et de planches mal jointes pour supporter la toiture. Je fus obligé de rapprocher quelques-unes de ces planches les unes contre les autres, afin de me former un abri d'où je pourrais, sans être vu, entendre et voir tout ce qui se passerait au-dessous de moi, dans le cas où quelques-uns de la bande viendraient à y pénétrer pour une raison quelconque. Ce travail achevé, je cherchai une crevasse ou une ouverture pour épier ce qui se passait au-dehors. Le bâtiment n'était pas recrépit, mais on l'avait garanti contre la pluie au moyen de lattes clouées en longueur, comme cela se pratique en Amérique pour les constructions rustiques. J'eus bientôt fait une entaille avec mon couteau entre deux de ces minces morceaux de bois, et percé un trou juste ce qu'il fallait pour y appliquer mon œil.

Les recherches continuaient avec la même activité. Ces hommes des frontières avaient trop d'expérience pour croire qu'il m'eût été possible dans un si court intervalle de temps de traverser la clairière et de gagner la forêt entre ma disparition et la découverte qu'ils en avaient faite. Ils étaient donc à peu près sûrs que je m'étais caché dans le voisinage des bâtiments. Chaque case avait été fouillée de haut en bas, le moulin excepté, parce que tous me croyaient parti dans une direction diamétralement opposée. Lorsque j'eus la faculté de voir ce qui se passait au milieu d'eux, ils paraissaient avoir épuisé tous leurs moyens de recherche et exploré les plus petits recoins qui eussent pu recéler une cachette. Ils étaient groupés au milieu de la clairière, et semblaient se concerter de nouveau sur ce qu'ils avaient à faire.

Enfin ils placèrent les plus jeunes enfants en sentinelle vers les points les plus favorables à ma fuite; et le vieux Mille-Acres, en compagnie de six de ses fils les plus âgés, se dirigea lentement vers le moulin. Toute la bande pénétra dans l'intérieur, au-dessous de l'endroit où j'étais caché, et s'installa autour d'une meule pour tenir conseil sur la gravité de leur situation. Comme on peut le penser, bien que complètement à l'abri de leurs regards, j'entendis, sans en perdre un mot, toute leur conversation.

— Nous serons bien ici pour causer sans être entendus des enfants, dit le père s'étendant sur le bloc d'un arbre à moitié coupé... Voilà une étrange aventure, Tobit, et je n'aurais jamais cru que ces gentilshommes des villes fussent si agiles à la course. Je croirais presque qu'au lieu de s'appeler Littlepage, c'est quelqu'un de nos montagnards lancé sur notre piste pour nous espionner. Il me paraît impossible qu'il ait pu s'échapper sans qu'aucun de nous l'ait découvert.

— Nous pouvons actuellement renoncer à nos récoltes et à notre bois, vociféra Tobit. La première chose qu'il fera s'il atteint Ravensnest sera d'obtenir des mandats pour nous arrêter, et Newcome n'est pas homme à protéger des accapareurs lorsqu'ils sont dans l'embarras.

— Je n'ai pas une aussi mauvaise opinion du squire, répliqua Mille-Acres. S'il est contraint de signer un mandat d'arrestation contre nous, il trouvera le moyen de nous avertir et de nous donner le temps de fuir.

— Et qui est-ce qui fera descendre les planches dans la crique avant la crue des eaux? Qui donc trouvera le moyen de cacher et d'emporter ces blocs de bois, le produit de nos sueurs et de nos travaux? Je me battrai comme l'ours qui défend ses petits, plutôt que de me séparer de cette cargaison sans indemnité.

— Ce serait bien dur en effet d'abandonner ainsi le fruit de nos travaux, dit Mille-Acres. Nous avons combattu le roi Georges pour la liberté, pourquoi ne nous battrions-nous pas pour défendre notre propriété? A quoi peut nous servir la liberté si elle ne nous permet pas de sortir d'un embarras comme celui-ci? Je méprise une telle liberté, mes gars, et je n'en veux pas.

Un murmure d'approbation accueillit cette sortie, fruit des notions élevées du vieux patriarche pour la défense des droits personnels. Une réunion des premiers tireurs de bourses dans une des salles du Cheval-Noir, à Wapping, près de Londres, n'eût pas exprimé plus de sympathie en faveur de cette doctrine sur la liberté absolue.

— Mais, père, demanda Zephaniah, que ferions-nous du jeune homme si nous parvenions à le rattrapper? Nous ne pouvons pas le retenir plus longtemps sans nous attirer sur les bras ceux qui ont intérêt à le retrouver. Il est possible que nous ayons le droit de profiter du travail de nos mains, mais, en somme, je crois que le pays se prononce contre les accapareurs.

— Que m'importe le pays? répéta Mille-Acres avec colère. S'il veut ravoir son jeune Littlepage, qu'il vienne le chercher ici; si ce garçon tombe une seconde fois dans mes mains, il n'en sortira pas vivant, je vous le jure, à moins qu'il ne me souscrive la concession de deux cents acres de terre, comprenant le moulin et les cases, et de plus, une décharge au nom de son père de tous droits ou contributions antérieures. Autrement, ma résolution est fixée sur ces deux points, et je n'en démordrai pas.

Un assez long silence succéda à cette déclaration formelle, et j'eus un instant la crainte qu'ils n'entendissent le bruit de ma respiration. Mais Zephaniah prit la parole assez à temps pour me soulager de cette inquiétude.

— J'ai entendu dire, fit-il observer, que des actes extorqués de cette façon n'avaient aucune valeur aux yeux de la loi. Squire Newcome parlait justement de transactions de cette nature la dernière fois que je fus à Ravensnest.

— Je voudrais bien savoir ce qui vaut quelque chose aux yeux de la loi! vociféra Mille-Acres. Ils font leurs lois et attachent une grande importance à les faire respecter. Et quand un homme se présente devant leur cour avec toutes choses faites selon leurs règlements, cinq ou six avocats se lèvent pour crier : — C'est contraire à la loi! J'ai pensé bien souvent au moyen de forcer ce jeune Littlepage à me signer une concession, et juste au moment où mon plan est arrêté, si je puis mettre la main sur lui, vous venez me dire que ces sortes de titres ne valent rien du tout... Zeph, Zeph, vous fréquentez trop souvent ces établissements, et votre esprit se pervertit au contact de leurs bavardages et de leurs méchancetés.

— Je ne le pense pas, père, bien que j'aime à séjourner par là. Je suis arrivé à l'époque de ma vie où l'homme pense au mariage; et comme il n'y a pas d'autres filles ici que mes sœurs, il est assez naturel que je cherche dans un autre établissement. J'avoue que tel a été mon but dans mes excursions à Ravensnest.

— Et vous avez trouvé la fille que vous cherchiez? Dites toute la vérité comme un homme. Vous savez que je hais le mensonge et que je vous ai tous appris à dire la vérité. Vous avez donc trouvé une fille à votre convenance, Zephaniah; qui est-elle? Tout le monde peut s'adresser à notre famille, vous savez cela sans doute.

— Mais, mon père, Duss Malbone n'aurait pas plus l'idée de venir me demander de l'épouser qu'elle ne songerait à vous épouser vous-même. Je lui ai demandé trois fois sa main, et trois fois elle m'a répondu assez clairement qu'elle ne pouvait me l'accorder, que je ferais bien de ne plus penser à elle et de l'oublier.

— Quelle est donc la fille dans cette partie du pays qui lève la tête si haut au-dessus de l'un des fils de Mille-Acres? demanda le vieil accapareur avec une expression de surprise réelle ou affectée. Je voudrais bien la connaître, et causer un peu avec elle. Comment l'avez-vous nommée, Zeph?

— Duss Malbone, la nièce ou quelque chose d'approchant du Porte-Chaîne.

— Ah! la nièce du Porte-Chaîne, dites-vous? sa fille adoptive? N'y a-t-il pas quelque erreur là-dessous?

— Duss Malbone appelle le vieil Andries mon oncle, et alors j'en conclus qu'elle est sa nièce.

— Et vous avez offert trois fois de l'épouser?

— Trois fois, mon père, et chaque fois elle m'a répondu : Non.

— Elle pourrait bien changer d'avis la quatrième fois. Si nous pouvions nous emparer de cette fille et l'amener dans notre établissement... Habite-t-elle avec le Porte-Chaîne dans la forêt là-bas?

— Sans doute.

— Et se montre-t-elle dévouée à son oncle, ou bien ressemble-t-elle à ces pimpantes jeunes filles qui songent plus à leur toilette qu'au bien-être de leurs parents? Savez-vous cela, Zeph?

— A mon avis, père, Duss Malbone aime le Porte-Chaîne tout autant que s'il était son propre père.

— Qu'est-ce qui vous empêche d'aller aux huttes du Porte-Chaîne, et de dire à cette fille que son oncle est dans la peine; que vous ne savez pas ce qui peut advenir de lui, et qu'elle ferait bien de lui venir en aide? Quand elle sera ici et qu'elle aura compris de quoi il est question, vous mettrez vos habits du dimanche; nous enverrons chercher le squire Newcome, et nous vous marierons plus tôt que vous ne l'espériez. Après tout, nous n'avons pas à redouter l'empêchement de la part du Porte-Chaîne, ni que ce major Littlepage dérange nos planches avant la crue des eaux.

Un murmure d'approbation accueillit cette proposition.

— Père, dit Zephaniah, si vous appeliez Lowing là-bas pour lui parler un peu de Duss Malbone? Elle est avec la femme de Tobit à chercher parmi les choux, comme si un homme pouvait se cacher dans un pareil endroit.

Mille-Acres appela sa fille d'un ton d'autorité, et j'entendis son pas un peu tremblant qui montait les marches du moulin. Comme il était assez naturel qu'elle redoutât d'être pressée de questions sur ma disparition, je la plaignis du fond de mon cœur pour l'anxiété d'esprit dans laquelle elle devait se trouver.

— Arrivez ici, Lowing! commença Mille-Acres de ce ton brusque avec lequel il parlait à ses enfants; avancez plus près! Connaissez-vous quelque chose d'une certaine Duss Malbone, la nièce du Porte-Chaîne?

— Mon Dieu, père, comme vous m'avez fait peur! J'ai cru que vous aviez trouvé le gentilhomme, et que vous me soupçonniez d'avoir contribué à sa fuite.

Ce remords de conscience n'éveilla fort heureusement aucun soupçon dans l'esprit des auditeurs, qui l'imputèrent au trouble qu'avait jeté dans son esprit la révolution de toute la famille.

— Qui parle du jeune Litllepage, ou qui pense à lui en ce moment? répliqua Mille-Acres d'un ton colère. Je vous demande si vous connaissez la nièce du Porte-Chaîne, Duss Malbone ou Malcome?

— Je sais bien quelque chose sur son compte, répliqua Lowing, assez disposée à trahir le moindre de ses secrets pour sauver le premier, bien que je ne l'aie jamais vue avant *aujourd'hui*. Zeph m'a souvent parlé de cette fille, qui pendant un mois a porté la chaîne pour son oncle, et il a envie de l'épouser s'il peut obtenir son consentement.

— Vous ne l'avez jamais vue avant *aujourd'hui*? Où l'avez-vous donc vue aujourd'hui? Toute la création va-t-elle donc accourir dans notre établissement? Où l'avez-vous vu?

— Elle a accompagné son oncle jusqu'à la lisière du bois, et...

— Et quoi? Pourquoi ne continuez-vous pas?

J'aurais bien pu dire à Mille-Acres pourquoi sa fille hésitait; mais elle sut se tirer d'affaire par sa présence d'esprit.

— Je suis allée cueillir des mûres cette après-midi, et juste à l'entrée du bois j'ai rencontré une jeune fille, et c'était la Malbone. Nous avons causé ensemble, elle m'a tout raconté. Elle attend le retour de son oncle.

— Voilà du nouveau pour nous, mes gars!

— Savez-vous, Lowing, où elle pourrait bien être actuellement?

— Pas précisément; car elle m'a dit qu'elle allait s'enfoncer dans la forêt pour ne pas être vue, mais qu'elle viendrait une heure avant le coucher du soleil au pied du grand noyer, où j'ai promis de la rejoindre pour la faire coucher dans l'une de nos cases ou pour lui porter à souper et lui faire un lit là-bas.

Les auditeurs parurent accorder une entière confiance au récit de

Lowing, qui s'exprima avec la franchise et la sensibilité que les femmes sont aptes à éprouver les unes pour les autres. Le vieillard parut prendre une détermination. Je l'entendis se lever, et sa voix résonna à mon oreille comme s'il quittait le bâtiment, en prononçant ces dernières paroles :

— Tobit, mes gars, suivez-moi, nous allons faire une dernière perquisition derrière les piles de bois et dans les caves pour découvrir ce jeune homme. Il pourrait s'être caché quelque part de ce côté pendant que nos recherches s'effectuaient de l'autre. Vous n'avez pas besoin de nous suivre, Lowing : vous autres filles, vous êtes trop bruyantes pour ces sortes de recherches.

J'attendis que le bruit du dernier pas eût cessé de se faire entendre, et je m'aventurai sur les genoux pour rencontrer une ouverture que j'avais laissée entre les planches pour voir en bas ce qui se passait. Lowing était assise sur le morceau de bois que son père venait de quitter. Ses yeux erraient à ma recherche vers la partie supérieure du bâtiment. Enfin elle appela d'une voix étouffée :

— Etes-vous toujours là? Mon père et les gars ne peuvent plus nous entendre, surtout si vous parlez bas.

— Je suis ici, ma bonne Lowing, grâce à votre excellente amitié; et j'ai entendu tout ce qu'ils ont dit. Vous avez vu Ursule Malbone, lui avez-vous remis ma lettre? Que vous a-t-elle dit? Ne vous a-t-elle pas remis un message pour son oncle, ou une réponse à la lettre que je lui ai écrite?

— Oh! elle avait beaucoup à dire; les filles aiment à parler lorsqu'elles se trouvent ensemble; Duss et moi nous avons causé pendant plus d'une demi-heure. Elle m'a dit beaucoup de choses; mais je n'ose vous les raconter, dans la crainte de rester trop longtemps ici, et que l'on s'étonne que je demeure dans le moulin lorsque tout le monde en est sorti.

— Vous pouvez toujours me dire si elle a répondu à ma note.

— Elle n'a pas dit un mot de ce que vous lui avez écrit. Je vous assure qu'elle est muette lorsqu'elle reçoit le moindre écrit d'un jeune homme. La trouvez-vous telle que Zeph l'affirme?

L'apostrophe était assez directe; il fallait y répondre d'une manière politique et discrète, car si je perdais les bons offices de Lowing, tout espoir de fuite m'échappait.

— Elle est assez agréable à voir ; mais elle est de votre sexe, il ne faut pas l'abandonner dans l'embarras.

— Non, bien certainement, répondit Lowing avec une expression de physionomie qui dénotait le retour de ses bons sentiments, je ne l'abandonnerai pas, quand même mon père devrait me chasser de l'établissement.

— Qu'a-t-elle résolu ? restera-t-elle sous cet arbre jusqu'à votre retour ?

— Elle est cachée par un fragment de roche non loin de l'arbre, et elle y restera jusqu'à ce que je retourne vers le noyer. C'est sous le rocher que nous avons causé ; il est facile de l'y retrouver.

— Que se passe-t-il autour de nous ? Pourrais-je descendre, me glisser dans l'eau, et aller rejoindre Duss Malbone, afin de l'avertir du danger qu'elle court ?

— Voyez-vous l'encoignure la plus basse du moulin ? dit-elle brusquement. Ce poteau descend au niveau du rocher sur lequel l'eau se précipite. Vous pouvez marcher jusque-là sans craindre d'être vu, l'appentis du toit vous protégera. Lorsque vous serez là, vous attendrez jusqu'à ce que je vous dise de monter sur le poteau, d'où il vous sera facile d'arriver au pied du rocher. De là vous suivrez un sentier qui longe la crique jusqu'à l'endroit où un arbre jeté sur le travers du lit de la rivière forme un pont que vous traverserez pour prendre le sentier à gauche conduisant à la lisière du bois, en passant au pied du noyer derrière lequel Duss est cachée sous le rocher.

Je ne perdis pas une minute à suivre les indications précises de la jeune fille, et j'étais arrivé au poteau avant qu'elle eût fini de parler. Je n'attendais pour m'élancer sur la plate-forme du pilier, que le signal qu'elle était convenue de me donner.

— Pas encore, dit-elle regardant à ses pieds et ayant l'air de chercher quelque chose ; mon père et Tobit se dirigent de ce côté, et leurs regards sont tournés vers le moulin. A présent préparez-vous. Ils tournent la tête, et paraissent vouloir rétrograder... Attendez encore un peu... Maintenant voici le bon moment... Partez, mais laissez-moi vous voir encore une fois avant de disparaître.

Lorsque j'entendis cette dernière recommandation j'étais déjà en bas du poteau ; ma tête se trouvant de niveau avec tous les objets épars autour du moulin ; je m'arrêtai juste pour jeter un coup d'œil derrière moi. Mille-Acres et Tobit couraient ensemble et paraissaient se consulter. Je n'avais pas été vu. Je franchis le rocher, longeant le bord de l'eau jusqu'au pont improvisé. Tant que j'avais remonté de l'autre côté du talus, je courais le danger d'être découvert par quiconque eût eu l'idée de jeter un coup d'œil sur le cours d'eau. Dans tout autre moment ce chemin eût été impraticable, attendu que les hommes étaient presque constamment occupés dans la rivière; mais les événements de la matinée avaient suspendu leurs travaux, et je pus franchir à peu près en sûreté cet espace de deux cents toises environ. Dès qu'il me fut possible de m'abriter derrière un taillis, je m'arrêtai pour reprendre haleine, et pour voir ce qui se passait parmi les accapareurs.

Les jeunes gens étaient groupés ensemble, paraissant attendre la fin de la conférence entre Mille-Acres et Tobit. Prudence, entourée des femmes et des filles de la tribu, causait avec les unes et grommelait après les autres. Lowing avait quitté le moulin, et suivait le cours opposé de la vallée, assez près de la crête des rochers pour surveiller ma fuite pendant que je restais exposé. La voyant seule, je me hasardai à tousser assez fort pour me faire entendre d'elle. Je la vis tressaillir, puis me faire signe de continuer ma route, et se diriger en sautant vers le groupe des femmes rassemblées autour de sa mère.

Après un circuit d'un quart d'heure que je fus obligé de faire, je mettais la main sur le noyer tant désiré. Je jetai un dernier regard vers la vallée avant de pénétrer dans la forêt. De nouvelles mesures avaient sans doute été adoptées par Mille-Acres et son fils aîné, car tous les hommes avaient disparu, ne laissant qu'un garçon en sennelle auprès de la grange. Susquesus, qui était resté toute la matinée aux alentours des cases, n'était plus visible. Prudence et ses filles s'élançaient d'une case à l'autre dans la confusion de quelque ordre important à exécuter. Je ne m'arrêtai qu'un instant pour constater ce changement sans en découvrir le but, et je me retournai pour chercher le bienheureux rocher. Le bruit d'une branche sèche craquant sous un pas lourd vint frapper mon oreille, je m'avançai avec précaution, et je reconnus bientôt Jaap, mon fidèle serviteur, portant une carabine sur chaque épaule.

— Le ciel soit béni, mon brave Jaap! m'écriai-je étendant la main pour saisir l'une des carabines; vous arrivez dans un heureux moment, et vous allez me conduire vers miss Malbone.

— Oui, massa, bien content aussi. Miss Duss ici tout près; nous bientôt la voir. M'a placé là pour faire sentinelle. Mais d'où venir massa Mordaunt? Et pourquoi vous partir quand il faisait nuit?

— Nous parlerons de cela plus tard, Jaap. Actuellement tous nos soins sont pour miss Ursule. Est-elle inquiète? a-t-elle manifesté quelque crainte sur le sort de son oncle?

— Toujours pleuré depuis, puis paraître hardie et résolue comme vieux massa quand il dit : Régiment, chargez la baïonnette!... Vouloir marcher droit aux cases de Mille-Acres...

Je précipitai mes pas, et, guidé par Jaap, je fus bientôt en présence de Duss. Le nègre, après m'avoir indiqué du doigt l'endroit que je cherchais, eut la discrétion de retourner à son poste, remportant la carabine, que, dans ma précipitation de revoir la nièce du Porte-Chaîne, je lui rendis.

Dès qu'il me fut possible de parler :

— Quittons ce lieu sans retard, chère Ursule, m'écriai-je; nous ne sommes pas en sûreté près de cette famille de misérables, qui ne vit que de rapines et de violence.

— Et laisser dans leurs mains mon oncle le Porte-Chaîne? répondit Duss d'un air de reproche; bien certainement vous ne me donneriez pas ce conseil.

— Si votre sûreté en dépend, je le ferai. Fuyons, nous n'avons pas un instant à perdre. Ces brigands ont formé le dessein de s'emparer de vous, et de vous faire servir à extorquer de votre oncle une promesse d'amnistie pour les vols qu'ils ont commis. Je vous répète que vous ne sauriez demeurer ici une minute de plus sans vous exposer aux plus grands dangers.

Duss me répondit par un sourire empreint d'une tristesse mélancolique.

— Mordaunt Littlepage, avez-vous donc oublié les dernières paroles que j'ai prononcées avant notre séparation? demanda-t-elle d'un air grave.

— Ursule..... Duss..... miss Malbone, je n'ai donc pas de rival préféré?

— Nul autre homme que vous et ce grossier accapareur ne m'a jamais parlé de mariage.

Comment peindre au lecteur cet échange mutuel de confidences! Je ne le saurais. Duss n'hésita plus à me confirmer l'aveu de son attachement pour moi. Le seul obstacle qu'elle opposa faiblement à mes vœux fut sa pauvreté. En Amérique cette disproportion dans la fortune est rarement un obstacle sérieux au mariage. Nous pouvons à cet égard nous glorifier d'une juste supériorité sur toutes les contrées du vieux monde. Nous continuions notre conversation lorsqu'une voix cria :

— La voilà, mon père, la voilà ! Nous les tenons tous les deux !

Je me dressai sur mes pieds pour faire face à ces fâcheux importuns, et j'aperçus Tobit et Zephaniah devant moi, et leur sœur Lowing. Derrière eux apparurent à nos yeux le vieux Mille-Acres et tous les autres mâles de sa race sanguinaire.

CHAPITRE XXIV.

Connaissant les précédents de ces hommes, je pouvais prévoir les tristes conséquences d'une nouvelle arrestation. Duss ne savait rien encore du caractère des accapareurs, et son seul désir dans le moment était de revoir son oncle. Mille-Acres ne nous laissa pas longtemps dans le doute sur ses dispositions hostiles.

— Ainsi, mon jeune major, vous voilà pris. Vous avez le choix de retourner paisiblement sous le toit que vous venez de quitter, ou de vous faire lier les mains et les jambes et transporter comme un chevreuil que l'on vient de tirer à l'entrée du bois. Vous ne connaissiez pas Mille-Acres et sa race, si vous espériez lui échapper ayant à parcourir vingt milles de forêt.

Nous n'échangeâmes que peu de paroles pendant notre parcours dans la forêt. J'eus la permission d'aider ma compagne à franchir les taillis et quelques clôtures qui obstruaient notre marche. Les accapareurs, tous en armes, formaient autour de nous un cercle assez large pour me permettre d'adresser confidentiellement à Duss quelques paroles d'encouragement.

— Ne vous découragez pas, murmurai-je à son oreille comme nous approchions de la grange; après tout, ces misérables n'oseront pas enfreindre complètement la loi.

— Je n'éprouve que peu de craintes, étant avec vous et avec mon oncle Porte-Chaîne, me dit-elle en souriant. Nous ne serons pas longtemps sans nouvelles de Franck, qui est parti chercher du secours à

Ravensnest. Il a quitté les huttes en même temps que nous, et il ne peut tarder à nous rejoindre.

Je la quittai plus tranquille, sachant qu'elle allait se trouver au milieu des filles de Prudence. J'avais hésité plusieurs fois, depuis que nous étions sortis de la forêt, à lui révéler l'épreuve qui l'attendait au sujet du mariage projeté de Zephaniah avec elle; mais comme rien d'effectif ne pouvait avoir lieu avant l'arrivée du magistrat, je réfléchis que ce serait lui donner un nouveau sujet d'inquiétude. Je n'avais du reste pas à redouter qu'une fille du caractère et du courage de Duss pût se laisser entraîner par la menace à aucune concession qui donnât à Zephaniah quelque droit sur elle.

Nous nous séparâmes, Duss et moi, à la porte de la première case, elle pour être confiée à la garde de la femme de Tobit, la digne femme d'un époux brutal et égoïste. Toutefois, nulle contrainte ne lui fut imposée, et elle eut la liberté de se promener au large, bien que deux des femmes s'attachassent à ses pas pour la surveiller.

Dès que je fus réintégré dans ma prison, le Porte-Chaîne, qui ne savait rien de l'arrestation de sa nièce avant que je la lui apprisse, avait néanmoins prévu que je serais bientôt repris.

— Bien, Mortaunt, mon garçon, je savais que fous aviez disparu par je ne sais quel moyen, mais je pensais que fous auriez te la peine à effacer votre trace defant ces coquins, me dit-il en me serrant amicalement la main. Nous voici tous trois réunis de nouveau, et fort heureusement pons amis, car notre tomicile n'est ni tes plus fastes ni tes meilleurs. L'Intien, voyant que j'étais resté seul, a repris sa parole; il est aussi prisonnier que l'un te nous, mais libre tans un autre sens.

— Certain... la trève finie... Susquesus prisonnier comme les autres... rendu à Mille-Acres sa parole... Indien homme libre à présent.

Je compris le sens des paroles de l'Onondago, quoique sa liberté fût d'un caractère assez douteux. Il voulait dire que s'étant livré de nouveau aux accapareurs, il s'était relevé de la parole qu'il leur avait donnée, et qu'il avait au moins la liberté de tenter de s'échapper ou de déclarer la guerre à ses oppresseurs de la manière qu'il jugerait convenable. Par bonheur, je dus croire que Jaap avait pu s'échapper, car rien n'indiquait que sa présence fût connue des accapareurs. Il était heureux pour nous d'avoir en liberté un homme habile et dévoué qui connût notre situation. Il pouvait nous être d'un grand secours dès qu'il rencontrerait Franck Malbone, le constable et la milice. Je discutai toutes ces chances avec le Porte-Chaîne, l'Indien nous écoutant silencieusement. Malbone ne pouvait pas être bien loin; mais quel serait l'effet d'une attaque contre les accapareurs, c'est ce qu'il n'était pas aisé de prévoir, car ces derniers pouvaient vouloir livrer bataille, et si faible que fût leur nombre, ils n'en étaient pas moins à redouter. Les femmes d'une famille comme la leur comptaient presque autant que les hommes, surtout postées derrière les blocs de bois, si elles en étaient requises dans un cas de nécessité absolue.

Je dis au Porte-Chaîne :

— Mais sommes-nous sûrs que le squire Newcome accordera le mandat qui lui sera demandé, s'il est en si bonnes relations avec les accapareurs?

— Ch'ai pensé à cela aussi, Mortaunt; il y a tu pon sens tans cette réflexion. Je crois pien qu'il fera afertir Mille-Acres, et qu'il lui laissera autant de temps que possible. La loi est serfante paresseuse quand elle ne feut pas aller fite. Malgré cela, Mortaunt, l'homme qui compat pour ses troits a plus te chances en sa faveur pour se tirer d'affaire tans un conflit. C'est touchours un grand afantage d'avoir raison; je l'ai appris tès mon enfance, mais che l'ai mieux compris tepuis que je suis refenu pour fifre avec Duss Malbone. Cette fille m'a appris peaucoup de ces choses que che ne comprenais pas; et cela vous eût fait plaisir te la foir seule avec un ignorant fieillard tans les pois, le timanche, essayant te lui enseigner la Piple, et comment il tefait aimer et craintre Dieu.

— Duss a-t-elle fait cela pour vous, mon vieil ami? Je l'admirais et l'estimais avant pour son respect, son affection pour vous; je l'aime et l'admire davantage pour cette double sollicitude pour votre bien-être.

— Je fous le tis, mon fils, Duss faut mieux que vingt docteurs pour ramener la conscience enturcie t'un vieux pécheur tans la voie de sainteté et de paix. Elle m'a témontré que Dieu est partout, tans les arbres, sur les montagnes, au-dessus tes vallées, et se fait entendre tans le murmure tes eaux tout autant, sinon plus, que tans les villes et tans les plaines. Ma vie n'était pas religieuse avant la guerre, et la guerre n'est pas faite pour donner à l'homme de penser à la mort comme il convient, bien qu'il l'ait nuit et jour devant les yeux.

— Et Duss, cette fille excellente, franche, sincère, aimante, ajoute ces admirables qualités à toutes ses autres mérites? Je savais qu'elle était sincèrement religieuse, mais j'ignorais qu'elle prît un si vif intérêt au salut de ceux qu'elle aime.

— Vous avez raison te l'appeler par tous ces chelis noms, Mortaunt, car elle les mérite tous, et plein t'autres encore. Non, l'on ne peut connaître Duss en un jour! On peut fifre avec elle tans la même maison, voir son visage, entendre ses gaies chansons tes mois et tes mois, et ne pas encore connaître tout ce qu'il y a au fond te son âme te saintcté, te touceur, te vertu, t'amour et te piété. Un chour tous aurez une ponne opinion te Duss, Mortaunt Littlepage.

— Moi!... Dites plutôt que j'ai aujourd'hui même une haute opinion d'elle, ma fiancée aujourd'hui, celle qui a comblé mes vœux en promettant, sous la seule réserve du consentement des parties intéressées, de devenir ma femme au plus prochain jour!

Andries écouta avec surprise cette chaleureuse démonstration de mes sentiments; l'Indien lui-même ne put retenir un geste d'étonnement, et de m'adresser un coup d'œil de satisfaction. Je sentis la nécessité, après m'être laissé aller si loin dans ma révélation, sous une impulsion irrésistible, de compléter tout ce que j'avais à dire à ce sujet.

— Oui, ajoutai-je saisissant le vieil Andries par la main, oui, Porte-Chaîne, je veux réaliser l'un de vos souhaits les plus chers. Vous m'avez plus d'une fois recommandé pour femme votre nièce, aujourd'hui je vous prends au mot, et je vous déclare que rien au monde ne me rendra plus heureux que de vous appeler mon oncle.

Le Porte-Chaîne, à mon très-grand étonnement, ne parut pas aussi transporté que moi de ma déclaration. J'avais déjà remarqué que depuis mon arrivée au Nid il s'était abstenu de m'entretenir de son ancien sujet favori d'épouser sa nièce, et actuellement que j'étais non-seulement disposé, mais désirant ardemment obéir à ses vœux, il semblait reculer devant ma proposition, et ne l'accueillir qu'avec regret. J'attendis dans la plus vive anxiété qu'il voulût bien rompre le silence.

— Mortaunt! Mortaunt! s'écria-t-il enfin du fond du cœur, je foudrais pour tout au monde que fous ne m'eussiez pas parlé ainsi. Je fous aime, mon fils, presque autant que j'aime Duss; mais je suis tésolé te fous entendre parler te l'épouser.

— Vous me mettez au désespoir, Porte-Chaîne, en me faisant une semblable objection! Combien de fois n'avez-vous pas exprimé vous-même le désir que je connusse votre fille, que je parvinsse à l'aimer, et ensuite à l'épouser! Actuellement que je la connais, que je l'aime, que je désire en faire ma femme, vous accueillez ma proposition comme si elle était indigne d'elle et de vous.

— Non pas, non pas, mon garçon, rien ne me rentrait plus heureux que te fous voir l'époux te Duss, en supposant que cela pût arriver sans causer préjudice à qui que ce fût. Mais cela n'est pas possible. Je vous ai parlé jadis comme un vieux fou, égoïste et suffisant. J'étais alors au régiment; et nous étions égaux en grade, moi le plus fieux, et pouvant vous ortonner te faire ci et ça. Je portais l'épaulette comme un autre capitaine, j'afais à mon côté l'épée te mon père, et che pensais que nous nous falions l'un l'autre, et que c'était un honneur pour vous t'épouser ma nièce. Mais tout cela fut changé, mon fils, lorsque je retournai à ma vie tes forêts pour reprendre mes chaînes et recommencer à travailler, à me foir pauvre et tel que che suis réellement. Non, non, Mordaunt Littlepage, le propriétaire de Ravensnest, l'héritier de Mooseridge, de Satanstoë, de Lilacsbush et de toutes ces belles maisons, granges et fermes qui sont dans le comté d'York, n'est pas un parti sortable pour Duss Malbone.

— Vous émettez là, Porte-Chaîne, une opinion si extraordinaire et si opposée à tout ce que je vous ai jadis entendu dire sur ce sujet, que vous me permettrez de vous demander qui vous en a donné l'inspiration?

— Je n'ai pas changé te mon plein gré, Mortaunt. Si l'on pouvait afoir raisonnablement tout ce que l'on tésire, mon fils, Duss et fous seriez mari et femme afant huit chours. Mais nous ne sommes pas nos propres maîtres, ni les maîtres de ce qui doit advenir de nos neteux et te nos nièces, pas plus que nous ne sommes maîtres te notre propre testinée. Mais che fais fous tire juste comme c'est arrifé. Un chour que je parlais te vous à la fille comme te coutume, elle m'écouta plus sérieusement, et me répondit à peu près en ces termes :

— Je vous remercie de tout mon cœur, mon cher oncle, non-seulement pour tout ce que vous avez fait pour moi, la fille orpheline de votre sœur, mais pour tous les vœux que vous formez pour mon bonheur. Je m'aperçois que l'idée de me faire épouser votre jeune ami M. Mordaunt Littlepage s'est fortement empreinte dans votre esprit, et qu'il est temps que nous en causions sérieusement. Lorsque vous vous êtes lié avec ce gentilhomme, vous étiez le capitaine Coejemans, de la ligne de l'État de New-York, et son ancien par grade; il était assez naturel que vous pensassiez que votre nièce fût un bon parti pour lui. Mais notre devoir nous commande d'examiner ce que nous sommes aujourd'hui, et ce que nous deviendrons par la suite. Le major Littlepage a un père, une mère et des sœurs, m'avez-vous dit? Or, un mariage est chose fort sérieuse, qui doit durer toute la vie, et que l'on ne doit pas contracter légèrement. Il est à peine croyable que des personnes possédant la fortune, le bonheur et la prospérité de cette famille des Littlepage, reconnaissent dans une fille qui habite dans les bois une union convenable pour l'unique héritier de leur nom et de leurs propriétés; une fille, qui est non-seulement la nièce d'une porte-chaîne, mais qui a été porte-chaîne elle-même, et qui n'a rien à offrir à cette famille en compensation de son sacrifice!

— Et vous aviez le courage, Andries, de laisser Ursule continuer ainsi?

— Que pouvais-je dire, mon garçon? Vous n'eussiez rien répondu, Mordaunt, si vous eussiez entendu comme elle tournait bien ses phrases pour me dire tout cela, et comme toutes ses paroles partaient du cœur! Elle parlait sérieusement, il n'y avait pas moyen de la contredire.

— Vous n'avez pas sérieusement l'intention, j'espère, de me refuser la main de Duss?

— Duss vous refusera elle-même, enfant, car elle est toujours la nièce du Porte-Chaîne, et vous toujours le fils du général Littlepage. Essayez, vous verrez ce qu'elle vous dira.

— Mais j'ai fait cet essai, comme vous dites; je lui ai dit mon amour, je lui ai offert ma main, et...

— Et quoi?

— Elle ne m'a pas répondu ce que vous pensez.

— A-t-elle dit dit qu'elle voulait bien de vous, Mordaunt? A-t-elle dit oui?

— Conditionnellement. Si ma grand'mère et mes parents y donnent leur assentiment, et ma sœur Kettleth et son époux, et ma joyeuse sœur Catherine, alors Duss m'acceptera pour époux.

— C'est étrange! Ah! je vois ce que c'est. Je suis content tout de même que cette tifférence ne lui ait pas fait oublier ses parents, car si tout le monde consent, s'ils sont tous satisfaits, alors ma position de porte-chaîne et la pauvreté te Duss ne seront pas rappelées plus tard afec tes reproches et tes regrets.

— Andries Coejemans, je vous jure que je préférerais plutôt devenir votre neveu que d'être le gendre de Washington lui-même, eût-il une fille.

— C'est-à-tire fous aimeriez mieux afoir Duss que toute autre fille te fotre connaissance. C'est assez naturel, et cela peut me faire paraître à vos yeux comme Son Excellence pour un temps; mais, mon cher fils, quand fous fiendrez à réfléchir plus froitement, il est à craindre que fous troufiez quelque tifférence entre le capitaine général commantant en chef les armées américaines et un pauvre porte-chaîne, qui tans ses plus peaux chours n'a chamais été plus qu'un capitaine tans la ligne te New-York. Je sais que fous m'aimez, Mortaunt; mais il y a peaucoup à craindre que ce ne soit pas entre nous une amitié t'oncle et de nefeu.

— Je voudrais volontiers continuer avec vous cette conversation, Andries, et je serais sûr de vous convaincre, répliquai-je; mais voici venir tous les accapareurs. Je suppose qu'ils ont pris quelque résolution, ou qu'ils ont à nous faire une proposition. Nous ajournerons notre discussion; mais souvenez-vous que je ne suis d'accord avec vous que sur une seule de vos objections. Duss sera ma femme, si nous avons le bonheur de la protéger contre les injures de ces misérables; j'avais quelque chose à vous révéler à ce sujet, mais le moment n'est pas opportun.

Le Porte-Chaîne saisit ma main, qu'il pressa affectueusement, et nous en restâmes là. La journée était déjà assez avancée, lorsque Tobit et ses frères se présentèrent à la porte de notre prison pour nous enjoindre, à moi et au Porte-Chaîne, de les suivre, laissant derrière eux Susquesus. Nous nous empressâmes d'obéir, car il y avait pour nous un certain charme à respirer au-dehors de cette enceinte de troncs d'arbres reliés ensemble qui formait notre prison. Nous avions à notre droite et à notre gauche chacun un homme armé pour nous escorter. Andries s'inquiétait peu de cet appareil de sollicitude; nous étions tous deux à peu près certains que Franck Malbone ne tarderait pas à nous donner de ses nouvelles, et chaque minute qui s'écoulait augmentait notre confiance.

Nous avions parcouru la moité du chemin qui séparait la grange de la case du vieux Mille-Acres, lorsque Andries s'arrêta court, et demanda la permission de me dire un mot en particulier. Tobit ne savait trop comment accueillir cette prière; mais comme la famille tout entière paraissait vouloir rester en assez bons termes avec le Porte-Chaîne, il consentit à former avec ses frères un cercle autour de nous, nous laissant au centre, moi et mon ami.

— Je vais vous dire ce que je crois le bon conseil dans cette affaire, me dit Andries à l'oreille; Malbone ne saurait être longtemps avant de nous rejoindre ici avec les constables : si nous disons à ces brigands que nous voulons affronter nos ennemis au grand chœur, et que nous n'aimons pas causer à la lumière, peut-être ils nous reconduiront à la prison, et donneront plus le temps à Franck pour arriver ici.

— Il vaut beaucoup mieux, je crois, prolonger notre entrevue avec ces accapareurs et rester tous deux libres au-dehors, ou du moins ne pas être renfermés dans cette grange lorsque Malbone surviendra. Nous avons la chance de nous échapper au milieu de la confusion, et de nous joindre à nos amis, ce qui vaudra mieux pour nous que de rester enfermés entre quatre murs.

Andries se rendit à mon avis; et à partir de ce moment, il n'eut d'autre but que de traîner les choses en longueur, afin de gagner du temps. Aussitôt que nous eûmes cessé de nous consulter, le cercle se rompit, et notre escorte reprit sa marche à nos côtés.

L'obscurité avancée avait fait adopter à Mille-Acres la détermination de tenir cette fois son audience dans l'intérieur de la case, en ayant soin de faire garder à vue la porte et les issues. L'intérieur des chaumières américaines présente peu de variété dans la distribution des pièces : l'appartement principal occupe les deux tiers de l'emplacement, et contient le foyer, qui sert à la fois de cuisine et de salon de travail; le reste du bâtiment se trouve subdivisé en trois compartiments, l'un pour une petite chambre à coucher, l'autre pour la laiterie, et le troisième renferme le carré, les escaliers ou les échelles qui conduisent au premier ou à la cave. Telle était la disposition de la case de Mille-Acres, semblable à mille autres chaumières de cette même contrée.

Dans les forêts, et surtout dans ces nouveaux établissements de New-York, les soirées sont généralement fraîches, même pendant les grandes chaleurs. Je me souviens que dans cette mémorable nuit, le froid était assez vif et approchait de la gelée. Prudence avait allumé un grand feu dans l'âtre de la cheminée.

Tous les hommes, et une partie des femmes les plus mûres de la famille étaient rassemblés dans la grande pièce du bâtiment que je viens de décrire, lorsque nous y entrâmes le Porte-Chaîne et moi.

La femme de Tobit et quelques-unes des filles étaient absentes, sans doute pour tenir compagnie à Duss.

Mille-Acres eut la politesse de nous faire apporter des chaises, sur lesquelles nous prîmes place. En parcourant des yeux le cercle de ces physionomies graves et attentives, je n'y découvris pas de signes inquiétants d'hostilité; elles paraissaient, au contraire, plus pacifiques que lorsque je les avais quittées. J'acceptai cet augure comme un présage de quelque proposition de paix. Je ne me trompais pas, car les premières paroles prononcées en eurent tout le caractère.

— Il est temps que nous en finissions avec tout cela, Porte-Chaîne, commença Mille-Acres; les garçons ne travaillent plus, et nous sommes tous bouleversés. Je suis raisonnable et prêt à régler nos différends dans d'aussi bons termes que possible. J'en ai réglé comme cela bien des fois dans ma vie: il n'existe pas un homme qui puisse dire que j'aie refusé d'écouter la raison, ni abandonné une petite cause lorsqu'il me restait encore la moindre chance pour la défendre. Une fois ou deux dans mon jeune temps, lorsque je manquais d'expérience, j'ai été vaincu par le nombre, et terrassé par vos lois maudites, ou contraint de m'enfuir. Mais la pratique donne de l'expérience; j'en ai assez vu à mon âge pour savoir qu'il faut saisir l'occasion aux cheveux, et ne jamais remettre au lendemain une affaire sérieuse. Je vous regarde, Porte-Chaîne, comme un homme sérieux comme moi, raisonnable et disposé à entrer en accommodement. Je ne vois pas d'inconvénient à en finir tout de suite, afin qu'il n'y ait plus entre nous ni mauvais sentiments ni gros mots. Telles sont mes dispositions, et je serai bien aise de connaître les vôtres.

— Fous me parlez, Mille-Acres avec tant te politesse, que je suis prêt à fous entendre et à fous répontre te la même manière, répliqua

Andries, dont le visage perdit un peu de l'expression colère et résolue qu'il avait en entrant. Rien ne convient à l'homme, au vieillard surtout, comme la modération; mais che ne crois pas qu'il y ait peaucoup te ressemblance entre nous teux, Mille-Acres, en autre chose que l'âme : nous sommes assez sérieux pour nous arrêter à réfléchir sur les grantes fôrités qui sont tans notre Piple. C'est un lifre qu'on ne lit pas assez tans les bois, Aaron. Che ne fous tis pas cela pour fous montrer mon safoir, car tout ce que ch'en sais, che l'ai appris to Duss, ma nièce, qui est aussi ponne et aussi safante à expliquer ces choses qu'aucun ministre avec qui ch'aie causé. Che voutrais que fous l'entendissiez, fous et Prutence, et vous tiriez avec moi que ses tiscours sont étifiants et instructifs. Or vous paraissez tans tes tispositions convenables pour en profiter, et j'ai appris que ma nièce était ici sous la main.

— Elle y est, et je suis aise que vous ayez sitôt mentionné son nom, comme j'avais l'intention de vous parler d'elle : je vois que nous avons la même opinion sur la jeune femme, et j'espère qu'elle aidera puissamment à notre réconciliation et à faire de nous de bons amis. Je l'ai envoyé chercher; elle va venir avec la femme de Tobit, qui en est déjà émerveillée.

CHAPITRE XXV.

Une pause succéda à cette introduction, pendant laquelle la réunion attendit l'entrée d'Ursule Malbone et de la sauvage gardienne, qui faisait d'elle un si grand cas, qu'elle ne la perdait pas un seul instant de vue. Enfin, un léger déplacement se produisit devant la porte parmi ceux qui en obstruaient l'entrée, et Duss s'avança au milieu de la pièce, le teint animé par la surexcitation, mais d'un pas ferme et délibéré. Le changement de l'obscurité à la lumière affecta ses yeux, sur lesquels elle posa vivement la main. Puis, regardant autour d'elle, elle aperçut presque aussitôt le Porte-Chaîne, qui s'était levé et qui la reçut dans ses bras, pour l'accueillir comme un père qui retrouve sa fille après une rude et cruelle séparation.

Ce premier élan d'affection et de reconnaissance ne dura qu'un instant; mais il me révéla tout ce qu'un homme peut admirer dans la jeunesse, la délicatesse et la tendresse filiale, épanchant leurs trésors d'affection dans le sein d'un vieillard qui a pris soin de leur enfance. Quel ravissant contraste entre la riche chevelure dorée de Dusa et les boucles rares et argentées de son oncle.

Dusa s'aperçut bientôt que les regards de toute l'assemblée étaient fixés sur elle. Comprimant les élans de son cœur, elle se rejeta dans l'ombre, et s'assit sur le siége grossier que j'avais placé pour elle à côté de son oncle.

Après un silence de quelques minutes, Aaron reprit la conversation où il l'avait laissée.

— Nous sommes rassemblés ici pour vider tous nos différends, comme je vous le disais; et je vois que vous êtes en bonnes dispositions pour traiter cette question de nos intérêts respectifs. Je méprise l'homme absolu dans ses prétentions, qui ne veut jamais en céder une ligne au profit d'une transaction : ne pensez-vous pas comme moi, capitaine Andries?

— Dites vos conditions, allez droit au but, s'écria le Porte-Chaîne avec impatience. Parler est parler, agir faut mieux. Si vous avez quelque proposition à faire, nous sommes prêts à vous entendre.

— C'est là ce que je désire. Voici donc la question, et tout homme de sens peut la comprendre. Deux droits existent sur toute la terre du monde. J'appelle le premier le droit du roi, celui qui s'appuie sur les titres et sur la loi, et autres manigances; l'autre repose sur la possession. La raison nous dit que le fait vaut mieux que tout ce que l'on peut mettre sur un chiffon de papier; mais je veux bien mettre ces deux droits sur le pied d'égalité pour l'amour d'un arrangement. Je suis pour les concessions amiables, et non pas pour la violence et le crime. Je dis cela, mes gars, au Porte-Chaîne, afin d'entretenir entre nous la bonne harmonie.

Cet appel fut récompensé par un murmure d'approbation d'un côté, et par un silence froid et attentif de l'autre.

— Voilà mes principes, reprit Mille-Acres après s'être désaltéré par une longue aspiration dans un pot de cidre qu'il avait à côté de lui; et ce sont les vrais principes de ceux qui aiment la paix et la bonne harmonie. Donc, dans cette question qui s'agite entre nous, le général Littlepage représente les titres écrits, et moi la propriété de fait. Je ne veux pas dire quel est le meilleur de ces deux titres; mais comme des difficultés se sont élevées entre nous, je veux les aplanir. Je vous considère, Porte-Chaîne, comme l'ami de l'un des propriétaires du sol, et je suis prêt à vous faire des propositions ou à en entendre de votre part si vous en avez de convenables.

— Je n'ai pas te propositions à fous faire ni t'autorité pour cela. Je ne suis rien ici qu'un agent voyer, ayant un contrat qui m'autorise à diviser la propriété en petits lots; après cela ma tâche sera accomplie, et mon mantat expiré. Mais voici le fils du chénéral Littlepage; il a les pouvoirs nécessaires pour traiter toutes les questions à ce sujet en qualité te procureur.

— Il est et il n'est pas procureur ! interrompit Mille-Acres avec un sentiment de colère peu en harmonie avec ses protestations de paix et de conciliation. Il dit une fois qu'il n'est pas procureur, et puis une fois il est procureur. Je ne veux pas rester plus longtemps dans cette incertitude.

— Bah! bah! Mille-Acres, répliqua froidement le Porte-Chaîne, vous afez peur te fotre ombre, et cela parce que fous ne fifez pas en paix et en bonne harmonie avec la loi. Dieu a mis une conscience au fond tu cœur te tous les hommes, qu'ils fussent rois, marchands de fourrures, garteurs de faches ou même accapareurs. C'est cette conscience qui fous fait voir ici un procureur, selon la loi, tans mon jeune ami Mortaunt, qui n'est pas plus procureur que fous.

— Pourquoi s'est-il appelé ainsi lui-même, et pourquoi lui donnez-vous ce nom ? Un procureur est un procureur, et je ne comprends rien à vos subtilités. Des serpents à sonnettes seraient plus en sûreté dans cette vallée que le plus habile procureur de toute la terre.

— Enfin, enfin, pensez ce que fous foulez; c'est Satan qui vous inspire, et les paroles ne fous feront pas changer. Mais ce jeune gentilhomme n'est pas un procureur comme vous le pensez, il a été soldat comme moi et dans le même régiment qui était commanté par son père; c'est un brave jeune homme qui a combattu pour la liberté.

— S'il était ami de la liberté, il protégerait les hommes libres; car j'appelle être libre : avoir à sa disposition autant de terre qu'on en peut occuper, et laisser le reste à ceux qui se trouvent dans la même situation. Si lui et son père sont des amis sincères de la liberté, qu'ils abandonnent leurs droits sur toutes les terres qu'ils ne peuvent occuper. Voilà ce que j'appelle liberté.

— Pourquoi fous montrez-vous si motéré, Mille-Acres? pourquoi ne pas tire que l'homme a le troit de satisfaire tous ses désirs, et n'est pas sage de faire tout à moitié, et faut mieux pour vous te prendre toute la terre que fous foulez? C'est la même liberté que pour celui qui prend les tollars tans la poche te l'autre.

L'orage s'amoncelait sur le front de Mille-Acres, qui ne trouvait rien à répondre au raisonnement droit et clair du Porte-Chaîne.

— Quiconque veut rester en de bons termes avec moi ne doit rien dire contre mon établissement, reprit-il avec une certaine compression des lèvres. Mes notions ne sont pas les vôtres, mais je respecte la possession de tous. Mais nous perdons notre temps en paroles. Voilà la clairière, et voilà les morceaux de bois. Je garderai le bois, que j'emporterai aussitôt que la rivière me le permettra, accordant ceci au privilège, que je n'abattrai plus d'arbres, mais que j'aurai le droit de scier et de charrier tous les blocs déjà entamés. Quant à la terre et à tout ce que renferme la vallée, si les porteurs de titres et de papiers veulent les ravoir, ils payeront les récoltes et tous les amendements et améliorations.

— Cette proposition s'adresse à fous, Mortaunt. Je n'ai rien à faire ici qu'à mesurer la terre, et che le ferai jusqu'ici même, qu'il adfienne bien ou qu'il adfienne mal te ma résolution.

— Mesurer notre vallée! vociféra Tobit comme un oiseau de proie. Non, non, Porte-Chaîne! Il n'y a pas d'homme dans la forêt qui aura jamais la permission de développer ses chaînes sur cette vallée!

Mille-Acres grogna sourdement comme l'ours poussé dans ses derniers retranchements; ses yeux sombres et hagards lançaient des éclairs sous leurs épais sourcils. Il jugea prudent de laisser s'apaiser en lui les bouillonnements du sang; il attendit donc qu'il eût repris son cours lent et régulier.

Le vieux renard comprenait qu'il valait mieux épuiser jusqu'au bout les moyens de conciliation, et chercher à obtenir du Porte-Chaîne toutes les concessions possibles avant d'en venir à des extrémités dont les résultats ne pouvaient dans aucun cas tourner en sa faveur

— Je puis mieux répondre à cette question que tout autre, interrompis-je dans la crainte qu'Andries ne s'emportât, et afin de prolonger l'entretien jusqu'à l'arrivée de Franck Malbone... Je vous déclarerai donc ici tout d'abord que je n'ai pas pouvoir de traiter avec vous. Le colonel Follock et mon père ont un sens rigoureux de la justice, et ils ne se montreront pas disposés à accepter des conditions qui ne tendraient à rien moins qu'à mettre en question leurs droits de propriété. Je leur ai souvent entendu dire que céder un pouce, ce serait laisser prendre une toise, et je partage volontiers leur manière de voir. Ils concéderont peut-être quelques faveurs, mais jamais ils ne discuteront sur un sujet où tous les droits sont de leur côté.

— Dois-je comprendre, jeune homme, que vous ne voulez pas entrer en arrangement, et que vous rejetez mes offres conciliantes? demanda Mille-Acres d'un ton sec.

— Vous devez comprendre exactement ce que je viens de vous dire. D'abord, que je n'ai pas pouvoir d'accepter vos propositions, et que, dans ma situation de captivité, toute convention faite avec vous serait nulle devant la loi.

— Je ne comprends rien à votre loi, qui trouve bonnes certaines conventions et qui en rejette d'autres. Il est inutile, Porte-Chaîne, que nous discutions avec ce jeune homme, il a passé sa vie dans les villes, et son langage n'est pas compréhensible pour nous, habitants des forêts. Nous sommes plus rapprochés l'un de l'autre par nos mœurs et par la nature de nos travaux : c'est donc à vous, Andries, que je m'adresse, et je vous demande si vous voulez vous arranger avec moi, oui ou non?

Mille-Acres continua :

— Il est assez naturel de songer au mariage en présence de tous ces jeunes gens réunis, et je suis aussi accommodant pour trouver des maris ou des femmes à mes amis que pour résoudre toutes autres difficultés.

Andries passait une main sur ses yeux, il se frottait le front comme un homme qui cherche à comprendre.

— Je ne sais pas ce que fous foulez tire. Afez-vous tonc enfie te proposer pour femme l'une te ces petites filles que che vois là?

— J'avoue que je songeais à en faire trouver une à l'un de mes fils, continua Mille-Acres. A Zephaniah, par exemple; c'est le plus honnête garçon du pays, actif, laborieux et d'âge à penser à se choisir une compagne, et je l'engage vivement à se marier, comme je le conseillerais à tous jeunes gens de son âge et dans sa position. Un mariage peut arranger bien des choses, vieil Andries.

— Et qu'ai-je à voir dans tout cela? demanda d'un air grave le Porte-Chaîne.

— Réfléchissez un peu. Il existe entre nous une difficulté assez sérieuse, que dans ma disposition conciliante je ne demande pas mieux que d'écarter. Or, j'ai mon fils Zephaniah ici, qui cherche une femme, et vous avez une nièce ici. Duss Malbone est, je crois, son nom. Les deux jeunes gens se conviennent parfaitement. Ils se connaissent déjà, et ils ont pu s'apprécier. Or, voici ce que je vous offre : J'enverrai chercher un magistrat à mes frais, sans qu'il vous en coûte un liard, et nous marierons ici ce jeune couple pour sceller désormais entre nous une paix solide et durable ; et comme vous êtes en de très-bons termes avec la famille du général Littlepage, vous traiterez avec lui pour nous ; et s'il l'exige absolument, je prendrai l'engagement que ni moi ni aucun membre de ma famille ne prendront jamais de portion de terre à lui appartenante.

Je vis bien qu'au premier abord le Porte-Chaîne ne saisissait pas exactement la proposition de l'accapareur, ni Duss elle-même, bien qu'elle y fût préparée par les propositions antérieures de Zephaniah. Mais lorsque Mille-Acres parla d'envoyer chercher un magistrat pour marier le jeune couple sur l'heure, il n'y eut plus à se tromper sur son intention, et à l'étonnement succéda bientôt, dans l'esprit d'Andries, un sentiment d'orgueil blessé dont je n'avais jamais encore été témoin. Je dois ajouter, pour lui rendre justice, que ses principes et ses sentiments d'équité étaient aussi profondément blessés que ses sentiments personnels. Il fut quelque temps sans pouvoir répondre ; mais lorsqu'il put enfin parler, ce fut avec une dignité d'attitude et une sévérité de langage dont je ne l'eusse pas cru capable.

— Je crois que che commence à fous comprendre, dit-il se levant de sa chaise pour se rapprocher de sa nièce comme s'il eût déjà voulu la protéger contre les paroles de Mille-Acres ; mais che ne comprends pas aussi pien la proposition même. Fous voulez qu'Ursule Malbone tefienne la femme de Zephaniah Mille-Acres, afin de replâtrer un accommodement avec le colonel Follock et le général Littlepage, et pour obtenir une intemnité pour tous les torts et tous les vols que fous afez commis à leur égard...

— Ecoutez, vieux Porte-Chaîne, je vous conseille de prendre garde à vos paroles.

— Ecoutez-les jusqu'au pout avant te m'interrompre, Mille-Acres. Un homme sage écoute avant te répondre. Pien que che n'aie chamais été marié moi-même, che sais ce qui est confenable, et je commencerai par fous remercier pour le tésir que vous afez manifesté t'être allié avec les Coejemans et les Malbones. Ce tevoir rempli, je feux fous dire que ma nièce ne feut pas te fotre fils.

— Vous ne lui avez pas laissé le temps de parler pour son propre compte, s'écria Mille-Acres haussant la voix, car la fureur commençait à éclater en lui. Zephaniah est un excellent garçon, et je le crois un excellent parti pour toute fille qui ne vit pas dans les villes, et même pour la plupart de celles qui y séjournent, et qui pourraient rencontrer plus mal que lui.

— Vantez votre marchandise ou céléprez les louanges de votre fils, répliqua le Porte-Chaîne avec un calme qui révélait en lui quelque résolution désespérée. Je ne fous contesterai pas ce droit. Mais cette fille me fut confiée par une sœur à son lit te mort, et que Dieu me partonne lorsque j'oublierai les tevoirs que je lui tois. Elle n'épousera jamais un fils te Mille-Acres. Elle n'épousera jamais un accapareur ou tout homme qui ne sera pas te même classe, te mêmes sentiments et d'habitudes et t'opinions, un homme assez confenable pour être l'époux t'une femme bien élevée.

Un rugissement de dérision et d'orgueil blessé éclata comme une tempête au milieu de cette tribu infernale; mais la voix tonnante de Mille-Acres dominait toutes les autres.

— Prenez garde, Porte-Chaîne! ne nous poussez pas au désespoir; l'impatience a des bornes.

— Je ne veux rien de vous ni des vôtres, Mille-Acres, répliqua le vieillard avec calme et passant son bras autour de la taille de Duss, qui s'appuyait sur lui, mais dont l'œil fier et menaçant paraissait prêt à la protéger elle-même contre toute attaque. Vous ne m'êtes absolument rien, et che fous laisse ici à fos méfaits et à fos mauvaises pensées. Arrière! che fous l'ordonne. Vous n'oserez pas arrêter le frère qui feut empêcher la fille te sa sœur te tefenir la femme t'un accapareur. Arrière, car che ne veux pas rester plus longtemps au milieu te fous. Tans une heure ou teux, misérable Aaron, fous reconnaîtrez la folie de tout ceci, et fous regretterez te ne pas avoir vécu en honnête homme.

En ce moment la clameur des voix devint bruyante et confuse, au point de ne plus pouvoir distinguer ce qui s'y passait. Tobit disait moins, mais il n'en était que plus dangereux. Tous les jeunes gens, dans une violente agitation, se précipitaient vers la porte pour la fermer et pour empêcher de sortir le Porte-Chaîne, qui s'avançait lentement, soutenant Duss par le bras et leur commandant du geste de lui faire place avec une dignité sous laquelle ils paraissaient tous plier et obéir. Au milieu de cette scène de confusion, un coup de fusil se fit entendre, et le pauvre Andries Coejemans tomba mortellement blessé.

CHAPITRE XXVI.

Le silence qui suivit le bruit de l'arme fut tellement profond que j'entendais la respiration étouffée de Duss pendant qu'elle restait penchée sur le corps de son oncle, stupéfaite, immobile, et comme changée en statue par la soudaineté de l'accident. Personne ne soufflait mot; nul ne cherchait à sortir. On ne sut jamais qui avait tiré. J'en accusai d'abord la main de Tobit, mais plus à cause de ce que je connaissais de son caractère irascible qu'à aucun geste révélateur qui eût pu le trahir. Plus tard, je fus porté à croire que Mille-Acres avait fait le coup, mais sans preuves suffisantes pour cette accusation criminelle. Si quelque autre que le misérable qui commit le crime en eut connaissance, jamais il n'y eut de révélation. Cette famille, fidèle à ses antécédents, semblait résolue à se défendre en corps ou à tomber ensemble. Aux yeux de la loi, tous ceux présents qui contribuaient à la détention illégale de Duss et de son oncle étaient également coupables; mais la main qui portait cette tache indélébile du sang versé ne se révéla jamais au grand jour.

Mon premier mouvement, dès que je repris la conscience de mes actions, fut de saisir Duss et de chercher à l'entraîner au-dehors pour la soustraire aux desseins de ces cannibales; et j'y fusse parvenu dans le moment, tant était profonde la stupeur de ces hommes grossiers après l'exécution d'un crime aussi lâche qu'inutile; mais Duss ne songeait nullement à sa sûreté dans un pareil moment. Elle s'agenouilla à côté du corps inanimé de son oncle.

— Il respire encore! s'écrie-t-elle tout à coup. Dieu soit loué, Mordaunt, il respire! Le coup n'est peut-être pas aussi mortel que nous le craignions; réunissons nos efforts pour le sauver.

Ce fut alors que la résolution et la prévoyance caractéristique d'Ursule Malbone se révélèrent. Elle se releva, et, se tournant vers la grange des accapareurs, fit appel à ce qui pouvait leur rester d'humanité au fond du cœur.

— Le cœur le plus endurci parmi vous ne refusera pas les secours indispensables qu'une fille réclame pour sauver son père, leur dit-elle avec un élan de sensibilité et de dignité qui produisit un effet sensible sur tous ceux qui étaient présents. Aidez-moi à relever mon oncle et à le placer sur un lit, afin que le major Littlepage examine sa blessure. Vous ne me refuserez pas cette consolation, Mille-Acres, car vous ne savez pas si vous n'aurez pas bientôt besoin que l'on ait pour vous la même pitié.

Zephaniah, qui certes était innocent de toute participation au crime, s'avança et nous prêta son aide pour relever ce corps inanimé et le transporter sur le lit de Prudence, dans la pièce principale. Durant l'accomplissement de cette pénible tâche, les accapareurs s'étaient concertés et avaient quitté la chambre les uns après les autres, ne laissant derrière eux que Mille-Acres, sa femme et Lowing, qui ne quittait pas Duss, et se montrait pour elle une aide soumise et même affectueuse. La physionomie du vieux Mille-Acres était sombre et soucieuse. Prudence paraissait fort émue ; elle ne disait rien, mais elle ne pouvait rester en place, et par intervalles un gémissement étouffé s'échappait malgré elle de sa poitrine.

J'avais assez d'expérience des blessures d'armes à feu pour juger celle du Porte-Chaîne, et rester convaincu qu'elle devait être mortelle. La balle avait passé entre deux côtes dans une direction oblique de haut en bas, et avait dû nécessairement attaquer les organes de la vie. Le premier choc avait produit instantanément l'insensibilité, mais à peine eûmes-nous porté le patient sur le lit et humecté ses lèvres avec quelques gouttes d'eau froide, qu'il revint à lui, et qu'il reprit aussitôt toute sa connaissance et la faculté de la parole. Néanmoins, la mort planait sur lui, et il était évident pour moi que ses heures étaient comptées. Il pouvait prolonger sa vie de quelques jours, mais il n'y avait pas probabilité qu'il survécût.

— Dieu fous bénisse, Mortaunt! dit-il aussitôt qu'il eut repris connaissance sous mes efforts multipliés... Dieu fous bénisse et fous conserfe pour toutes fos bontés pour moi! Ces accapareurs m'ont tué, mais je leur partonne. C'est une race ignorante, égoïste et brutale, et je les ai rudement profoqués... Mais Duss ne defiendra chamais la femme t'aucun t'eux.

Comme Zephaniah était encore dans la chambre, bien que dans le moment il ne fût pas auprès du lit, j'essayai de changer le cours de ses paroles en le questionnant sur sa blessure, dont il devait pouvoir apprécier la gravité, lui qui avait tant vu de soldats dans une situation semblable à la sienne.

— Je suis tué, Mortaunt, répondit-il à ma question avec beaucoup de fermeté. Ils m'ont frappé entre les côtes, et ils ont endommagé les principes te la vie; mais cela n'importe pas beaucoup, car che suis un vieillard, et prêt à partir au premier commandement. Je suis seulement fâché, Mortaunt, que cet accident soit arrivé afant que toute la propriété fût partagée en lots; mais che ne suis pas payé pour l'oufrage téjà fait, et c'est une consolation pour moi te penser que che ne mourrai pas en laissant des dettes. Cho fous tois beaucoup, et à mon chénéral, pour toutes fos bontés, che le confesse; mais pour l'argent, cet accident ne fous fera rien perdre.

— Ne parlez pas ainsi, Porte-Chaîne, je vous en supplie; mon père, je le sais, abandonnerait volontiers la plus belle de ses fermes pour vous voir encore debout et vous portant aussi bien qu'il y a vingt minutes.

— Eh bien! je vous crois, car le chénéral s'est touchours montré pon et plein d'égards pour moi. Je fais fous tire un secret, Mortaunt, que je fous eusse réfélé il y a longtemps, si le chénéral ne m'eût téfentu d'en parler.

— Peut-être vaudrait-il mieux, mon ami, que vous remissiez à une autre fois la révélation de ce secret; cela vous épuisera de parler, tandis que le repos et le sommeil pourraient vous être d'un grand secours.

— Non, non, mon fils... il y aurait folie et vanité à espérer tant que cela. Je ne m'entormirai plus que pour le ternier sommeil, qui n'a pas te réveil sur terre. Je sens que ma plessure est mortelle, et que mon heure ne tardera pas à sonner. Je ne me sens pas plus fatigué te parler... et Mortaunt, mon cher fils, teux amis qui font se séparer pour longtemps ne toifent pas le faire sans échanger quelques paroles. Je suis heureux de pouvoir raconter à un fils les bontés que son père a eues pour moi. Vous savez, Mortaunt, que je ne suis pas fort sur les figures d'algèbre et de géométrie; j'ai touchours été surpris qu'il en fût ainsi, car mon grand-père Van Syer était un homme extraordinaire pour les calculs. Mais enfin che n'ai chamais pt me les fourrer tans la tête, et c'est un secret que je ne tois plus fous cacher, Mortaunt, que che n'eusse pas gartó six semaines ma commission te capitaine sans les bontés de votre père, qui foyant qu'il m'était impossible te me tirer d'affaire avec l'arithmétique, m'offrit te faire tous ces tevoirs difficiles pour moi ; et pentant sept ans et plus que nous restâmes ensemble tans le même réchiment, le colonel Littlepage fit tous les rapports de la compagnie te Coejemans! Je ne ferrai plus chamais le chénéral, et je tésire que vous lui tisiez que le vieil Andries, jusqu'au ternier souffle te sa vie, a conserfé le soufenir te ses bontés.

— Je ferai tout ce que vous me demandez, Porte-Chaîne ; mais parler ainsi doit certainement vous faire souffrir.

— Pas tu tout, pas tu tout, mon fils, cela fait tu bien au corps de soulager l'âme te ses obligations ; mais che fois que Duss est en peine. Je fais fermer mes yeux, et rentrer un peu tans mes pensées ; car je ne mourrai pas encore de quelques heures.

C'était quelque chose de terrible que d'entendre l'homme que j'aimais d'un sincère attachement parler avec tant de calme et de certitude de sa fin prochaine. Ursule était au supplice ; mais elle ne trahissait à l'extérieur aucun des symptômes de souffrance qui torturaient son cœur. Elle me fit signe de quitter le bord du lit, afin de laisser reposer son oncle, et elle s'assit silencieusement sur une chaise, prête à lui porter secours à la moindre alarme. Je saisis cette occasion pour chercher à examiner au dehors l'état des choses et pour réfléchir sur le parti qu'il convenait de prendre dans ces circonstances désespérées et inattendues ; le temps était définitivement venu de m'arrêter à quelque résolution décisive.

Il y avait plus d'une heure que le forfait avait été commis, et Mille-Acres et sa femme restaient encore à la même place, aux deux coins de la cheminée, ensevelis dans leurs sombres pensées. Devant la porte je ne trouvai que deux ou trois jeunes gens se parlant à voix basse et inintelligible. Ils surveillaient probablement ce qui se passait à l'intérieur ; mais lorsque je voulus sortir, ils me laissèrent passer sans obstacle. Je commençais à croire que le crime, qui s'était commis sans leur sanction, les avait atterrés au point de suspendre en eux toutes dispositions hostiles à notre égard, et de me laisser la liberté de marcher et d'agir comme il me conviendrait. Mais un léger mouvement derrière moi me fit retourner : je reconnus Lowing, qui se glissait dans l'ombre de la maison, et qui s'approcha lentement de moi pour me parler à l'oreille.

— Ne vous aventurez pas loin de la casa, dit-elle, le méchant esprit s'est emparé de Tobit; il vient de jurer que la même tombe renfermerait le Porte-Chaine Dusa et vous. Les tombes, dit-il, ne donnent pas de témoignage à la loi. Je ne l'ai jamais vu dans une farouche disposition d'esprit comme ce soir.

La jeune fille, dès qu'elle m'eut donné ce conseil salutaire, rentra de nouveau dans la casa, et je l'aperçus par la lumière de l'intérieur assise auprès de Dusa, prête à l'assister dans son pieux ministère. La nuit était tout à fait sombre, et il eût été impossible de reconnaître quelqu'un à vingt pas.

Je choisis le lieu de ma promenade entre la maison et le groupe d'accapareurs, chaque retour que je faisais sur moi-même me rapprochant de l'endroit où ils semblaient rassemblés en conseil secret. Chaque fois que je me rapprochais d'eux, ils suspendaient leur conversation, attendant pour la reprendre que je fusse assez loin pour ne pas en surprendre le sens. Cette remarque m'amena graduellement à allonger ma promenade jusqu'à la distance de cent pas environ. M'aventurer plus loin eût été imprudent, et pouvait donner des doutes sur ma parole donnée.

J'avais déjà fait huit ou dix tours dans le même rayon lorsque, arrivé dans l'un de ces tours à l'extrême limite de ma promenade, j'entendis un léger sifflement qui paraissait sortir d'un tronc d'arbre coupé à hauteur de cinq pieds environ. Je crus d'abord avoir empiété sur le domaine de quelque serpent, quoique cette sorte de reptile fût rare dans nos contrées. Mais je fus bientôt tiré de mon incertitude.

— Pourquoi pas arrêter à racine? dit Susquesus d'un son de voix faible, mais distinct pour mon oreille; quelque chose bon pour l'oreille à dire.

— Attendez ici, que j'aie fait encore un ou deux tours, et je reviens dans un moment, lui répondis-je à voix basse.

Je repris ma promenade, m'arrêtant au pied d'une racine d'arbre au côté opposé, et renouvelant ce jeu deux ou trois fois, restant chaque fois plus longtemps assis ou debout devant l'arbre que je choisissais, jusqu'à ce qu'enfin je vins m'arrêter devant celui qui recélait l'Indien.

— Comment êtes-vous venu ici, Susquesus? demandai-je. Avez-vous des armes?

— Oui, bonne carabine à Porte-Chaîne; lui plus besoin davantage. Eh!

— Vous savez ce qui lui est arrivé; il est mortellement blessé.

— Mal, très-mal... Prendre chevelure pour cela... Porte-Chaîne, vieil ami... brave ami... Toujours tuer le meurtrier.

— Je vous prie de ne rien tenter de la sorte; mais comment êtes-vous arrivé jusqu'ici, et armé?

— Jaap faire cela... ouvrir la porte... nègre fort... faire quoi lui veut. Apporté carabine pour prendre... Si lui venu plus tôt... alors Porte-Chaîne pas tué!

Je crus prudent de m'éloigner après avoir échangé ces quelques paroles. Je compris que Jaap, sorti de la forêt, s'était hasardé jusqu'à la grange pour délivrer l'Onondago, et qu'ils étaient tous deux dans l'obscurité, rôdant autour des cases, guettant l'instant propice pour frapper, ou une occasion de communiquer avec moi.

Tant d'événements réunis obstruaient à tel point mon cerveau, que j'avais de la peine à tout débrouiller pour prendre une détermination. Afin de réfléchir librement, je m'arrêtai devant le fragment d'arbre, et je priai l'Onondago de rester là jusqu'à ce qu'il reçût de nouvelles instructions.

— Bien! bien! me répondit-il se tapissant dans son repaire comme le tigre qui contient son impatience pour saisir l'occasion favorable de bondir sur sa proie.

J'eus alors un peu de loisir pour mettre de l'ordre dans mes idées. Le pauvre Porte-Chaîne, étendu sur son lit d'agonie, demeurait insensible comme si l'âme eût déjà abandonné le corps. Duss était toujours dans la même position, immobile comme son oncle; Lowing auprès d'elle, dans l'attitude de la sollicitation; Mille-Acres et Prudence de chaque côté de la cheminée, comme deux génies du mal dans la méditation du crime. Le feu, négligé par tous, s'était presque insensiblement éteint et ne jetait plus qu'une lueur incertaine, vacillante, sur les physionomies sombres de l'accapareur et de sa digne compagnie. Tout à coup, dans un des courts instants où ma promenade m'amenait devant la porte de la case, je vis Duss tomber à genoux, et cachant sa tête dans la couverture du lit, réciter mentalement une prière. Prudence tressaillit; puis elle se leva, recommençant comme auparavant à aller et venir d'une pièce à l'autre de la case, mais sans but et comme pour se soustraire aux remords de conscience que l'attitude noble et sainte d'Ursule réveillait en elle après un si long oubli de ses devoirs religieux.

Ce fut à ce moment que j'entendis la voix de Tobit, comme il rejoignait le groupe de ses frères, et qui paraissait donner d'une voix sombre quelque dernière instruction à sa femme, celle-ci s'éloignant ensuite vers leur commune habitation. Présumant que je pourrais éprouver de la part de cet homme grossier quelque rude provocation s'il me voyait marcher librement dans la clairière, comme je le faisais depuis un quart d'heure, je pensai qu'il était plus sage de rentrer dans la case, et d'avoir un bref entretien avec Mille-Acres.

Cette détermination prise, je songeai à la mettre sur-le-champ à exécution, me fiant à la patience de l'Indien et aux habitudes d'obéissance de Jaap, pour ne pas craindre une sortie de leur part avant que je leur en eusse donné le signal. Comme je rentrais dans la chambre, Duss était encore à genoux, et Prudence se tenait debout derrière elle, la contemplant d'un air gauche et embarrassé. Lowing paraissait prendre mentalement part à la prière d'Ursule.

— Mille-Acres, commençai-je à voix basse et m'approchant du vieillard, voici un bien malheureux événement; mais nous devons faire tout ce qui est en notre pouvoir pour en prévenir les suites. Ne voulez-vous pas envoyer un messager à Ravensnest pour quérir un médecin?

— Vos docteurs ne seront d'aucun secours à un homme blessé par une carabine tirée presque à bout portant... Je ne veux pas de médecin ici, pour me trahir moi et les miens, et nous livrer à la loi.

— Votre messager peut garder le secret; nous lui donnerons de l'or pour déterminer le chirurgien à venir ici. On peut lui dire que j'ai été blessé accidentellement, et il pourrait encore arriver à temps pour soulager le blessé; car je crois qu'il ne reste pas d'autre espoir.

— Les hommes doivent accepter le sort qui leur échoit, répliqua froidement ce pécheur endurci; ceux qui vivent dans les bois acceptent leurs chances comme ceux qui habitent les villes. Je préserverai à tout prix du danger ma famille et ma cargaison de bois, et je ne laisserai approcher ni chirurgien ni aucun autre étranger.

Que faire avec un être dont tous les principes, chez qui tous sentiments de justice étaient concentrés dans son individualité!

L'âme remplie de dégoût, je me disposais à m'éloigner, lorsqu'une bruyante clameur s'éleva aux alentours des bâtiments, et j'entendis aussitôt la décharge de plusieurs armes à feu. Je m'élançai vers la porte; là, je distinguai le bruit de pas qui semblaient s'avancer de plusieurs directions à la fois, et quelques nouveaux coups de fusil tirés dans l'éloignement, comme si un parti d'individus opérait sa retraite de ce côté. Les hommes couraient de côté et d'autre, s'appelant ou se débattant sous l'excitation d'une poursuite ou d'une rencontre; mais je ne pouvais rien distinguer au milieu de l'obscurité qui couvrait toute la scène.

Je demeurai cinq ou six minutes dans cet état d'incertitude et d'angoisse, lorsqu'un homme s'élança du côté de la porte où je m'étais mis en observation et s'empara de ma main ; c'était Franck Malbone. Le secours si longtemps désiré était enfin survenu, et je n'étais plus prisonnier.

— Dieu soit loué! vous êtes sain et sauf! s'écria Malbone. Mais ma chère sœur?

— Elle est là, en bonne santé, mais veillant auprès du lit de mort de son oncle. Avez-vous quelqu'un de blessé de votre côté?

— C'est plus que je ne puis vous dire. Votre nègre nous a servi de guide et nous a conduits si adroitement ici, que je n'avais pas l'intention de faire usage de nos armes, comptant nous emparer sans coup férir de la bande des accapareurs. Mais un coup de carabine est parti de derrière un tronc d'arbre, et a fait passer sur nos têtes toute la décharge de l'ennemi. Quelques-uns des nôtres ont répondu ; puis les accapareurs ont pris la fuite.

— Tout est pour le mieux si nous avons éloigné nos ennemis sans leur faire de mal. Etes-vous assez fort, pour les tenir à distance?

— Suffisamment; nous avons une troupe de près de trente hommes sous la conduite d'un sous-shérif et d'un magistrat. Il ne nous manquait qu'une désignation exacte de ce lieu pour y arriver quelques heures plus tôt.

Je déplorai cette circonstance, car quelques heures plus tôt, nous sauvions la vie de notre pauvre Porte-Chaîne. Néanmoins ce secours fut accueilli par des actions de grâces, et Duss, fondant en larmes, vint tomber dans les bras de son frère. J'étais à côté d'elle sur le seuil lorsque cette rencontre eut lieu, et Duss en sortant des bras de son frère me tendit affectueusement la main. Franck Malbone fit un geste d'étonnement, mais inquiet de voir le Porte-Chaîne et de lui parler, il entra dans la case, et s'approcha du lit. Duss et moi, nous le suivîmes, car les cris et les coups de feu avaient été entendus du blessé, qui était inquiet d'en connaître la cause. La vue de Malbone l'instruisit en grande partie; mais se retournant vers moi d'un air d'inquiétude :

— Qu'y a-t-il, Mortaunt? s'informa-t-il d'une voix forte, surexcitée sans doute par l'intérêt qu'il prenait à ces derniers événements. Qu'y a-t-il donc, mon fils? J'espère qu'il n'y a pas eu de combat inutile au sujet d'un pauvre fieillard de soixante-tix ans, et qui toit rentre à son Créateur la fie qu'il lui a tonnée. J'espère que personne n'a été blessé tans cette occasion?

— Nous ne connaissons d'autre blessé que vous, cette nuit, mon pauvre Andries. Les coups de feu que vous avez entendus viennent du parti de Franck Malbone, qui est justement arrivé pour chasser les accapareurs, plus par le bruit que par le mal qu'il leur a fait.

— Tieu soit loué! Je suis content te foir Franck afant te mourir, tabord pour prendre congé te lui comme t'un vieil ami, et secondement pour lui confier le soin de sa sœur Duss. Ils ont voulu tonner à Duss l'un te ces accapareurs pour époux, à l'effet te conclure la paix entre tes foleurs et tes honnêtes gens. Cela ne se poufait pas, Franck, car fous savez que Duss est la fille t'un gentilhomme et t'une lady, et qu'elle ne pourrait épouser un grossier, brutal, illettré accapareur. Si j'étais cheune, et pas son oncle, je ne me supposerais pas moi-même un parti confenable pour elle, étant trop peu éduqué pour être l'époux de Duss Malpone.

— Il n'y a plus à craindre qu'une telle calamité vienne affliger ma sœur, mon cher Porte-Chaîne, répondit Franck Malbone. Je ne crois pas, du reste, qu'aucune menace eût jamais intimidé Duss au point de lui faire consentir à donner sa foi à un homme qu'elle n'aimerait ni ne respecterait. On eût trouvé en elle une résistance inattendue.

— C'est mieux comme cela, Franck... beaucoup mieux. Ces accapareurs sont de tristes coquins, et ne se laisseraient pas arrêter par de faibles obstacles. Et maintenant que nous sommes sur ce sujet, che fous tirai encore quelques mots sur votre sœur. Elle est sortie pour pleurer, et ne peut entendre ce que ch'ai à vous tire. Voici Montaunt Littlepage, qui tit qu'il aime Duss plus que femme fut chamais aimée au monde par un homme... (Franck tressaillit, et je crus remarquer que son visage s'assombrissait)... et comme il est naturel, lorsqu'un homme aime une femme à ce point, qu'il désire beaucoup l'épouser... (la physionomie de Franck s'éclaira subitement d'un rayon de joie, et il pressa chaleureusement la main que je lui tendis)... Mortaunt serait un excellent parti pour Duss... un très-peau parti... car il est cheune, de ponne mine, prave, honorable, sensiple et riche; toutes choses excellentes tans le mariage; mais, d'un autre côté, il a un père, une mère et tes sœurs, et il est assez naturel aussi qu'ils n'aiment que médiocrement que leur fils ou leur frère épouse une fille qui ne possède autre chose qu'un paquet te chaînes, un compas et quelques autres petits articles tont elle héritera après ma mort. Non, non, nous tefons songer à l'honneur tes Coejemans et tes Malpores, et ne pas laisser notre fille pien-aimée tans une famille qui ne foudrait pas d'elle.

Franck sourit tristement en entendant cette observation, qui ne faisait sur lui qu'une faible impression; car il jugeait de mon cœur comme du sien, et il ne pensait pas que des considérations aussi mercenaires m'arrêtassent jamais dans ma détermination. Je fus néanmoins plus sérieusement contrarié. L'entêtement était une des faiblesses les plus caractéristiques du caractère du Porte-Chaîne, et je reconnus combien il serait dangereux de lui laisser cette manière de voir, qu'il pouvait léguer à Duss en héritage. Elle avait été la première à la lui suggérer, mais il n'était pas impossible qu'elle revînt à cette opinion s'il lui faisait ressortir la situation des choses, confirmée par la parole d'un moment. Il était donc important pour moi de changer la disposition d'esprit du Porte-Chaîne, afin qu'en quittant ce monde il ne laissât pas deux créatures malheureuses par la seule force de ses préjugés et de son obstination. Mais le moment n'était guère favorable pour poursuivre la conversation, et je réfléchissais avec amertume aux difficultés de l'avenir, lorsque nous fûmes tirés de nos mutuelles réflexions par un gémissement parti des profondeurs de la poitrine de Mille-Acres.

Franck et moi nous nous retournâmes ensemble du côté de la cheminée. La chaise de Prudence était vacante, cette femme étant sortie à la première alerte, sans doute à la recherche de ses plus jeunes enfants. Mille-Acres était resté accroupi sur sa chaise depuis près de deux heures. Seulement, je remarquai que sa taille s'était courbée sur elle-même, et que son menton gouttait sur sa poitrine. Je m'approchai de lui ; une petite mare de sang se formait sur les dalles où reposait la chaise, et nous reconnûmes, Franck et moi, en ouvrant sa poitrine, qu'une balle de carabine l'avait traversé de part en part en droite ligne, à deux ou trois pouces au-dessus des hanches.

CHAPITRE XXVII.

Mille-Acres avait été atteint par l'un des premiers coups de carabine qui s'étaient tirés au commencement de la lutte. Il fut le seul sur lequel nous pûmes constater dès l'abord une blessure grave, bien que l'on nous eût assuré plus tard que Tobit avait eu une jambe cassée, et qu'il resterait estropié pour toujours. Le fait est très-probable, car Jaap me dit, lorsque tout fut terminé, qu'il avait tiré sur un homme qui l'avait manqué, et que deux de ses compagnons furent obligés de l'emporter dans leurs bras. Ce fut sans doute à cette double circonstance, de la blessure de Mille-Acres et de celle de Tobit, que nous dûmes de ne plus être inquiétés pendant le reste de la nuit par la bande des accapareurs, qui disparurent tous de la clairière, hommes, femmes, enfants, au point qu'il ne restait plus de traces d'eux le lendemain matin. Lowing seule n'avait pas suivi sa famille ; elle n'avait pas cessé un instant d'aider Duss dans les soins qu'elle prodiguait à son oncle. Je dois bien ajouter ici que l'on ne put jamais découvrir par qui Mille-Acres avait été tué. J'eus dès l'abord la conviction intime que Susquesus l'avait sacrifié aux mânes de son ami le Porte-Chaîne, exécutant un acte de justice indienne sans hésitation ni remords. Dans le commencement de l'attaque un seul coup de fusil était parti d'un point justement en droite ligne de la porte en face de laquelle le vieillard était assis ; mais je ne pus avoir de certitude à cet égard, et l'Onondago eut assez de prudence ou de philosophie pour garder son secret. Il se montra toujours réservé sur cette question, moins par l'appréhension des conséquences que par orgueil et respect de lui-même. Il n'avait du reste rien à redouter des recherches de la loi, le meurtre préalable du Porte-Chaîne et les procédés illégaux des accapareurs justifiant une attaque directe et soudaine de la part de la milice.

Comme Malbone et nous constations l'état de Mille-Acres, le détachement de la milice, le squire Newcome en tête, se rassemblait autour de la case, que l'on eût pu appeler notre hôpital. Je priai Franck de conduire ces hommes, assez bruyants par le nombre, vers une autre partie des cases, aussitôt qu'un lit eut été dressé pour l'accapareur, qui fut laissé pour mourir dans la même chambre que le Porte-Chaîne. Il suffisait de posséder un peu de connaissance pratique sur ces sortes de blessures pour renoncer à l'idée de sauver l'un ou l'autre. Néanmoins, un messager fut dépêché vers le hameau de Ravensnest en quête d'un médecin.

Aussitôt que ces arrangements furent terminés, je dis à Duss que nous allions la laisser avec Lowing auprès des blessés, qui paraissaient exténués et assoupis, tandis que les hommes de la milice prendraient leur quartier pour la nuit dans le bâtiment voisin. Malbone resterait en sentinelle à quelque distance de la porte, et je promis de le rejoindre dans une heure.

— Lowing pourvoira aux besoins de son père, dis-je, pendant que vous aurez, comme je le sais, les soins les plus tendres pour votre oncle. Un peu d'eau, de temps à autre, voilà tout ce qu'on peut faire pour soulager leurs souffrances.

— Laissez-moi entrer! interrompit une rude voix de femme à la porte, forçant son chemin à travers les divers postes qui gardaient l'entrée. Je suis la femme d'Aaron; on m'a dit qu'il était blessé. Dieu lui-même a dit qu'une femme devait s'attacher à son mari, et Mille-Acres est le mien; c'est le père de mes enfants, quand bien même il aurait tué et qu'il eût été tué à son tour.

Il y avait quelque chose de si imposant dans les émotions naturelles de cette femme, que la garde céda immédiatement, et que Prudence pénétra dans la case. Son premier coup d'œil fut pour le lit du Porte-Chaîne, qu'elle retrouva dans le même état. Mais ses yeux devinrent fixes et hagards en contemplant Mille-Acres étendu sans mouvement sur son lit de mort. L'habitude qu'elle avait eue dans le cours de sa vie de voir des morts et des blessés ne lui laissa pas de doute sur l'état désespéré de son époux, et son premier mouvement fut de chercher à venger le mal qu'on lui avait rendu. Je confesse ici que j'eus froid au cœur lorsque cette farouche créature, se retournant vers nous dans une fureur de tigresse, demanda d'une voix impérative :

— Qui a fait cela? Quel est celui qui a osé envoyer mon époux devant le Seigneur avant que son heure fût venue? Qui a osé enlever un père à mes enfants, un époux à sa femme, contre le droit et la loi? Je l'ai laissé ici, près de ce foyer, plein de tristesse pour le malheur d'un autre, et je viens d'apprendre qu'il avait été tué sur sa chaise. Le Seigneur sera pour nous cette fois; nous verrons alors qui la loi condamnera ou qui elle absoudra.

Un mouvement convulsif, suivi d'un gémissement échappé à Mille-Acres, donna une lueur d'espoir à sa femme que son époux pouvait peut-être survivre à sa blessure. Elle tressaillit, et cessant tout à coup de se plaindre, elle se mit en devoir de lui prodiguer avec promptitude tous les soins que, dans son expérience, elle crut devoir aider à le sauver. Elle lui passa un linge sur le visage, humecta d'eau ses lèvres desséchées, releva son oreiller, disposa son corps dans l'attitude la moins fatigante, murmurant pendant tout ce temps des prières entremêlées de menaces; laissant à penser que Mille-Acres avait au moins été bon pour elle, et qu'il possédait toute son affection.

J'acquis la certitude que Duss n'avait rien à redouter de cette femme; je quittai donc la case dès que les deux jeunes gardes eurent tout disposé pour le soulagement de leurs patients, et pour que la maison fût libre de toute intrusion. Je dis quelques mots à l'oreille de Duss pour la prier de ne pas oublier la promesse qu'elle m'avait faite dans la forêt, et de me faire appeler auprès du lit du Porte-Chaîne lorsqu'il se réveillerait de son engourdissement. Ursule fut la bonté même. Son affliction avait accru en elle sa tendresse pour moi; je fus donc pleinement rassuré sur son compte. En passant devant Franck, qui gardait le poste à vingt pas de la maison, il me dit :

— Dieu soit avec vous, Littlepage !... Ne craignez rien. Je suis trop dans la même situation que vous pour ne pas être votre plus chaud défenseur.

Je lui rendis ses bons souhaits, et je m'en allai tranquille et satisfait.

La milice avait été mise en possession des différentes cases désertées par la famille de Mille-Acres. Comme la nuit était froide, on avait allumé du feu dans toutes les cheminées; ce qui donnait à tout l'établissement un air de gaieté qu'il n'avait sans doute jamais eu. Presque tous les hommes s'étaient rassemblés dans deux cases, laissant la troisième pour le magistrat, Franck Malbone et moi, lorsqu'il nous conviendrait de nous en servir. Lorsque je parus, les hommes du détachement avaient achevé leur souper, composé de lait, de beurre et autres provisions des accapareurs, dont ils faisaient usage *ad libitum*, et ils se disposaient à s'étendre sur les lits et sur le sol pour reposer leurs membres fatigués d'une rapide et longue course à travers la forêt. Dans mes propres quartiers je trouvai le squire Newcome seul, à moins que le silencieux et immobile Onondago, qui occupait une chaise dans un coin du foyer, pût compter aussi pour un compagnon. Jaap, dans l'attente de mon arrivée, se promenait autour de la case; il me suivit dans l'intérieur pour prendre mes ordres.

Je n'eus pas de peine, connaissant les relations de Newcome avec les accapareurs, de découvrir dans sa physionomie, lorsque son regard croisa le mien, des symptômes de crainte et de confusion. On se souvient que le squire ne se doutait pas que j'eusse été témoin de sa précédente visite au moulin; il avait, par conséquent, une grande démangeaison de s'assurer du fait. Toute sa règle de conduite reposait sur cette circonstance; aussi ne fus-je pas longtemps à avoir un spécimen de son art à sonder le terrain de la vérité, afin de mettre son esprit en repos.

— Qui eût jamais cru trouver le major Littlepage aux mains des Philistins, dans un endroit aussi reculé? s'écria-t-il après avoir échangé mon salut. J'avais entendu dire qu'il y avait des accapareurs dans les environs; mais c'est une chose si commune, que lorsque je vis le major Littlepage, je n'eus pas l'idée de lui en parler.

— Je pensais, monsieur Newcome, dis-je assez sèchement, que vous étiez chargé du soin des terres de Mooseridge, comme l'une des conditions attachées à l'agence de Ravensnest.

— Sans doute, Monsieur, le colonel ou le général, comme on devrait l'appeler actuellement, m'a confié la surintendance des deux propriétés réunies. Mais le major sait probablement que Mooseridge n'était pas en vente.

— Non, Monsieur; Mooseridge n'était pas à vendre; mais il me semble que cette propriété était au pillage. On pouvait croire qu'un agent chargé du soin d'une propriété, apprenant que des vagabonds se l'étaient accaparée pour la dépouiller de ses arbres, eût reconnu qu'il était de son devoir d'informer les propriétaires de cette circonstance, afin qu'ils avisassent aux moyens d'y mettre ordre, s'il ne le voulait faire lui-même.

— Le major ne m'a pas bien compris, objecta le squire d'un ton d'humilité abjecte; je ne veux pas dire que je savais positivement qu'il y avait des accapareurs dans les environs, mais que des bruits indirects circulaient à ce sujet. D'ailleurs les accapareurs sont si nombreux dans les nouvelles terres, que personne n'y fait attention.

— C'est ce qui a eu lieu pour ce qui vous concerne, du moins, monsieur Newcome. Mais on m'a dit que ce Mille-Acres était bien connu, et que depuis son enfance il n'avait fait d'autre métier que de marauder sur les propriétés des autres. Il n'est pas probable que vous ne l'ayez pas rencontré, depuis vingt-cinq ans que vous habitez ce petit coin du globe?

— Dieu bénisse le major! Si je l'ai rencontré ce Mille-Acres? cent fois, les jours d'édification, de réunions publiques et politiques. Je l'ai rencontré dans les tribunaux, quoique Mille-Acres ne fît pas un très-grand cas de la loi, comme il aurait dû le faire; car c'est une excellente chose que la loi, et comme je l'ai souvent répété à miss Newcome, la société ne serait pas autre chose qu'une réunion de bêtes sauvages, si nous n'avions pas la loi pour la développer et pour enseigner le droit chemin aux mauvais esprits et à ceux qui s'égarent. Je suppose que le major partage cette manière de voir.

— Je n'y apporte aucun empêchement, Monsieur; je désire, au contraire, qu'elle soit plus généralement répandue. Puisque vous avez si souvent vu ce Mille-Acres, vous pourrez peut-être me donner quelques renseignements sur son caractère. Les occasions que j'ai eues de le voir n'ont pas été des plus favorables; car je fus presque constamment son prisonnier et enfermé dans une sorte de grange où il a coutume d'exposer ses salaisons, ses grains et autres provisions.

— Pas dans le vieux magasin, je suppose? s'écria le magistrat d'un air effaré et se rappelant la conversation qu'il avait eue près de ce même endroit avec le vieil accapareur. Je me demande depuis combien de temps le major est dans cette clairière.

— Pas bien longtemps en fait, mais une semaine par la pensée. J'ai été enfermé dans ce magasin presque aussitôt mon arrivée, et j'y suis resté la moitié du temps depuis que je suis dans ces parages.

— Je voudrais bien savoir... Peut-être que le major a été enfermé là hier matin de bonne heure?

— Peut-être bien. Mais, monsieur Newcome, en considérant quelle grande quantité de bois ces hommes ont abattue, et songeant à la distance qu'il y a d'ici à Albany, j'ai peine à m'imaginer comment ils osaient espérer transporter leurs marchandises mal acquises ou marcher sans être découverts. Il me semble que leurs mouvements devaient être connus, qu'ils eussent dû être surveillés par les agents honnêtes et actifs du pays, afin de faire saisir tous les trains de bois sur la rivière même. N'est-il pas extraordinaire que le vol puisse s'effectuer aussi systématiquement, et sur une aussi grande échelle, sans impunité?

— Dans des affaires de cette gravité, il y a peu de gens qui oseraient intervenir pour y porter obstacle, surtout lorsque cela ne les regarde pas personnellement.

— Je vous comprends : l'homme qui passera des journées entières à discuter les affaires privées de son voisin, dont il ne sait absolument que ce que lui en rapportent les sources les plus vulgaires, cet homme se croisera les bras et regardera peut-être sans rien dire les gens qui voleront ce même voisin, sous le prétexte spécieux, sous le sentiment de délicatesse qui lui souffle qu'il ne doit pas se mêler de ce qui ne le regarde pas.

M. Newcome était fin, il me comprit parfaitement, bien qu'il se sentît soulagé dans ses appréhensions en voyant la conversation tourner aux généralités au lieu de s'arrêter à la grange. Malgré cela, les bois flottants et les planches lui pesaient sur la conscience; et après un temps d'arrêt, il jugea prudent de faire diversion à toute question directe en abordant le chapitre du vieux Mille-Acres.

— Le vieil accapareur était un homme dangereux, major Littlepage, répéta-t-il; nos habitants ne seront pas fâchés d'en être débarrassés. J'ai appris qu'il avait été tué et que toute sa famille était en fuite.

— Les choses n'en sont pas encore à ce point. Mille-Acres est blessé, mortellement, je crois, et tous ses fils ont disparu; mais sa femme et l'une de ses filles sont ici et l'assistent à son lit de souffrance.

— Alors Prudence est ici! s'écria-t-il assez imprudemment.

— Elle est ici... Mais vous paraissez connaître cette famille assez particulièrement pour un magistrat, squire, considérant leur manière de vivre, si bien que vous appelez la femme par son nom de baptême.

— Prudence, c'est ainsi, je crois, que Mille-Acres appelait sa femme.

— Oui, le major a raison ; nous autres magistrats, nous connaissons assez généralement les gens de notre circonscription, tant par les mandats de comparution et d'arrestation que par les commandements et saisies pour non-payement de rentes. Mais le major n'a pas encore dit quand il est tombé entre les mains de ces individus.

— Je fis mon apparition dans cette clairière hier matin, très-peu d'instants après le lever du soleil. Depuis ce moment j'y ai été retenu par la force ou par les circonstances.

Un long silence suivit cette déclaration. Le squire avait peine à rester en place, et ne savait à quel parti s'arrêter. Bien qu'il y eût présomption dans son esprit que j'avais dû entendre sa conversation avec l'accapareur, le fait n'était pas absolument avéré pour lui. Il cherchait en lui-même un expédient pour sortir d'embarras par quelque histoire bien embrouillée. Je le laissai pour le moment à ses réflexions, et je me tournai vers l'Indien et le nègre, deux honnêtes créatures dans leur genre, afin de leur dire à chacun un mot d'amitié.

Comme ce fut l'une des occasions où l'Indien confirma mon opinion qu'il avait été l'agent principal de la mort de l'accapareur, je raconterai notre entretien.

— Je suis bien aise de vous retrouver en liberté, Sans-Traces, lui dis-je en lui tendant ma main, qu'il pressa dans la sienne pour répondre à nos usages, et de ne plus être prisonnier avec vous dans la grange.

— Pauvre prison la grange..... Jaap faire sauter verrou comme cendre de pipe..... Comprends pas que Mille-Acres avoir pas songé à cela.

— Mille-Acres a eu trop de choses à penser ce soir pour songer à cette bagatelle. Il pense actuellement à sa dernière heure.

L'Onondago, qui était occupé à ôter la cendre de sa pipe pendant que je parlais, me répondit paisiblement sans interrompre son opération :

— Certain... Suppose lui tué, cette fois.

— Sa blessure est mortelle, je le crains, et je regrette vivement ce malheur. Le sang de notre ami le Porte-Chaine était déjà de trop dans une affaire aussi misérable.

— Oui, assez misérable; pense cela aussi. L'accapareur tuer arpenteur; faut penser qu'ami de l'arpenteur tuer accapareur.

— C'est peut-être la loi indienne, Sure-Flint; mais ce n'est pas la loi des Visages Pâles en temps de paix et de tranquillité.

Susquesus continua de fumer sa pipe sans répondre.

— Ce fut un grand crime d'assassiner le Porte-Chaîne, et Mille-Acres eût été livré aux magistrats pour recevoir son châtiment selon la loi, si réellement il était coupable; mais il ne fallait pas le tuer comme un chien.

L'Onondago tira sa pipe de sa bouche, se tourna du côté du squire, qui s'était mis devant la porte pour respirer l'air du dehors; puis fixant sur moi son regard significatif, il répondit :

— Devant quel magistrat? Celui-ci, eh? — Quoi bon la loi avec mauvais magistrat? Mieux vaut loi du Peau-Rouge, et guerrier est son propre magistrat, — sa potence aussi et son bourreau.

La pipe reprit sa place, et Sure-Flint parut se livrer à un nouveau cours de réflexion. L'intelligence innée de ce barbare lui avait fait mettre le doigt sur l'une de nos plus grandes plaies sociales. De bonnes lois mal interprétées et mal exécutées ne valent guère mieux que l'absence de toute espèce de loi, puisqu'elles encouragent le mal par la protection que lui assurent ses infidèles interprètes.

Ceux qui ont étudié les vices du système d'administration judiciaire en Amérique, dans le but d'indiquer les réformes éventuelles qu'il réclame, affirment que l'absence d'un pouvoir régulateur et dispensateur des décrets rendus est la cause première de sa faiblesse. Selon les théoriciens, il appartient à la vertu publique de constituer ce pouvoir; malheureusement, jamais la vertu publique ne sera assez active pour l'emporter sur les vices cachés. Il faut une main forte et ferme pour terrasser le crime, et cette main doit appartenir au public de fait et non pas simplement de nom. Il se forme dans certaines localités des partis disposés à soutenir contre le droit et la loi des infractions aux vieilles institutions du pays, et souvent le coupable se présente à la barre soutenu par une autorité impérieuse, exerçant sur l'esprit public et sur les actes des représentants de la justice un contrôle plus absolu que la loi. Les jurés, corrompus ou influencés, ne présentent plus la moindre garantie d'indépendance et d'impartialité, et le tribunal perd de jour en jour l'influence régulatrice qu'il doit exercer sur les esprits moins éclairés du jury. Lorsque le jour sera venu, — et il arrivera si l'état actuel des choses continue, — où les verdicts seront rendus contre les principes les plus sacrés de l'évidence et de la justice, les jurés se croyant législateurs, et suffisamment éclairés pour ne tenir aucun compte des avis de la cour, — alors l'homme juste pourra déplorer les calamités d'une fatale époque de crime et d'impunité, et le vrai patriote désespérer de l'avenir. Cette époque ouvrira l'ère du paradis des coquins. J'admets que rien n'est plus facile que d'abuser de la force gouvernementale; mais il ne faut pas oublier que le vice politique qui suit de près celui-là est un gouvernement faible et impuissant.

Jaap attendait humblement que son tour fût arrivé d'avoir sa part de félicitations. Une entière confiance régnait entre le maître et le serviteur; mais ce dernier ne dépassait jamais les bornes du respect et de la discrétion en abordant un sujet de service ou de conversation sans y avoir été préalablement autorisé par moi.

— Vous paraissez avoir pris une bonne part dans toute cette affaire, Jaap, lui dis-je. J'ai tout lieu d'être content de vous. Je vous remercie surtout d'avoir délivré l'Indien de sa prison, et d'avoir conduit avec intelligence la milice dans la direction de cette vallée.

— Oui, massa; moi penser vous trouveriez ça bien. Quant à Sus, c'était bon de le faire sortir, car lui bien tirer la carabine. Nous faire beaucoup mieux, massa Morty; mais le squire si peu encourager nous pour tirer sur ces capareurs! Sûr, massa Morty, si lui seulement crier une fois : Feu! la moitié pas sortir vivants.

— Il vaut mieux que cela n'ait pas eu lieu, Jaap. Nous sommes en paix et au centre de notre pays, nous devons éviter de répandre le sang.

— Oui, massa; mais Porte-Chaîne, s'ils n'aimaient pas le sang, pourquoi tirer sur lui?

— Il y a quelque justice dans ce que vous dites, Jaap; mais la communauté serait impossible si nous ne laissions pas à la loi de nous rendre justice. Notre rôle se bornait à nous emparer de ces maraudeurs et à les livrer aux juges du pays.

— Très-vrai ça; personne dire non, massa Morty; mais plus besoin de prendre maintenant. Certain mieux finir tôt ou tard avec ces coquins. Enfin moi croire que Tobit, comme ils l'appellent, souviendra Jaap Satanstoë tant que lui vivra. C'est toujours bonne chose, n'importe comment.

Je vis qu'il était inutile de discuter des principes abstraits avec des hommes d'une pratique aussi rude que mes deux compagnons. Je quittai donc la case pour faire ma ronde avant de rentrer à notre hôpital pour y passer le reste de la nuit. Le nègre me suivit. Je le questionnai sur le lieu présumable de la retraite des accapareurs, afin de m'édifier sur la nature du danger que nous pourrions courir pendant l'obscurité. Jaap me donna à entendre que les hommes de la famille avaient opéré leur retraite en aval du cours d'eau, profitant de la pente du terrain pour se mettre à couvert. Les femmes et les enfants s'étaient enfuis dans les bois, sans doute vers quelque retraite arrêtée d'avance, et où le reste de la famille pourrait les rejoindre lorsque le danger serait passé. Jaap était certain que nous n'avions rien à redouter pour la nuit. Sa croyance fut confirmée par les faits. Toute la bande disparut de cette partie de la contrée pour n'y plus revenir. Plus tard seulement j'appris de gens qui arrivaient des contrées de l'Ouest que Tobit y avait été vu boiteux, comme je l'ai dit, mais conservant son caractère de violateur des lois et son mépris pour les droits de la propriété.

Je rejoignis Franck Malbone, qui n'avait pas quitté son poste devant la porte de la case, d'où nous pouvions admirer tous deux la tournure et les traits de sa sœur. Duss était assise auprès du lit de son oncle, et Prudence auprès de celui de son époux. Nous nous approchâmes en silence pour contempler le triste et douloureux spectacle de deux vieillards victimes de violences illégales et d'un faux principe sur le droit de propriété.

Il n'était pas douteux que le meurtre de Mille-Acres n'eût été que la conséquence immédiate de celui du Porte-Chaîne. C'est ainsi que le crime attire le crime, et perpétue indéfiniment sa funeste influence, démontrant la nécessité de saisir et d'étouffer le mal à sa naissance dans toutes les sociétés du monde, afin de l'empêcher de se développer et de gangrener des nations entières qui rétrogradent dans l'œuvre de la civilisation.

Lorsque nous trouvâmes la possibilité de nous retirer un peu à l'écart, Malbone me raconta les détails de ses propres démarches pour effectuer ma délivrance. Le lecteur sait déjà que ce fut la rencontre de l'Indien et du nègre dans la forêt qui fit connaître à mes amis mon arrestation et le danger auquel j'étais exposé. Le Porte-Chaîne, Duss et Jaap s'étaient immédiatement mis en route vers l'établissement de Mille-Acres, tandis que Malbone courait à Ravensnest requérir la force légale pour assurer ma délivrance. Sa première occupation fut d'écrire à mon père le récit abrégé de tout ce qui s'était passé, et d'envoyer la lettre par un messager spécial à Fish-Hill, où la famille devait se trouver rassemblée. Cette information ne laissa pas que de m'inquiéter, prévoyant que la nouvelle ferait arriver en poste à Ravensnest non-seulement le général, mais ma chère mère, Catherine et Tom Bayard à la remorque ; peut-être même ma pauvre grand'mère, car les dernières lettres que j'avais reçues m'avaient appris qu'ils étaient tous sur le point d'aller rendre une visite à ma sœur Annekee.

Comme le messager avait quitté le Nid de bonne heure la nuit précédente, et que le vent était favorable, il pouvait être arrivé à Fish-Hill au moment même où je prêtais une oreille attentive à ce récit. Je connaissais trop bien le général pour douter de son affection et de la promptitude de sa démarche. Une journée suffisait pour gagner Albany, et une autre journée pour arriver à Ravensnest. Je pouvais donc espérer en toute probabilité trouver au moins une partie de la famille à Ravensnest lorsque j'y arriverais moi-même ; ce que je comptais faire aussitôt que la situation du Porte-Chaîne me le permettrait.

Ce nouvel état des choses me donna beaucoup à réfléchir. Je ne pouvais blâmer Franck Malbone de ce qu'il avait fait, puisqu'il avait agi d'une manière tout à fait convenable et opportune. Mais les circonstances se trouvaient, à mon avis, un peu trop précipitées à cause de ma liaison avec Duss. J'aurais désiré avoir le temps de sonder les intentions de ma famille sur cette grave question de mon mariage, et de laisser aux deux ou trois lettres que j'avais déjà écrites sur son compte, et dans lesquelles je parlais d'elle avec enthousiasme, le temps de produire leur effet, comptant largement sur l'appui que j'étais sûr de rencontrer dans l'amitié même de miss Bayard. J'étais certain que ma famille serait vivement désappointée d'être obligée de renoncer à mon alliance avec Priscilla. C'est pourquoi je désirais ne leur présenter Ursule que lorsque le temps aurait un peu affaibli la force de leurs regrets. Mais il n'était plus temps d'arrêter le cours des événements, et je résolus d'aborder le sujet devant eux avec franchise et simplicité. Je connaissais leur profonde affection pour moi, et je comptais qu'elle m'aiderait puissamment à les faire entrer sincèrement dans mes vues.

J'eus cette nuit même une demi-heure de conversation avec Duss devant la porte de la case pendant que son frère occupait sa place au chevet du lit de Porte-Chaîne. Je lui renouvelai mes espérances, l'informant de l'arrivée probable de toute la famille à Ravensnest.

Quel tableau saisissant que celui qui s'offrit à nos yeux! Duss, plaçant la lumière sur un coffre auprès du lit de Mille-Acres, vint s'agenouiller au chevet, un livre de prières à la main. Prudence resta debout, immobile, la tête enfoncée dans des vêtements suspendus au mur par un clou, pendant qu'Ursule Malbone récitait avec une pieuse ardeur les prières des agonisants. Franck et moi, saisis d'une sainte admiration pour ces célestes agents qui s'élevaient vers le ciel, nous nous agenouillâmes sur le seuil et nous joignîmes nos prières à celles d'Ursule Malbone, lesquelles résonnaient à nos oreilles comme les accords de la phalange céleste.

CHAPITRE XXVIII.

Le reste de la nuit s'écoula de cette manière, les deux blessés sommeillant tout le temps, et leurs besoins ne s'étant manifestés que pour quelques gouttes d'eau qui rafraîchirent leurs lèvres fiévreuses.

Enfin le jour succéda à cette longue nuit. Alors seulement Jaap et l'Indien vinrent prendre notre place, nous laissant, à Franck et à moi, la possibilité de nous retirer dans l'une des cases voisines pour prendre quelques heures de repos. A notre réveil, nous partageâmes avec Duss un frugal repas que Lowing nous avait préparé dans la case de Tobit. Le squire Newcome avait quitté la clairière pendant la nuit, sans doute avec la conscience tant soit peu troublée, mais incertain si ses relations avec les accapareurs étaient connues de moi, et donnant pour excuse de son départ précipité la nécessité de convoquer un jury. M. Jason Newcome cumulait à lui seul et remplissait en personne ou par procuration les fonctions de juge de paix, juge d'instruction, inspecteur de la cité de Ravensnest, marchand, boutiquier, menuisier, agriculteur et aubergiste. Comme tabellion, il minutait tous les testaments; on le prenait pour arbitre dans toutes les discussions politiques ou autres. Le petit nombre de personnes qui ont une profonde connaissance du cœur humain ne s'étonneront pas qu'à la suite de cette énumération de tant de professions diverses, nous ajoutions qu'il était par-dessus le marché un fripon des plus remarquables.

Dans le courant de la matinée, le Porte-Chaîne et l'accapareur parurent sortir de l'état de torpeur dans lequel ils étaient restés plongés depuis qu'ils avaient été blessés, et reprendre momentanément la conscience de ce qui se passait autour d'eux. La vie paraissait s'éteindre rapidement chez tous les deux ; néanmoins leur esprit semblait à ce moment suprême rétrograder sur les actes de leur vie passée pour rétablir la balance du bien et du mal dont ils allaient bientôt rendre compte.

— Mon oncle est beaucoup mieux à présent, dit Duss, nous rencontrant Franck et moi sur le seuil de la case. Il vous a déjà demandé tous deux à différentes reprises, mais surtout M. Mordaunt, dont il a prononcé le nom plusieurs fois dans l'espace des cinq dernières minutes. — « Faites chercher Mordaunt, mon enfant, m'a-t-il dit, il faut absolument que je lui parle avant de me séparer de vous.
— Je crains bien qu'il ne soit intérieurement averti de sa fin prochaine.

Comme nous nous approchions en silence du lit de Porte-Chaîne, le son de sa voix nous arriva sourd, mais distinct, et nous nous arrêtâmes pour écouter.

— Je fous parle, Mille-Acres et si fous êtes en l'état de me répontre, faites-le-moi safoir. Nous allons partir tous les deux pour le grand foyage ; il serait téraisonnable de nous mettre en route avec de mauvais sentiments tans le cœur. Si fous afiez eu une nièce comme Duss pour fous tire toutes ces choses, vieil Aaron, ça taudrait peaucoup mieux pour fotre âme et pour entrer tans l'autre monde.

— Il le sait, — je suis sûre qu'il le sait, et qu'il ressent au fond de l'âme tout ce que vous dites, murmura Prudence roidissant son corps comme précédemment. Il a eu de pieux ancêtres, et il ne saurait être tombé si bas dans la grâce qu'il eût oublié la mort et l'éternité.

— Ecoutez, Prutence, il ne saurait être tombé d'où il n'a chamais su atteindre. Les pieux ancêtres n'ont pas le pouvoir de remettre les péchés de leurs tescendants, s'ils ne se repentent tu mal qu'ils ont fait. Ils ne seront donc pas utiles à votre homme, s'il ne déclare qu'il est fâché t'avoir fait tant te choses méchantes et illégales tans ce monde.

— Répondez-lui, Aaron, reprit la femme, répondez-lui afin que nous sachions tous dans quelle disposition d'esprit vous quitterez ce monde. Le Porte-Chaîne est au fond un brave homme, qui, volontairement, ne nous a jamais fait de mal.

Pour la première fois depuis qu'Andries avait été blessé, j'entendis la voix de Mille-Acres. Jusque-là il s'était renfermé dans un sombre silence. Avant sa propre blessure et depuis, je l'avais cru dans l'impossibilité d'articuler une parole. A ma grande surprise donc, il s'exprima avec une vigueur de voix qui me fit croire un moment que sa blessure n'était pas mortelle.

— S'il n'y avait pas de porte-chaîne, grommela-t-il, il n'y aurait pas de lignes tracées, par de démarcation, pas de limites, et là où il n'y a rien de toutes ces entraves, il n'existe d'autres droits que la possession. Sans vos écrits et vos titres sur papier, je ne serais pas étendu ici, prêt à mourir.

— Pardonnez tout, homme, pardonnez tout, comme il convient à un bon chrétien! répondit à cette récrimination contre le passé Prudence, imputant aux autres les crimes de son homme...

— La loi de Dieu nous commande de pardonner à nos ennemis, Aaron. Je vous prie de pardonner au Porte-Chaîne, afin de ne pas quitter ce monde ayant encore du fiel dans le cœur.

— Mille-Acres ferait mieux te prier Dieu pour lui-même, afin qu'il lui pardonne, objecta le Porte-Chaîne. J'ai le désir et la folonté d'obtenir le parton te tous les hommes que je puis afoir offensés, de fotre mari aussi, Prutence, car nous sommes rutes et prusques, nous autres habitants tes bois. Je veux tonc bien afoir le parton te Mille-Acres, et che l'accepterai avec plaisir et lui accorterai le mien en échange.

Le gémissement sourd qui s'échappa de la poitrine du vieil accapareur me confirma dans l'opinion que j'avais déjà qu'il était le meurtrier d'Andries.

— Oui, reprit le Porte-Chaîne, Duss m'a fait entrefoir...

— Mon oncle! s'écria Ursule, qui ne put retenir une exclamation.

— Oui, ma fille, tout cela est fotre oufrage. Tepuis que fous êtes retenue de pension pour fifre seule tans les bois afec moi, vous n'afez chamais manqué d'enseigner à un fieillard oublieux ses tefoirs.

— Non pas moi, mon oncle, mais Dieu, qui dans sa miséricorde a éclairé votre esprit et touché votre cœur.

— Oui, chère enfant! oui, ma Duss chérie! che comprends ça aussi; mais Dieu dans sa miséricorde a enfoyé un ange sur terre pour être son interprète auprès t'un paufre ignorant qui n'aurait pas appris et n'aurait pas été touché sans fotre intercession...
Non, Mille-Acres, non, je ne mépriserai pas fotre parton; car le cœur est soulagé au moment de la mort, lorsqu'on sait qu'on ne laisse pas t'ennemis terrière soi et qu'on peut se présenter sans crainte tevant le Tout-Puissant.

— J'espère, grommela de nouveau Mille-Acres, que dans le monde où nous allons entrer il n'y aura ni lois ni procureurs.

— Fous fous trompez, Aaron, fous fous trompez. Cette terre promise est toute loi, toute justice. Dieu me partonne si je fais injure à quelqu'un; mais pour être franc, comme il convient à deux mortels près te mourir, je ne crois pas moi-même qu'il y aura au ciel peaucoup de procureurs pour ennuyer ceux qui se présenteront au tribunal du Tout-Puissant. Leur profession sur terre n'est pas ce qui les recommante là-haut.

— Si vous aviez toujours observé ces idées raisonnables, Porte-Chaîne, ma vie et la vôtre eussent été épargnées. Je n'avais jamais été plus sûr de porter mon bois au marché d'Albany qu'il y a quelques jours, et vous voyez aujourd'hui ce qu'il en est. Les gars sont dispersés, ils ne reverront peut-être plus jamais ces lieux; les filles errent dans les bois comme les biches de la forêt; les blocs de bois et les charpentes sont tombés dans les mains de la loi par l'aide d'un homme qui aurait dû me protéger, et me voici sur mon lit de mort.

— Ne pensez plus au bois, mon homme, n'y pensez plus, dit Prudence avec feu; le temps est désespérément court dans la vie, et surtout pour un vieillard de soixante-dix ans blessé à mort. Oubliez les planches, oubliez les gars, les filles, la terre, et tout ce qu'elle comporte.

— Vous ne voulez pas que je vous oublie, Prudence! interrompit Mille-Acres; vous qui avez été ma femme pendant quarante ans, vous qui m'avez donné une nombreuse famille, vous qui avez toujours été pour moi fidèle, dévouée et laborieuse, vous ne voulez pas que je vous oublie!

Ce singulier appel produisit une vive impression sur nous et particulièrement sur Ursule, qui s'approcha du lit de ce vieillard comme pour chercher sur ses traits flétris l'expression de reconnaissance qui s'échappait de ses lèvres. Le Porte-Chaîne lui-même fit un effort pour se soulever, afin de voir le visage du vieux Mille-Acres. Personne ne cherchait à interrompre le dernier entretien des deux époux.

— Non, non, Aaron, répondit Prudence d'une voix étouffée, il n'y a ni loi ni défense qui commande d'oublier. Nous ne formons qu'un même corps et qu'une seule âme, et ce que Dieu a mis ensemble ne saurait être désuni pour toujours. Je ne resterai pas longtemps après vous, mon homme, et lorsque nous nous retrouverons ensemble, il n'y aura plus de bois, ni d'arbres, ni de mesures pour troubler notre repos.

— J'ai été rudement tourmenté par ce bois, après tout, murmura l'accapareur, qui ne pouvait se résoudre à abandonner le sujet de toute sa vie entière. Faites ressortir toute la valeur des droits des Littlepages ils ne pouvaient en réalité me réclamer que des arbres; tandis que les gars et moi, comme vous savez, nous avons converti ces arbres en beaux blocs de bois sciés en planches, et prêts à flotter du côté du marché.

— Il s'agit de vous convertir vous-même, Aaron, mon homme, c'est la chose la plus utile en ce moment. Nous tous enfants de parents puritains, nous devons nous convertir une fois dans notre vie, et nous devons avouer, vous et moi, que nous avons assez longtemps retardé ce moment. Le temps et l'éternité sont dans votre situation, Aaron, à peu près la même chose.

— Je mourrais l'esprit plus tranquille, Prudence, si le Porte-Chaîne voulait seulement admettre que l'homme qui hache, taille, scie et met à flot un arbre, acquiert une sorte de droit légal ou naturel à la propriété de cet arbre.

— Je regrette, Mille-Acres, dit Andries, que fous croyiez cette admission nécessaire pour vous dans ce moment solennel; car, en honnête homme, je ne puis fous la concéder. Vous feriez mieux t'écouter fotre femme, et fous consoler comme fous pourrez et le plus tôt que fous pourrez. Nous n'afons plus que quelques heures à fifre. Je suis un vieux soltat, Mille-Acres, et ch'ai fu plus te trois mille hommes tués tans mes propres rangs, sans compter ceux tes ennemis, et sans peaucoup d'expérience un homme fient à connaître les plessures et leurs résultats. Je juge donc que nous n'avons pas la plus faible espérance te fifre l'un et l'autre au-telà te la nuit prochaine. Ainsi dépêchez-vous te vous confertir aussitôt que vous pourrez. Vous n'en serez pas mieux peut-être pour la santé de votre corps, mais fotre esprit sera guéri.

Mille-Acres tourna son visage contracté vers Ursule, qu'il parut solliciter du regard. Franck Malbone et moi, nous comprîmes qu'il était convenable de nous retirer, et nous sortîmes ensemble, fermant la porte derrière nous.

Deux longues et mortelles heures s'écoulèrent pour nous à parcourir les postes établis dans la clairière, et à écouter leurs rapports. Je trouvai, parmi les hommes composant cette milice, ma vieille connaissance le joyeux colon de Rhode-Island, dont le nom de famille était Hosmer.

— Une bonne journée pour vous, major, soyez le bienvenu au grand air! s'écria Hosmer avec bonhomie. Vous êtes tombé ici dans un puits, ou plutôt dans une caverne de brigands, et je considère comme une faveur de la Providence que vous respiriez aujourd'hui en pleine liberté. Nous avons été à la découverte, moi et l'Indien, du côté de la rivière, et nous en avons vu, de ces planches que les coquins avaient déjà formées en trains, pour descendre le courant. Il y en a bien là pour quarante livres sterling. Ils eussent fait fortune du coup, tous ces vagabonds réunis! Je ne sais pas si je ne me serais pas mis à sauver toutes ces magnifiques pièces de bois, bien ou mal amassées et découpées.

Mais voici une messagère qui sort de la case de Mille-Acres, et qui vient de ce côté, major, c'est sans doute pour vous informer que lui ou le Porte-Chaîne touche à son dernier moment.

En effet, Lowing venait nous inviter à rentrer dans la case du vieux Mille-Acres. Je pris congé de mon confrère le major, qui me donna à entendre, avant de nous séparer, que Susquesus et Jaap suivaient la trace des accapareurs à quelques milles au loin, afin de s'assurer que Tobit et sa bande ne rôdaient pas autour de la clairière pour épier le moment de faire quelque mauvais coup lorsque nous nous y attendrions le moins.

Duss nous accueillit au seuil de la cabane; son visage était triste et portait des traces de larmes, mais il exprimait cette sainte résignation de l'ange qui vient d'accomplir sur terre une mission de paix et de consolation. Elle me tendit ses deux mains, et me dit à voix basse :

— Mon oncle désire vous parler au sujet, je crois, de notre mutuel engagement. Ecoutez-le patiemment, cher Mordaunt, et souvenez-vous qu'il est mon père pour toute l'obéissance et le respect que je lui dois, autant que si j'étais réellement sa fille.

Comme j'entrais dans la chambre, je remarquai l'effet des prières de Duss. Prudence paraissait calme et résignée; mais Mille-Acres avait le visage bouleversé comme par le réveil de sa conscience. Son regard inquiet suivait Duss, comme pour chercher dans sa physionomie inspirée un guide vers les régions célestes dont elle venait de lui entr'ouvrir les portes. Mais toute mon attention fut bientôt concentrée du côté de l'autre lit.

— Approchez près te moi, Mortaunt, mon garçon; venez aussi, Duss, ma très-chère fille et nièce. J'ai quelques paroles importantes à vous tire afant mon tépart, et le temps presse. Il faut mieux ne pas pertre te temps lorsque les deux pieds commencent à descendre tans la tombe. Ecoutez tonc le ternier conseil t'un vieillard, et ne m'interrompez pas jusqu'à ce que j'aie fini, car che defiens faible, et che n'ai plus assez te force pour entrer tans une tiscussion.

Mordaunt m'a avoué qu'il aime et qu'il admire ma fille, et qu'il espère, qu'il désire, qu'il veut en faire sa femme. De son côté, Ursule ou Duss, ma nièce, confesse qu'elle aime, qu'elle estime Mortaunt, et qu'elle est consentante à devenir sa femme. Tout cela est naturel, et m'eût, à une certaine époque, rentu le plus heureux tes hommes. Fous safez, mes enfants, que mon affection pour fous est partagée, et que je fous consitère à tous autres égards que pour la position sociale, aussi parfaitement assortis pour tevenir mari et femme qu'aucun jeune couple en Amérique. Mais le tevoir est le tevoir, et toit s'accomplir. Le général Littlpage fut mon colonel, et honnête homme lui-même, il a le droit t'attendre de tous ses fieux capitaines qu'ils fassent pour lui ce qu'ils eussent attendu de lui-même. Or, comme le ciel est le ciel, ce monde toit être considéré comme il est, et l'on doit en respecter les règlements et les usages. Les Malpone sont une respectable famille, et quoique le père te Duss fût un peu léger et extrafagant...

— Mon oncle!...

— C'est frai, ma nièce, il était votre père, et l'enfant toit respecter ses parents. J'admets cela, et je ne dirai pas plus qu'il n'est nécessaire; d'ailleurs, si Malpone avait tes téfauts, il avait aussi tes qualités. Je connais particulièrement matame Littlepage. Elle est la fille de feu Herman Mortaunt, gentilhomme du pays, et grand propriétaire de Ravensnest, et te peaucoup t'autres tomaines. Or, matame Littlepage, qui a été élevée tans la grandeur et l'opulence, pourrait ne pas goûter l'idée d'avoir pour belle-fille Duss Malpone, la nièce t'un porte-chaîne, et elle-même ayant été aussi porte-chaîne, ce pourquoi che l'aime et l'honore encore tavantage; mais pour quelle raison le monte, avec son faux juchement, pourrait la mépriser...

— Ma mère, avec son noble cœur, avec son jugement droit et sain, jamais! m'écriai-je avec une explosion de sensibilité qu'il me fut impossible de contenir.

Mes paroles, la sincérité avec laquelle je les prononçai, produisirent une profonde impression sur mes auditeurs. Un éclair de joie mélancolique se peignit sur le visage d'Ursule, comme le passage du fluide électrique. Le Porte-Chaîne me regarda fixement pendant quelques secondes, paraissant attacher la plus grande importance à la franchise de mon exclamation. Franck Malbone se détourna, pour cacher les larmes qui s'échappaient de ses yeux.

— Je l'avoue, mon fils, et j'espère qu'il me sera partonné t'avoir commis cette grante erreur. Nous avons téja conversé sur ce sujet, Mortaunt, et fous fous souefnez que je vous ai tit que Duss elle-même m'avait éclairé et fait comprendre qu'il était plus confenable à moi te fous éloigner qu te fous encourager. Comment se fait-il, ma chère enfant, que fous ayez oublié tout cela, et qu'à présent fous paraissiez vouloir que je fisse exactement le contraire te ce que fous me conseilliez alors? Promettez-moi tous deux que fous ne fous marierez chamais sans le lipre consentement tu général Littlepage, et ceux de matame Littlepage la grand'mère et matame Littlepage la cheune, leur vie durant à tous.

— Je vous le promets, mon oncle, dit Duss avec une vivacité que je fus prêt à lui reprocher; je vous le promets, et je tiendrai ma promesse, aussi vrai que j'aime et que je vénère mon Créateur. Ce serait un malheur pour moi si j'entrais dans une famille qui ne fût pas consentante à me recevoir.

Je ne voulus pas m'engager; car s'il faut en convenir, je ne doutais pas un seul instant du bon vouloir de mon père et de ma mère, mais je redoutais un peu l'obstination de ma vénérable grand'maman, qui s'était mis en tête de me faire épouser Priscilla Bayard, et qui ne se départirait pas aussi aisément de ses préjugés. Duss s'efforça de m'amener à donner ma parole; mais j'éludai l'engagement, et le Porte-Chaîne lui-même m'épargna la peine de résister plus longtemps.

— N'importe, mon enfant, votre promesse me suffit, dit-il. Du moment que vous y resterez fidèle, peu importe que Mortaunt persiste dans son entêtement. Et maintenant, mes enfants, je tiens à ne plus parler des choses de ce monde, mais à consacrer mes dernières paroles et mes pensées au Tout-Puissant. Recevez donc mes derniers adieux. Que vous soyez mariés ou non, j'implore pour vous la bénédiction du ciel dans cette vie et dans l'autre, où j'irai attendre que nous soyons réunis un jour pour ne plus nous quitter.

Cette bénédiction, prononcée avec toute la ferveur d'une âme honnête et pure, fut suivie d'un silence solennel, interrompu tout à coup par un affreux gémissement parti de la poitrine de Mille-Acres. Tous les yeux se tournèrent vers le second lit, qui présentait un contraste marquant avec la scène paisible et recueillie à laquelle nous venions d'assister. Je m'élançai pour secourir Prudence, qui se cramponnait au corps de son époux comme « la chair de sa chair et les os de ses os. » Mais je restai pétrifié d'horreur au pied du lit, sans pouvoir avancer ni reculer.

Mille-Acres avait été soulevé, au moyen d'oreillers, dans la position perpendiculaire d'un homme assis. Ses yeux hagards roulaient dans leur orbite, sans but, sans espérance; ses lèvres contractées par les contorsions convulsives de la mort, donnaient à son visage une expression farouche et satanique. J'épiai le dernier souffle de la vie, comme l'oiseau fasciné qui ne peut se soustraire à l'attraction magnétique de l'œil du reptile. Il s'échappa enfin par un rictus qui mit à découvert une rangée formidable de dents jaunes et acérées. Ce spectacle de la mort fut trop horrible pour mes nerfs, je fermai les yeux. Je n'avais pas encore contemplé ce passage de la vie à la mor dans cette terrible agonie du désespoir, et je souhaite ne jamais avoir un semblable spectacle devant les yeux.

CHAPITRE XXIX.

Je fis aussitôt préparer l'une des cases voisines pour y transporter le corps du vieil accapareur, que Prudence ne voulut pas quitter un seul instant. Lowing veilla avec elle le reste du jour et toute la nuit suivante. Deux ou trois hommes de la milice, charpentiers par état, confectionnèrent un cercueil avec le bois d'un pin abattu, pour y placer le corps; d'autres creusèrent une fosse au centre même de ces champs incultes que le vieillard s'était appropriés, prêts à y descendre ses restes mortels aussitôt que l'officier des morts aurait constaté le décès.

La fin du Porte-Chaîne survint, comme il l'avait prédit lui-même, vers le point du jour du matin suivant. Jamais je ne fus témoin d'une agonie plus calme. Il cessa de souffrir longtemps avant sa dernière heure ; mais la veille, il m'avait révélé qu'il souffrait cruellement par intervalles, me priant de cacher cette circonstance à Duss, afin de ne pas accroître sa douleur.

— Tant que la chère enfant ignorera mes souffrances, ajouta à voix basse cet excellent vieillard, elle n'éprouvera pas autant d'inquiétude sur mon compte, puisque, confiante tans l'efficacité de son œuvre, elle songera seulement que che m'approche tes portes tu ponheur éternel. Mais nous savons, Mortaunt, fous et moi, que tes hommes ne reçoivent pas une palle en travers tu corps sans éprouver te grandes souffrances, et che puis tire que ch'en ai eu ma ponne part.

Il eût été impossible à toute personne qui ne fût pas dans le secret de découvrir sur le visage calme et courageux du moribond le moindre signe révélateur des tortures qu'il endurait. Ursule elle-même fut trompée, et aujourd'hui encore elle ignore combien son oncle a souffert dans ses derniers moments. Andries avait possédé dans tout le cours de sa carrière cette puissance morale qui soutient et protège l'homme contre les souffrances de l'esprit et du corps. La longue carrière militaire qu'il avait traversée contribuait beaucoup à sa résignation à un âge où les ressorts de la volonté sont ordinairement détendus par l'affaiblissement des organes. La nuit fut bonne, et il se réveilla quelques heures avant le lever du jour où il devait se rendormir pour ne plus s'éveiller dans ce monde.

La mort s'annonça progressivement par l'affaiblissement des organes, dû au grand âge du moribond. L'ouïe s'assourdit peu à peu, puis le sens de la vue. La mémoire vacillait comme la flamme d'un foyer près de s'éteindre, il répétait plusieurs fois les mêmes questions, et demandait Duss, qui n'avait cessé de veiller auprès de lui.

— Je suis là, près de vous, mon oncle, répondait-elle d'une voix tremblante ; j'humecte vos lèvres desséchées.

— Je veux la foir... je feux, je tésire qu'elle soit présente lorsque mon âme montera vers le ciel... Appelez-la, Franck Malpono.

— Me voici, mon cher oncle ; je suis là, devant vous, le plus près de vous, presque dans vos bras. Me croyez-vous donc assez ingrate pour vous abandonner?

— Non, non, che safais bien qu'elle fiendrait, dit le Porte-Chaîne faisant un effort pour se soulever et pour prendre les mains de sa nièce. N'oubliez pas mes recommandations sur Mortaunt... et si la famille consent... épousez-le avec ma pénédiction... Embrassez-moi, Duss... Sont-ce bien vos lèvres si froides?... Franck, tonnez-moi votre main... Je fous tois te l'argent... il y a tans ma case un bas à moitié plein te tollars... votre sœur payera mes tettes... Le chénéral me toit te l'argent... Je prie Dieu qu'il le bénisse... lui et matame Littlepage... et toute la famille... et notre régiment... Adieu, Franck... Duss... sœur... précieux... Jésus, recevez mon..

Ainsi finit l'agonie du Porte-Chaîne, son âme emportant le dernier mot inachevé. J'entraînai Duss pour la confier aux soins de son frère, et je revins accomplir le pieux devoir de fermer les yeux de ce visage empreint du calme et de la bienveillance d'une conscience en repos.

Ces deux décès étant survenus, il ne nous restait plus qu'à réparer une partie du désordre, enterrer les corps, et retourner à Ravensnest. Ursule s'était retirée dans l'une des cases que l'on avait arrangée pour elle, Lowing l'y ayant accompagnée. Vers midi, le magistrat que nous avions envoyé chercher pour remplacer M. Newcome arriva dans la clairière, et composa son jury parmi les membres de la milice, déjà installés sur les lieux. L'enquête ne fut pas longue, et les deux verdicts prononcés. Pour le Porte-Chaîne : « Meurtre par une main inconnue. » Pour Mille-Acres : « Mort accidentelle. » Le premier était juste de tous points et conforme aux interrogatoires; quant au second, c'est, en effet, un étrange accident lorsqu'un homme reçoit une balle au travers du corps, par une main assurée et un coup d'œil ferme. Mais tel était le verdict, et il n'y avait rien à y opposer que des conjectures ou des soupçons vagues sur la participation de l'Indien.

Le soir même, par une froide nuit d'automne, nous enterrâmes Mille-Acres à l'endroit dont j'ai parlé. De toute sa nombreuse famille, il ne restait auprès de sa tombe que Prudence et Lowing; le service fut court. Les hommes qui avaient transporté le corps recouvrirent la tombe de terre, au-dessus de laquelle ils formèrent une butte couverte de gazon. Ils se retiraient en silence vers le groupe d'habitations, lorsque la voix claire et forte de Prudence arrêta leurs pas.

— Hommes et frères, dit cette étrange femme, car je ne puis vous appeler voisins, et je ne veux pas vous appeler ennemis, je vous remercie pour cet acte d'attention et d'égards envers les morts et les vivants, et pour m'avoir aidée à rendre les derniers devoirs à mon époux.

Lorsque les hommes qui avaient assisté à la cérémonie furent revenus de la surprise que leur causait cette déférence de la part d'un être presque sauvage, et nous eurent laissés seuls pour reprendre le chemin des cases, je m'arrêtai auprès d'elle et je lui dis :

— La nuit menace de devenir froide, vous feriez mieux de rentrer avec moi dans l'habitation.

— Que m'importe à présent cet établissement? me répliqua-t-elle : Aaron n'est plus, mes garçons ont fui avec leurs femmes et leurs enfants, ne laissant dans cette clairière que moi et Lowing, qui appartient plus par les sentiments à votre caste qu'à la mienne. Il y a dans les cases des objets que la loi elle-même nous accorderait, et quelques-uns des nôtres peuvent en avoir besoin. Accordez-moi cela, major Littlepage, pour m'aider à vêtir et à nourrir mes petits-enfants, et je ne viendrai plus troubler ces lieux. On n'appellera pas Aaron accapareur, je pense, pour le peu de terre qu'il occupe actuellement, et peut-être qu'un jour vous me permettrez de reposer à ses côtés?

— Je n'ai nullement l'intention de vous faire du tort, ma brave femme. Vous pouvez, quand il vous plaira, faire enlever d'ici tous les effets qui vous appartiennent; et je vous y aiderai au besoin, en donnant à vos fils la faculté de les reprendre sans courir aucun risque. Je me souviens d'avoir vu un assez grand bateau sur la berge au bas du moulin, pouvez-vous me dire s'il y est encore?

— Pourquoi n'y serait-il pas? Les gars l'ont construit il y a deux ans pour transporter des marchandises; il n'est pas probable qu'il sera parti tout seul.

— C'est bien. Dans ce cas, demain, tout ce que vous possédez ici légitimement sera transporté dans le bateau et conduit à un mille ou deux de cet endroit par mon nègre Jaap et l'Indien, qui l'abandonneront à la disposition de ceux de vos fils qui viendront le chercher.

La femme parut étonnée, touchée même de ma proposition, bien qu'elle y soupçonnât une arrière-pensée.

— Puis-je réellement compter là-dessus, major Littlepage? demanda-t-elle d'un air de doute. Tobit et ses frères seraient furieux si cette proposition cachait un piège pour les surprendre.

— Tobit et ses frères n'ont pas de trahison à redouter de moi. La parole d'un gentilhomme n'a-t-elle donc aucune valeur à vos yeux?

— Je sais que les gentilshommes tiennent généralement ce qu'ils promettent, et je l'ai souvent dit à Aaron pour l'empêcher de dévaster leurs propriétés; mais il n'a jamais voulu m'écouter. Dans ce cas, major Littlepage, je me fierai à votre parole, et je chercherai le bateau à l'endroit indiqué. Dieu vous bénisse pour ce que vous faites là, et vous rende heureux dans vos affections du cœur! Nous ne nous reverrons jamais... Adieu.

— Vous allez rentrer à l'habitation, pour y passer la nuit à l'abri?

— Non, je vous quitte ici. Les cases n'ont désormais rien qui m'y attire, je serai plus heureuse dans les bois.

— Mais la nuit est fraîche, et sera tout à fait froide vers le matin.

— Il fait plus froid dans cette tombe, répondit-elle en allongeant sa main décharnée du côté du monticule de terre qui renfermait les restes de son époux. J'ai l'habitude de vivre dans les bois et je préfère partir à la recherche de mes enfants. Adieu, encore une fois, major Littlepage! Dieu n'oubliera pas ce que vous faites pour moi.

— Vous oubliez votre fille... Qu'est-elle devenue?

— Lowing s'est éprise d'une soudaine affection pour Duss Malbone, elle désira rester avec elle tant que Duss ne la renverra pas. Si elles ne se convenaient plus, ma fille saura me retrouver.

Je n'avais plus rien à objecter. Prudence me fit de la main un signe d'adieu et partit à travers champs, marchant à grandes enjambées comme un homme; elle disparut bientôt derrière les premiers arbres de la forêt. Je ne la revis plus; seulement elle me fit tenir par Lowing un ou deux messages.

A mon retour de la tombe, je trouvai Jaap et Sans-Traces de retour de leur battue. Ils avaient suivi pendant plusieurs milles les traces des accapareurs dans leur fuite, et les avaient vus se diriger à travers les plaines vers de nouvelles régions. Je donnai les ordres nécessaires pour que l'on transportât, comme je l'avais promis, leurs effets, qui n'étaient ni précieux ni embarrassants. Le premier message que je reçus de Prudence à un mois de là fut pour m'accuser réception de ces objets et du matériel du moulin que j'y avais joint, et pour lequel elle m'adressait l'expresion de sa profonde gratitude. J'eus tout lieu de croire que presque tout le bois flottant sur la rivière tomba au pouvoir de ces accapareurs. Le reste fut vendu ou donné à titre de récompense aux gens de la milice pour les services qu'ils nous avaient rendus.

Le lendemain, à la première heure, nous commencions nos préparatifs pour quitter le moulin. Dix hommes de la milice se réunirent pour transporter à Ravensnest le corps du Porte-Chaîne. Duss nous précéda en compagnie de Lowing pour préparer notre première halte aux cases de son oncle, où nous passâmes la nuit. Enfin notre cortége funèbre se remit en marche dès le point du jour, et le soir même nous étions de retour à Ravensnest.

Comme nous approchions du manoir, j'aperçus un grand nombre de wagons et de charrettes encombrant le verger, et je crus au premier abord que les habitants du hameau s'étaient rassemblés là pour rendre hommage aux mânes du Porte-Chaîne. Je fus bientôt tiré de mon erreur en voyant presque aussitôt accourir au-devant de nous tous les membres de ma famille : mon père, ma mère, le colonel Follock, Catherine, Priscilla Bayard, Tom Bayard, et même ma sœur Kettletas; en dernier, ma bonne et vénérable grand'mère se pressait d'avancer autant que son âge le lui permettait.

Toute la maison des Littlepage et deux ou trois amis se trouvaient réunis sur un même point. Franck Malbone avait déjà raconté une partie de nos aventures; l'étonnement était donc moins grand de voir notre escorte funèbre. Le messager avait trouvé la famille à Fish-Hill, et l'alarme qu'il avait répandue ayant mis tout le monde en mouvement, le voyage s'était fait aussi rapidement que pouvaient le permettre alors les moyens incomplets de locomotion.

Ursule ne cessa pas de pleurer pendant la cérémonie, mais silencieusement, et sans attirer sur elle les regards par une explosion désordonnée de douleur. Nous demeurâmes tous recueillis autour de la tombe jusqu'à ce que Jaap l'eût entièrement recouverte de terre et eût tracé l'enceinte où notre pieuse reconnaissance devait élever un petit mausolée au vieil ami de la famille.

Le souper avait été préparé dans l'attente des deux partis de voyageurs, et nous trouvâmes en conséquence, tous, notre place à la table. Trois places seulement restèrent inoccupées : celles de Franck Malbone, de Duss et de son amie Priscilla Bayard, qui ne voulut pas la quitter un seul instant.

Après le souper, je fus prié de raconter dans tous leurs détails les événements qui se rattachaient à ma visite à Ravensnest, mon arrestation au milieu des accapareurs, et mon heureuse délivrance. Je satisfis pleinement la curiosité de mes chers auditeurs, qui m'écoutèrent dans un religieux silence.

Je racontai tous les faits qui se rapportaient à mes rapports avec l'intendant, sans omettre la conversation que j'avais surprise entre lui et le vieux Mille-Acres. Mon père m'écouta avec une profonde attention. Quant au colonel, il levait les yeux au plafond, grognait et riait entre ses dents, et en dernière instance il conclut mon récit par ce seul mot : Dunbury!

CHAPITRE XXX.

Le soleil était déjà sur l'horizon lorsque je m'éveillai le lendemain matin. Je me levai, et ma première pensée fut d'aller rendre visite à la tombe du Porte-Chaîne. Avant de sortir de la grille, je fis le tour des bâtiments pour jeter un coup d'œil du côté de la plaine. J'aperçus d'un côté mon père et ma mère, parcourant bras dessus, bras dessous, les alentours de la propriété. De l'autre côté, ma tante Marie s'était dirigée seule vers un bouquet de bois où s'était passé l'un des événements remarquables de l'histoire de ce pays. Lorsqu'elle se retourna pour rentrer au manoir, son visage était baigné de larmes. Cette respectable vierge, âgée alors de quarante ans, avait perdu son fiancé dans un combat qui avait eu lieu, un quart de siècle plus tôt, dans ce même endroit, qu'elle revoyait pour la première fois depuis cette fatale époque.

Un événement tout aussi intéressant, mais d'une moins triste nature, avait attiré mon père et ma mère de l'autre côté de la maison. Lorsque je les rejoignis, une expression de bonheur éclairait leur physionomie. Ma chère mère m'embrassa affectueusement lorsque je me fus approché, et le général me serra cordialement la main.

— Nous parlions de vous, dit mon père, au moment où vous nous êtes apparu. Ravensnest a acquis une grande valeur, et son revenu, ajouté aux produits de cette belle ferme, entretiendra une maison de campagne dans l'abondance. Vous songerez à vous marier avant peu et nous pensions justement, votre mère et moi, que vous feriez bien de faire élever sur l'emplacement même une solide construction de pierres et d'y établir votre séjour habituel. Rien ne contribue à la civilisation d'un pays comme de le doter de familles bien élevées et riches qui propagent autour d'elles les principes d'une bonne éducation et de bonnes manières.

— Je suis prêt à accomplir mes devoirs en cela comme en toute autre circonstance, dis-je ; mais une maison telle que vous la dépeignez coûterait de l'argent, et je n'en ai pas de disponible pour cet usage.

— La maison coûtera beaucoup moins que vous ne le supposez. Les matériaux sont à bas prix, ainsi que la main-d'œuvre. Nous trouverons le moyen de nous procurer quelques milliers de dollars. Choisissez un endroit et commencez les fondations cet automne. Prenez toutes vos dispositions à l'avance, et arrangez tout de manière à pouvoir manger votre dîner de Noël de l'année 1785 dans votre nouvelle résidence de Ravensnest. D'ici là vous serez près de vous marier et nous pourrons tous nous rassembler pour sécher les murs de la propriété.

— Est-il donc survenu quelque circonstance qui vous donnât à penser que je fusse pressé de me marier, mon père? Vous accouplez ensemble le mariage et la nouvelle maison, de manière à me faire croire que j'ai deviné juste.

Le général se trouva pris et dissimula son embarras par un éclat de rire, et ma mère détourna la tête pour cacher un sourire. Après un moment de silence, ma grand'mère étant venue s'emparer de son second bras, il reprit avec une franche brusquerie :

— Mordaunt, mon fils, vous auriez en vous bien peu de la sensibilité des Littlepage si vous restiez longtemps spectateur indifférent de la fille renfermée dans cette maison.

Ma mère et ma grand'mère étaient sur des épines, pensant toutes deux que le général avait fait une démonstration trop prématurée. Avec le tact naturel à leur sexe, elles eussent été beaucoup plus circonspectes. Après un moment de réflexion, je résolus d'être franc, et de ne pas laisser échapper l'occasion qui se présentait de leur révéler mon secret.

— Je n'ai pas l'intention de manquer de franchise avec vous, mon cher père, repartis-je, car il vaut mieux être franc dans des questions qui intéressent toute une famille que d'affecter le mystère. J'éprouve en effet le désir de me marier, et cela avant même que le nouveau manoir de Ravensnest soit achevé.

L'exclamation unanime de plaisir qui accompagna cette déclaration résonna comme un glas à mon oreille, car je savais qu'elle serait suivie d'un désappointement proportionné aux espérances que j'avais fait naître. Mais je m'étais engagé trop avant pour reculer.

— Je crains, mes chers parents, continuai-je, que vous ne m'ayez pas bien compris.

— Parfaitement, mon cher garçon, parfaitement, repartit mon père, vous admirez Priscilla Bayard, mais vous n'étiez pas encore assez sûr d'être bien accueilli pour vous présenter. Cela prouve votre modestie, bien qu'à mon avis un galant homme ne doit pas tarder à se déclarer, dès que son esprit est fixé, et à demander la main de celle qu'il aime. Il n'est ni généreux ni humain d'attendre la certitude du succès. Souvenez-vous, Mordaunt, que dans ce cas la modestie devient une faute.

— Vous vous méprenez complètement sur mes intentions, mon cher père ; je n'ai rien à me reprocher de ce côté, bien que je me sois engagé trop loin peut-être avant de consulter mes amis. Au delà d'une bonne et sincère amitié, Priscilla Bayard n'est rien pour moi, et je ne suis rien pour elle.

— Mordaunt! s'écria une voix que je n'entendis jamais sans éprouver un sentiment de tendresse filiale.

— Je n'ai dit que la vérité, ma très-chère mère, et une vérité que j'aurais dû déclarer plus tôt. Miss Bayard refuserait ma main si je me hasardais à la lui offrir.

— Vous ne savez pas, Mordaunt, vous ne pouvez pas savoir cela avant d'en avoir fait l'expérience, interrompit ma grand'maman avec précipitation. Certes, je ne suis pas autorisée à dire quels sont pour vous les sentiments de Priscilla; mais si son cœur lui appartient, et si Mordy Littlepage n'est pas le jeune homme qu'elle doit désirer, je ne suis pas juge des sentiments de mon propre sexe.

— Mais vous ne songez pas, grand'maman, que si votre opinion flatteuse pour moi était vraie, je le regretterais sincèrement.

Cette fois la sensation fut profonde au point de produire un silence général. Comme pour me venir en aide, une circonstance extraordinaire vint tout à coup rompre ce silence embarrassant.

Le lecteur se souvient que dans une description du manoir de Ravensnest, j'ai dit que des meurtrières avaient été pratiquées dans les murs de bois, pour la défense de la forteresse à l'époque des premières guerres, et qu'elles avaient des fenêtres depuis le retour des temps paisibles. Nous étions rassemblés au-dessous de l'une de ces ouvertures, lorsque tout à coup partirent de cette fenêtre les accents de la voix de Duss, qui chantait un de ces hymnes indiens comme celui qui m'avait tenu sous le charme le jour de mon arrivée à Ravensnest. Mes yeux se tournèrent aussitôt vers la tombe du Porte-Chaîne, devant laquelle l'Indien, debout et immobile, m'expliquait par sa présence le cantique d'Ursule, dont les paroles s'adaptaient à un guerrier enseveli dans le tombeau.

L'expression de ravissement qui se peignait sur les traits de ma mère, qui écoutait, attentive, un doigt levé pour désigner la fenêtre, réveilla mes espérances. Mais lorsque la chanteuse, changeant de langage et quittant les accents gutturaux de l'onondago, en traduisit les stances dans un hymne anglais court et bref, mais plein de piété et d'espérance, les larmes coulèrent abondamment des yeux des dames, et le général Littlepage tira son mouchoir et souffla bruyamment. Les sons s'éteignirent peu à peu, et la mélodie cessa de se faire entendre.

— Par les merveilles du monde, Mordaunt, quel est donc cette voix? demanda mon père; car les dames restaient muettes.

— Mon père, c'est justement la personne à laquelle j'ai engagé ma foi; la femme que j'ai espoir d'épouser.

— Cette voix doit être alors celle de Duss ou Ursule Malbone, dont j'ai tant entendu parler depuis quelques jours par Priscilla Bayard, dit ma mère.

Nul ne pouvait se glorifier de posséder une mère plus parfaite que la mienne. Grande dame par la dignité du caractère et des usages, elle était en outre chrétienne humble et pieuse. Mes parents étaient un peu les esclaves des convenances, et je confesse, en toute sincérité, que sans en être moi-même l'esclave dans toute l'étendue, j'étais légèrement imbu de ce préjugé de naissance; mais Duss, à part la fortune, qu'elle compensait par mille qualités du cœur, appartenait à une famille au moins égale à la mienne.

La position sociale est toujours d'une très-haute importance pour les parents; et les miens n'échappaient pas aux préjugés de caste, transplantés de la vieille société anglaise dans les nouvelles colonies. Je remarquai que ma mère et ma grand'mère, par leur silence même ne trouvaient pas que la nièce d'un porte-chaîne fût un parti convenable pour le fils unique du général Littlepage. Celui-ci ne parla pas non plus beaucoup sur le sujet; mais il m'adressa quelques questions avant de nous séparer.

— Voici venir Catherine! m'écriai-je en apercevant ma sœur, qui tournait un des angles de la maison. Elle nous rejoignit, s'empara de mon bras sans dire un mot, et nous suivîmes mon père et mes autres parents, qui se dirigèrent vers un banc placé au pied d'un arbre, où nous prîmes tous place, attendant que l'un de nous se décidât à rompre le silence : ce fut ma grand'mère qui parla la première.

— Voyez-vous là-bas, chère Catherine, dit la bonne dame, Priscilla Bayard se promenant avec ce M. Franck Porte-Chaîne ou géomètre, quel que soit son nom?

— Je les vois, grand'maman, répondit ma sœur à voix basse.

— Et pouvez-vous nous dire ce que cela signifie?

— Je le pourrais, je crois, si Mordaunt voulait l'entendre.

— Ne faites pas attention à moi, Kate, répliquai-je en souriant; mon cœur ne sera jamais brisé par Priscilla Bayard.

— Cela veut dire, reprit Kate, qui me remercia par un sourire, que ce gentilhomme est M. Francis Malbone, et qu'il est le fiancé de Priscilla. Je tiens le fait de sa propre bouche.

— Vous plairait-il alors, dit gravement le général, de nous en raconter tout ce qui peut être rapporté sans contrainte ?

— Priscilla n'a pas l'intention de rien cacher. Elle a connu M. Malbone il y a quelques années, et ils s'aiment depuis cette époque. Il n'y avait d'autre obstacle à leur union que sa pauvreté, car ce fut l'objection de M. Bayard, comme celle de tous les pères, et Priscilla ne voulut pas s'engager. Mais vous souvenez-vous, maman, d'avoir entendu parler de la mort d'une vieille dame du nom de Hazleton, à Bath en Angleterre, l'été dernier ? Les Bayard portent encore le demi-deuil à cause d'elle.

— Sans doute, mon enfant, que madame Hazleton était la tante de M. Bayard ?

— Justement. Eh bien ! cette dame a légué à Priss dix mille livres sterling dans les fonds anglais, et les Bayard consentent actuellement au mariage. On dit aussi, mais je ne pense pas que l'intérêt puisse avoir la moindre influence sur M. et madame Bayard ; on dit que la mort récente d'un jeune homme vient de rendre M. Malbone l'héritier d'un cousin de feu son père.

— Actuellement, mes chers parents, vous voyez que miss Bayard ne mourra pas de chagrin si elle apprend que j'aime Duss Malbone... Je vois à vos regards, ma chère Catherine, que vous possédez des renseignements assez précis sur toute cette affaire.

— Vous avez raison, mon cher frère. Je vous dirai plus : j'ai vu la jeune personne, et je ne suis plus étonnée de votre préférence. Nous avons passé deux heures avec elle ce matin, moi et ma sœur Annekee, et puisque vous n'épousez pas Priss, je n'en connais pas d'autre plus digne de la remplacer dans votre affection. Annekee l'aime déjà comme une sœur.

J'eus, en somme, tout lieu d'être satisfait de l'indulgence de mes bons parents. J'avoue néanmoins que, lorsqu'un domestique vint annoncer, de la part de miss Duss, qu'elle nous attendait à table pour servir le déjeuner, je ne fus pas entièrement rassuré sur la première entrevue qu'elle allait avoir avec ma famille. Les fatigues du voyage et les larmes que lui avait fait verser la mort inopinée de son oncle avaient pâli ses traits le jour de la cérémonie funèbre.

Une table longue avait été disposée pour recevoir les nombreux convives de Ravensnest. Annekee, Priscilla, Franck Malbone, ma tante Marie et Ursule étaient déjà à leur place lorsque nous entrâmes. On nous attendait pour servir le déjeuner. Jamais Ursule ne m'avait paru plus aimable. La nouvelle que son frère venait de recevoir d'un héritage presque inattendu avait ramené le bonheur sur sa physionomie.

Franck, en arrivant à Ravensnest, avait trouvé des lettres qui lui annonçaient la mort de son cousin, avec une invitation pressante de se rendre auprès du père du défunt, vieillard veuf et invalide, qui manifestait l'intention de l'adopter pour remplacer le fils qu'il venait de perdre. Une somme importante avait été mise à sa disposition pour subvenir aux premières dépenses de sa nouvelle transformation. L'aisance seule eût ramené le bonheur au cœur des deux orphelins, en calmant leurs inquiétudes sur l'avenir. Duss regrettait sincèrement son oncle, et longtemps encore après la mort du Porte-Chaîne, son image resta gravée au fond du cœur reconnaissant de sa nièce. Mais le temps, qui guérit les plus vives blessures, avait déjà passé sur le fatal événement, et le dernier paroxysme de la douleur commençait à céder aux tendres soins dont elle était entourée.

Nous étions mariés. La cérémonie avait eu lieu avant le déjeuner, afin de donner à nos parents le temps de gagner la grande route avant la nuit dans le voyage qu'ils allaient entreprendre pour retourner dans leurs demeures respectives. Le repas fut pensif et silencieux, chacun pensant aux derniers moments de la séparation. Lorsqu'il fut terminé, ma bonne mère prit Duss dans ses bras et couvrit son visage de baisers et de larmes. Mon père l'embrassa avec une égale émotion, recommandant à la jeune femme, qui souriait à travers ses larmes, de ne pas oublier qu'elle était désormais sa fille chérie.

— Mordaunt, ma chère fille, ajouta-t-il, est au fond un bon garçon; il vous aimera et vous chérira comme il en pris a l'engagement.

Et mon excellent père, après avoir tiré son mouchoir et soufflé bruyamment pour cacher son émotion, termina son allocution par ces paroles :

— Et s'il avait le malheur d'oublier la moindre de ses promesses, venez me trouver, mon enfant, et je me chargerais de le rappeler au sentiment de ses devoirs envers vous.

— Vous n'aurez jamais cela à reprocher à Mordaunt, dit ma respectable grand'mère, qui survenait la dernière pour prendre congé de nous, c'est un Littlepage, et tous les hommes de cette race font d'excellents époux. Mon petit-fils ressemble à défunt son grand-père quand il avait son âge, comme se ressemblent deux gouttes d'eau tombant de la même source. Dieu soit avec vous, ma charmante petite-fille! Venez me voir à Satanstoë le prochain automne; je vous montrerai le portrait de *mon* général, vous verrez combien de points de ressemblance il y a entre lui et votre cher Mordaunt.

Annekee, Catherine et Priscilla Bayard nous dévorèrent de caresses et de baisers d'adieu, tandis que Franck prenait congé de sa sœur avec la mâle tendresse qu'il lui avait toujours témoignée. Le brave garçon se sentait trop heureux de partir avec l'objet de son choix pour verser beaucoup de larmes, bien que Duss sanglotât lorsqu'il la pressa sur sa poitrine pour lui faire ses adieux. La chère femme se souvenait sans doute des épreuves qu'elle avait traversées avec son frère dans les vicissitudes de la vie demi-sauvage qu'ils avaient menée dans la forêt, comparée au bonheur présent et futur de sa nouvelle condition.

Franck et Priscilla n'avaient pas tardé à se marier, ainsi que Tom Bayard et ma sœur Catherine, deux mariages qui furent aussi heureux que le nôtre. Le vieux M. Malbone n'avait survécu que de quelques mois à son parent, et Franck avait hérité de toute la fortune, qu'il offrit de partager avec sa sœur. Mais je ne voulus jamais entendre raison sur ce point. Duss était pour moi un trésor trop précieux pour avoir besoin d'en rehausser le prix au moyen d'une fortune. Je pensais ainsi en 1785, et telle est encore aujourd'hui mon opinion.

Jaap et l'Indien vivent encore tous deux, et n'ont pas quitté Ravesnest. J'ai fait construire pour l'Indien une petite case non loin du lieu où se passèrent les premiers exploits qui commencèrent ses longues relations avec ma famille. Bien que très-âgé aujourd'hui, il est toujours droit et vigoureux comme un noble pin de la forêt, et pourra bien vivre comme cela jusqu'à cent ans. Jaap est à peu près en aussi bon état de santé. Tous deux sont inséparables, et vont ensemble à la chasse au milieu des forêts, été comme hiver, rapportant au Nid de lourdes charges de gibier de toutes sortes. Le nègre a sa chambre au manoir; mais la plupart du temps il couche dans le wigwam de son ami Sans-Traces. Ils se disputent fréquemment sur le passé, le futur, ou sur la meilleure manière de chasser avec ou sans chiens; mais ces querelles passagères ne font que cimenter leur vieille amitié.

Lowing demeura à notre service jusqu'à ce qu'elle eût fait un mariage convenable avec l'un de nos tenanciers.

Que dirai-je du squire Newcome?

Il atteignit un assez grand âge, car il n'y a que peu de temps qu'il est mort. Je n'exerçai aucune poursuite contre lui, à raison de ses rapports avec les accapareurs, et il vécut longtemps dans l'incertitude, doutant que j'eusse jamais eu connaissance de ses tours de fripon. Cet homme fut quelque chose comme diacre dans sa secte religieuse, et continua d'être populaire jusqu'à son dernier moment, simplement parce qu'il savait flatter les masses et ne jamais les contrecarrer ouvertement. Jason mourut pauvre et endetté, malgré sa ruse et sa friponnerie. Son avidité pour l'or avait, comme il arrive presque toujours, dépassé le but. Ses descendants sont encore parmi nous les héritiers légitimes de son peu de fortune, mais ayant hérité de la vulgarité de son esprit et de ses manières, de ses ruses et de ses friponneries. C'est ainsi que la Providence punit les péchés des hommes.

Il me reste peu de chose à dire avant de prendre congé de mes lecteurs. Les propriétaires de Mooseridge ayant avantageusement vendu tous les lots qu'ils avaient fait diviser à cet effet, Annekee et Catherine eurent pour leur part une jolie fortune, comme fruit de la libéralité du colonel Follock.

Je fis élever un mausolée simple et convenable sur la tombe du Porte-Chaîne avec une modeste inscription. Nous parlons tous encore à cette heure de « l'oncle Porte-Chaîne, » et nous allons souvent prier sur sa tombe.

FIN.

Limoges. — Imp. E. Ardant et Cie.

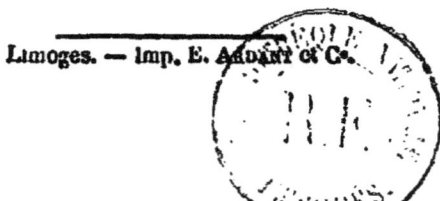

www.ingramcontent.com/pod-product-compliance
Lightning Source LLC
Chambersburg PA
CBHW071909160426
43198CB00011B/1223